Benet Lehmann
Esthers Spuren

Benet Lehmann
Esthers Spuren

Die Geschichte der Shoah-Überlebenden
Esther Bejarano
und der Kampf gegen Rechtsextremismus

Wallstein Verlag

Gedruckt mit freundlicher Unterstützung
der Stiftung Zeitlehren,
der Stiftung Irène Bollag-Herzheimer
und der Dr. Hildegard Hansche Stiftung

Gefördert durch die Freie und Hansestadt Hamburg,
Behörde für Kultur und Medien

Bibliografische Information der Deutschen Nationalbibliothek
Die Deutsche Nationalbibliothek verzeichnet diese Publikation in der Deutschen Nationalbibliografie; detaillierte bibliografische Daten sind im Internet über http://dnb.d-nb.de abrufbar.

2. Auflage 2025

Geiststraße 11, 37073 Göttingen
www.wallstein-verlag.de
info@wallstein-verlag.de
Vom Verlag gesetzt aus der Chaparral Pro und der Transat
Umschlaggestaltung: Marion Wiebel, Wallstein Verlag
Umschlagbild: Porträt Esther Bejarano, © Kevin McElvaney
Druck und Verarbeitung: bookSolutions Vertriebs GmbH, Göttingen
ISBN 978-3-8353-5726-6

Inhalt

Vorwort

Ein paar Mal läutet das Freizeichen, dann geht sie ans Telefon mit einem »Ja?«, mehr nicht. Den Menschen in Hamburg wird eine selbstverständliche Ruhe nachgesagt, Esther Bejarano hat sie. Ich hingegen stammele ein paar Worte ins Telefon, überfordert mit der Situation: »Hallo, hier ist Benet Lehmann, ich schreibe eine Biografie. Über Sie, meine ich. Wir kennen uns auch schon von früher ... Erinnern Sie sich?«

Drei Jahre später muss ich lachen, wenn ich mir die Tonaufnahmen unserer Gespräche anhöre. Esther konnte sich natürlich nicht an mich erinnern, immerhin wurde sie ständig von jemandem zu ihrer Lebensgeschichte interviewt. Wie sie mit 18 Jahren nach Auschwitz deportiert wurde, im »Auschwitzer Mädchenorchester« Akkordeon spielen musste, wie sie einen Todesmarsch überlebte. Und wer sie danach fragte, dem erzählte sie auch, dass sie nach dem Krieg nach Palästina emigrierte, es ihr schwerfiel, sich im jungen Staat Israel ein Leben aufzubauen, und sie betrübt nach Deutschland zurückkehrte.

Esther fügte dann hinzu, dass sie keineswegs mit der Politik hier zufrieden sei und genau deswegen auf der Bühne stehe, auf Demonstrationen spreche, in Schulen gehe, um dort von den nationalsozialistischen Verbrechen zu berichten. Alles, um die Vergangenheit nicht in Vergessenheit geraten zu lassen.

Dass Esther über ihre Geschichte sprechen konnte, dazu noch öffentlich als Zeitzeugin, war nicht immer selbstverständlich. Die Vergangenheit und Esther hatten lange kein gutes Verhältnis zueinander.

Die Trauer über den Verlust ihrer ermordeten Eltern, ihrer Schwester Ruth und vieler Freund*innen, die erlittene Gewalt in den Konzentrationslagern, das ihr nach dem Krieg häufig entgegengebrachte Unverständnis für ihre schmerzhaften Erfahrungen – all das ließ Esther verstummen. Es ist gefährlich, diese Erinnerungen wieder hochzuholen, nicht nur für die eigene psychische Gesundheit. Wer als Überlebende der nationalsozialistischen Verbrechen im postnationalsozialistischen Deutschland lebt, muss mit Anfeindungen und Gewalt rechnen.[1] Auch nach 1945 wurden Überlebende attackiert, bedrängt und sogar ermordet.

Vergangenheit kann als Erinnerung und Erzählung zurück in die Gegenwart geholt werden, sie kann schmerzen, sie kann politisch werden und somit die Zukunft bestimmen. Als ich sie das erste Mal anrief, wollte ich daher vor allem wissen: Warum wurdest du zur Zeitzeugin?

Telefonate im Lockdown

Mit der Zeit telefonieren Esther und ich immer häufiger miteinander, aus den Interviews werden Gespräche. Wir unterhalten uns über die antisemitischen und rassistischen Anschläge in Halle und in Hanau, über die Kontinuitäten rechter Gewalt in Deutschland und über eine unsichere Zukunft. Es ist der Corona-Winter 2020/21. Die AfD hat in den Umfragen stabile Werte und die ersten Wahlergebnisse erschrecken uns. Wir neigen beide zu ungeduldigem Aktionismus und fragen uns, was jetzt zu tun ist. Also reden wir über breite Allianzen, die dem Rechtsextremismus Steine in den Weg legen, und hoffen auf zivilgesellschaftliches Engagement.

Weil dieser Kampf für Gerechtigkeit und Konsequenzen aus der Geschichte immer auch kreativ sein muss, unterhalten wir uns über Esthers Musik, die in Jiddisch, in Türkisch, in Kölsch getextet ist und die sie mit ihrer aktuellen Band, der Microphone Mafia, auf die Bühne bringt. Esther vertraut mir an, dass sie mit Rap und Hip-Hop gar nicht so viel anfangen kann. Aber die jungen Leute mögen's.

Ich kenne Esther seit meiner Kindheit. Mein Vater erzählte mir von ihr, als ich mit acht oder neun Jahren die ersten Fragen zu den Mahnmalen in unserer Nachbarschaft stellte, mich über die goldenen Steine im Gehweg wunderte, mich mit kindlicher Verblüffung fragte, warum Menschen Böses tun und wie viel eigentlich sechs Millionen Tote sind. Ein paar Jahre später kam die Shoah, der Massenmord an europäischen Jüdinnen und Juden, auch Holocaust genannt, im Schulunterricht vor. Wir sprachen über den Zweiten Weltkrieg und über Auschwitz, wir erarbeiteten Projekte zum Nationalsozialismus und unsere Lehrer*innen luden Zeitzeug*innen in unsere Klasse ein.

Auf dem Pausenhof beleidigten wir uns gegenseitig als »Jude«. Der Zusammenhang zwischen unserem Geschichtsunterricht und unserem eigenen Antisemitismus fiel uns nicht auf. Auch das ist die Realität meines Aufwachsens mit den Erinnerungskulturen der postnationalsozialistischen Gesellschaft.

Mit 15 lernte ich Esther auf einer Demonstration in Hamburg kennen. Ein guter Freund nahm mich mit, wir liefen schüchtern ein paar Meter hinter ihr und sprachen sie später an. Was wir fragten, weiß ich nicht mehr. Mich erstaunte vor allem ihre laute Stimme. Kurz nach der Schule begann ich dann mein Geschichtsstudium. Ich traf in dieser Zeit einige Male auf Esther, gleichzeitig begann ich zum Nationalsozialismus zu studieren und zu forschen. Esthers Geschichte ist immer dabei.

Wenn wir telefonieren, dann sitzt Esther in ihrer Erdgeschosswohnung in Hamburg, ich in meiner Studi-WG in Berlin. Wir können beide das Haus nicht verlassen, denn in Deutschland herrscht Lockdown, die Inzidenzzahlen der Corona-Pandemie sind wieder mal zu hoch. Esther erzählt mir, dass sie sich impfen ließ und nun ungeduldig darauf wartet, wann sie denn endlich wieder Konzerte geben, mit der Politik weitermachen, ihre Freund*innen sehen könne. Sie ist vor Kurzem 96 Jahre alt geworden.

Ein paar Wochen nach unserem letzten Gespräch lese ich morgens eine Nachricht von einem Freund auf dem Handy: »Esther ist letzte Nacht gestorben.«

Es ist Mitte Juli und ich verbringe die Sommertage damit, in Bibliotheken und Cafés zu sitzen und Esthers Leben aufzuschreiben. Aber jetzt, nach ihrem Tod, kommt mir das alles surreal vor. Zu diesem Zeitpunkt setze ich mich seit einem Jahr intensiv mit ihrem Leben auseinander, durfte sie zu ihren schmerzhaftesten Erfahrungen befragen und nun – ist damit Schluss. Richtig begreifen kann ich es noch nicht. Es wird keine weiteren Telefonate mehr geben, kein Treffen in Hamburg, keine Konzerte der Band Microphone Mafia in voller Besetzung.

Abschied von der Zeitzeugenschaft

Wie viel Glück ich hatte, Esther kennenlernen zu dürfen. Wer Zeitzeug*innen in der Schule befragen, die Hand einer Überlebenden schütteln konnte, wer von den Konzentrationslagern aus dem Mund einer*s Berichtenden hörte, konnte eine eigene Beziehung zur Geschichte des Nationalsozialismus aufbauen. Die wahrgenommene Zeit, die zwischen Vergangenheit und Gegenwart liegt, wird durch Zeitzeug*innen auf ein Minimum verkürzt.

Aus diesem Grund ist das Ableben der Zeitzeuginschaft der tiefgreifendste Wandel der Erinnerungskulturen an den Nationalsozialismus.[2] Ein bisschen Theorie: Weil Erinnerungen sich natürlich voneinander unterscheiden, auch zwischen unterschiedlichen Gruppen innerhalb einer Gesellschaft, spreche ich hier von Erinnerungskulturen im Plural. (In der Fachwissenschaft wird sogar von Geschichtskulturen, Geschichtswissen oder Geschichtsbewusstsein gesprochen, die nicht nur Erinnerung, sondern jeden Bezug auf die Vergangenheit meinen. Erinnerungskultur benutze ich hier als Quellenbegriff und als politischen Begriff.) Geschichte ist multiperspektiv, weil viele verschiedene Erzählungen parallel nebeneinander existieren.

Und dennoch gibt es eine übergreifende Erinnerungskultur, die für die nationale »Identität der Deutschen« essenziell ist. Ich nenne das die staatstragende Erinnerungskultur.

Sie erzählt, bisher, die Geschichte eines Deutschlands, das nach 1945 wieder gut geworden sei. Das nationalsozialistische Deutschland ist für das Selbstverständnis des heutigen demokratischen Deutschlands und seiner christlichen, weißen[3] Dominanzgesellschaft[4] zur Abgleichsfolie geworden: Was man damals war, ist man heute nicht mehr. Das übergreifende Bekenntnis aller demokratischen Parteien zur Verantwortung für das nationalsozialistische Erbe baut darauf auf, spätestens seit Ende der 1980er-Jahre. Und damit ist es ausschlaggebend für die Richtlinien der Politik Deutschlands, gerade auf internationaler Bühne.

Dabei wird häufig vergessen, dass die deutsche Gesellschaft 1945 nicht einfach von heute auf morgen eine andere war oder dass der rechtsextreme Terror auch nach dem Kriegsende keinesfalls ein Ende fand. Sondern gegenwärtig in die Parlamente gewählt wird. Oder dass die ermordeten Opfer des Nationalsozialismus nie wieder zurückkehren werden, egal wie viele Anstrengungen auch unternommen werden.

Eine wirkliche Auseinandersetzung mit dem Nationalsozialismus und seinen Kontinuitäten, vor allem juristisch oder in der eigenen Familie, blieb aus. Der Autor Max Czollek nennt das, in Anschluss an den Soziologen Y. Michal Bodemann, »Versöhnungstheater«: In diesem erinnerungskulturellen Stück geht es weniger um das tatsächliche Begreifen der Verantwortung, die aus der Schuld entstand, sondern vielmehr um die Wiedergutwerdung Deutschlands – ohne tatsächliche Wiedergutmachung.[5]

Die vierte Generation der Erinnerungskulturen

Warum schreibe ich das alles? Weil mitten in diesem Selbstverständnis einer wieder gut gewordenen Täternation mit robuster Erinnerungskultur meine Generation geboren wurde. Nach der dritten Generation, also den in den 1970er und 1980er Jahren geborenen Enkel*innen der Erlebnisgeneration, ist eine vierte Generation nun an der Reihe, sich mit den aktuellen Fragen des nationalsozialistischen Erbes auseinanderzusetzen.[6] Ich will kurz erklären, was die Ausgangslage dieser vierten Generation ist.

Erstens: Für sie ist das parteiübergreifende Bekenntnis Deutschlands zu seiner Vergangenheit Normalität, zumindest auf staatlicher Ebene. Leugnungen der Shoah und Geschichtsrevisionismus blieben bis vor zehn Jahren hinter der politischen Brandmauer.[7] Nun ist sie brüchig geworden.

Zweitens: Ihre Angehörigen sind in dem Wissen aufgewachsen, die letzte Generation zu sein, die Zeitzeug*innen persönlich hören konnte. Das Ende der Zeitzeugenschaft war bereits ausgerufen, als sie auf die Welt kamen.

Drittens: Diese Generation ist in einem Deutschland aufgewachsen, das postmigrantisch und damit unumstößlich divers in seinen Lebenswelten und Geschichten ist.

Ich glaube, dass jede Generation sich die Fragen zum Nationalsozialismus von Neuem stellen muss. Nur dann bleibt das Gedenken wach, nur dann bedeutet es etwas. Wie konnte es zu diesen Gewalthandlungen in der deutschen Gesellschaft kommen? Was passierte? Wann und warum wurde diese Gewalt als normal angesehen? Was bedeutete die Zugehörigkeit oder der Ausschluss aus der deutschen Gesellschaft, der Volksgemeinschaft?

Was bedeutete der Nationalsozialismus nach 1945? Wie setzten sich seine Kontinuitäten bis heute fort? Denn ebenso wichtig wie das Gedenken an die Ermordeten und Überlenden der nationalsozialistischen Verbrechen ist die Frage nach dem Ableben der Täter*innen. Was bedeutet es, dass sie niemals zur Rechenschaft gezogen wurden? Was macht das mit ihren Töchtern, Söhnen und Enkel*innen?

Wie sieht die politische Gegenwart des postnationalsozialistischen Deutschlands aus? Wessen Geschichte wird erzählt? Welche nicht? Welche Bedeutung hat die Erinnerung an die Shoah, wenn Gedenken erweitert wird? Wie könnte das Gedenken der vierten Generation aussehen?

Ganz schön viele Fragen. Ich glaube, dass Esther als Navigatorin durch diese erinnerungskulturellen Landschaften führen kann. Wie wohl die Erinnerungskulturen von morgen aussehen, wenn wir neu lernen, Zeitzeug*innen wie Esther Bejarano zuhören?

Fünf nach zwölf

Ende November 2023 traf sich eine Gruppe Rechtsextremer in der Nähe von Potsdam und besprach die Deportation von Menschen aus Deutschland. Unter ihnen waren AfD-Abgeordnete, Vertreter der Identitären Bewegung sowie Mitglieder der sogenannten Werteunion und reiche Investor*innen. Sie berieten die »Remigration« von Menschen mit migrantisierten Biografien, sprachen darüber, zwei Millionen Menschen in einem Gebiet in Nordafrika anzusiedeln, auch Helfende aus der Geflüchtetenarbeit könne man dorthin wegschaffen.[8]

Das Treffen fand wenige Kilometer von dem Haus der Wannseekonferenz statt, in dem ranghohe Nationalsozialisten 1942 die Organisation der bereits begonnen Shoah planten. Und die Rede von »Remigration« hat in Deutschland eine lange Geschichte, auch schon vor der AfD.[9] »Wenn das so weitergeht, wenn die Leute jetzt wieder schweigen, dann haben wir bald die gleiche Situation wie damals«, sagte Esther.

Geschichte wiederholt sich nicht. Aber die Gegenwart hat ihre Vergangenheit.

Währenddessen verhärtet sich in Deutschland seit dem Hamas-Massaker am 7. Oktober 2023, der Geiselnahme und dem darauffolgenden menschenrechtsverletzenden Krieg der Diskurs um Erinnerungskulturen in rasantem Tempo. Das Zuhören wird schwieriger und empathische Solidarität schien noch nie so weit weg. Wenn Allianzen kaputtgehen, profitieren davon vor allem Rechtsextreme.[10] Und die werden aktuell in die Parlamente gewählt und bedrohen die Demokratie.

Aber in Deutschland ist man weiterhin stolz, Profi in Sachen Erinnerungskultur zu sein. Irgendwas stimmt hier also nicht. Natürlich kann dieses Buch das Gedenken nicht neu erfinden. Aber meiner Generation wurde gesagt, dass wir die Letzten seien, die Zeitzeug*innen noch zuhören können, daher sollten wir ganz genau aufpassen. Es liege jetzt an uns, gegen Geschichtsvergessenheit einzutreten. Ich denke, da ist es nur fair zu fragen, wie es um die Erinnerungskulturen bestellt ist.

Die Zeit ist reif, sich den Biografien der Überlebenden neu zu widmen. Kann so der unausweichliche Wandel in den deutschen Erinnerungskulturen an die nationalsozialistischen Verbrechen angemessen gestaltet werden? Könnte eine solche zukünftige Erinnerungskultur die Traditionslinien des politischen Nationalismus,[11] des Nationalsozialismus und Rechtsextremismus durchbrechen? Könnte sie das Vergessen aufhalten? Könnte sie auch nach dem Ableben der Zeitzeug*innen Bestand haben? Könnten sich hier Ideen für Empathie und breite Bündnisse finden?

In diesem Buch suche ich nach Antworten auf diese Fragen. Dafür reise ich an die Orte von Esthers Leben, nach Saarlouis, nach Ulm, Berlin, Oświęcim und Auschwitz, Ravensbrück, Lübz, nach Haifa und Tel Aviv, nach Hamburg, Rostock und viele andere. Ich springe dafür vor und zurück in der Zeit, zwischen Esthers Erlebnissen und meinen Besuchen an diesen Orten. Die Kapitel lassen sich auch einzeln lesen.

Ich spreche mit politischen Freund*innen und Weggefährt*innen, sitze bei Esthers Familie am Esstisch und unterhalte mich mit ihrem Enkel Anton über die vierte Generation. In verstaubten Archiven finde ich unbekannte Fotografien, ich recherchiere in Esthers privatem Nachlass und höre alte Schallplatten mit ihren Aufnahmen. In Israel probiere ich mich an den Rezepten aus dem Kochbuch der Familie Bejarano und unterhalte mich mit Kibbuzniks über das Leben in Israel. In Hamburg mache ich mich auf die Suche nach einem schuldbewussten Lagerarzt, in Leipzig lasse ich mir die Vermittlung der nationalsozialistischen Verbrechen auf Tiktok erklären.

Und ich erforsche die Biografie meines Großvaters, der als Wehrmachtssoldat im Zweiten Weltkrieg kämpfte und an der »Ostfront« an Massenmorden beteiligt war. Die Orte seines Lebens und die von Esther überschneiden sich immer wieder. Bei dieser Reise auf Esthers Spuren begegne ich auch meiner eigenen Geschichte als Teil der Generation, die im Abschied von der Zeitzeugenschaft aufgewachsen ist.

Die Geschwister Loewy, 1923

1. Glückliche Kindheit, brutaler Terror

Eine jüdische Familie

Floh ist klein. Sonst hieße sie ja nicht Floh. Trotz ihrer sieben Jahre kann sie wie ein Knäuel herumgeworfen werden. Ihre Familie steht dann im Kreis, sie zieht die Beine an und schlingt die Arme drumherum. Es macht Spaß, so in der Luft zu fliegen, ist aber auch ein klein bisschen beängstigend. Wirklich fangen können Floh eigentlich nur ihre Mutter, ihr ältester Bruder Gerhard und Kätchen, das Hausmädchen. Manchmal gelingt es auch ihrer großen Schwester Tosca, ihre jüngere Schwester Ruth wird eher umgeworfen. Einen Sommer später ist Floh zu groß für dieses Spiel.

Floh heißt eigentlich Esther, Esther Loewy, ihre Freund*innen rufen sie Krümel. Später wird sie den Nachnamen Bejarano annehmen. Esther wird am 15. Dezember 1924 in Saarlouis geboren, einer Stadt nahe der französischen Grenze, in der der Einfluss des Nachbarlandes überall zu bemerken ist. Die Familie wohnt im Erdgeschoss eines großen Hauses, durch seine mächtige Fensterfront scheint das warme Licht der Nachmittagssonne.

Bei den Loewys wird Wert auf Fleiß und Ordnung gelegt. Esthers Mutter Margarethe, kurz Grete, geborene Heymann, ist Lehrerin, und weil sie selbst streng erzogen worden ist, verlangt sie auch von ihren Kindern bestes Benehmen. Esthers Vater Rudolf Loewy wird von allen Rudi genannt, ist Chasan, der Oberkantor, und Religionslehrer an der örtlichen jüdischen Gemeinde.

Wo Grete streng ist und Wert auf Ordnung legt, ist Rudi noch strenger und neigt bei Regelverstößen zum Wutausbruch. In seinem Arbeitszimmer steht ein großer Schreibtisch, wenn die Geschwister beim Spielen unerlaubt in das Reich ihres Vaters eindringen oder gar einen Stift auf dem Schreibtisch verrücken, dann Gnade ihnen Gott. Esther und ihre drei älteren

Geschwister halten mit frechem Witz dagegen. Sie treiben sich in der Nachbarschaft herum, klettern über Zäune, schießen absichtlich Bälle in die Gärten nebenan oder schleichen sich auf Balkone, um an die Fenster der Wohnungen zu klopfen.

Die Loewys entsprechen in jeder Hinsicht einer durchschnittlichen bürgerlichen Familie. Sie gehören zur, und noch viel wichtiger, sie identifizieren sich als Mittelschicht. Ihre Vorstellungen von der Gesellschaftsordnung verbinden sie mit ihrem individuellen konfessionellen Bewusstsein. Zu Hause wird Deutsch, kein Jiddisch gesprochen, aber koscher gegessen. In den Bücherregalen steht die Literatur der großen deutschen Autoren: jüdischer und christlicher, konservativer und liberaler, reformjüdischer, romantischer und zeitgenössischer. Ein paar Autorinnen sind auch darunter. Am Shabbat wird in die Synagoge gegangen. Rudolf wäre wohl ein schlechter Kantor, wenn seine eigene Familie nicht zum Gottesdienst käme.

Wie die meisten anderen jüdischen Menschen in Deutschland identifizieren sich die Loewys mit ihren christlichen und jüdischen Lebenswelten. Was das für die Familie genau heißt, ist davon abhängig, wo man hinschaut und wer fragt. Identität, das ist etwas Gemachtes.

Der Alltag ist durch die finanziellen Möglichkeiten und Gepflogenheiten einer Mittelschichtsfamilie strukturiert, die Freizeit am bürgerlichen Zeitgeist orientiert, das Jahr nach den jüdischen Feiertagen organisiert, festgehalten im julianischen Kalender. In ihrem Selbstverständnis sind sie »deutsche Staatsbürger jüdischen Glaubens«, so nennt es der Central-Verein, der Interessenverbund bürgerlich-liberaler Jüdinnen und Juden. Schon Margarethes Eltern, beide jüdisch, sprachen kein Jiddisch mehr, ebenso Rudolfs Eltern. Seine Mutter war Christin. Esther wird das später eine rettende Möglichkeit in Auschwitz eröffnen, ihren Eltern eine Fluchtmöglichkeit versagen.

Im Hause der Loewys herrscht nicht nur durch die vier Kinder reger Alltag. Margarethe ist eine hervorragende Gastgeberin, in ihr lebt der Esprit der Salons des 19. Jahrhunderts fort, von denen sie als Jugendliche in Berlin erfuhr. In der Nachbarschaft wird ihr ein kleiner Hang zum Extravaganten nachgesagt. Aber nur von denen, die neidisch sind. Margarethe lädt andere Gemeindemitglieder ein, aber auch christliche Freund*innen, Musiker*innen und viele junge Menschen. Mit der Zeit entsteht so im Haus der Loewys ein Nachbarschaftsnetzwerk. Im Wohnzimmer der Loewys ist ein buntes Panorama anzutreffen, intensive Auseinandersetzung mit tages- und kulturpolitischem Geschehen.

Am leidenschaftlichsten aber wird die eigene, spannungsreich empfundene Position als jüdischer Mensch in der Weimarer Republik diskutiert. Die parlamentarische Demokratie ist den Eltern ein persönliches Anliegen, sie ist für sie der Weg zu einem gleichberechtigten Leben.

Noch vor Esthers Geburt spielte sich bei den Loewys eine Tragödie ab. Vielleicht wären sie sonst zu siebt. 1922 kam Georg zur Welt, zwei Jahre später tötete die damalige Haushaltshilfe der Loewys ihn. Zuerst hatte sie Margarethes Portemonnaie gestohlen, wurde dabei erwischt und gab, aus Rache, dem Kleinkind Essigessenz zu trinken, als die Eltern abends weg waren. Als sie nach Hause kamen, war die Haushaltshilfe weg und Georg tot. Den Verlust ihres Kindes überwanden Margarethe und Rudolf nie.

Jetzt lebt und arbeitet Katharina Schäfer mit im Haushalt, die für die älteren Kinder wie eine große Schwester, für Esther wie eine zweite Mutter ist. Die Kinder lieben Kätchen, so nennen sie ihr Hausmädchen, weil sie gute Geschichten erzählen kann und auch gerne Streiche spielt. An Silvester backt sie in die Berliner Pfannkuchen Senf statt Marmelade. Einmal wirft sie Vater Rudolf nach einem Streit eine faule Birne auf den Hut. Katharina ist Christin, aber sie führt die koschere Küche der Loewys mit penibler Genauigkeit.

1932 zieht die Familie ins Stadtzentrum von Saarbrücken, in die herrschaftliche Bismarckstraße, und Katharina kommt mit, bewohnt fortan eine geräumige Kammer im Dachgeschoss. Die Wohnung hat sechs Zimmer, es gibt ein Esszimmer, einen Empfangsraum und ein Herrenzimmer, in dem ein großer

Flügel steht. Die Loewys sind keineswegs reich, aber ihre gutbürgerlichen Gepflogenheiten und die Musik wahren sie wie einen Goldschatz.

Musik

Esther muss jeden Tag Klavier spielen. Es ist frühmorgens, ihre Geschwister schlafen noch. Ihre Füße huschen über den Holzboden zum teuren Bechstein-Flügel, und ganz vorsichtig öffnet sie die Abdeckung. Ehrfürchtig schaut sie auf die Tasten und stellt sich vor, sie könnte so virtuos wie ihre Mutter spielen. Dafür muss man üben. Meistens macht es ihr Spaß. Mit ihrer Mutter setzt sie sich gerne an das Klavier, mit ihr lacht Esther die meiste Zeit. Frau Schneider, die Klavierlehrerin, ist nicht so nett. Zuvor hatten sie und Esthers Eltern auch schon versucht, ihren älteren Geschwistern das Klavierspielen beizubringen, mit wenig Erfolg, und weil sie mit Esther ihre letzte Chance haben, muss es diesmal gelingen.

Obenauf liegen die Partituren von Mozart und Verdi, nicht selten kommt es vor, dass Esther ein ganzes Notenheft an einem Tag durchspielt. Die Loewys laden ihren Freundeskreis zu Hauskonzerten ein, sogar bekanntere Musiker*innen kommen an einem Abend, um mit den Loewys zu musizieren, bis tief in die Nacht. Für Esther ist das aufregend, sonst ist sie nie so lange wach.

Eines Tages, Esther bekommt es zuerst kaum mit, stirbt ihr Großvater, der mit in der Familienwohnung lebte. Ein Jahr lang musiziert die Familie nicht, das ist jüdischer Brauch. Esther kann das nicht verstehen, denn ihr hilft die Musik bei der Trauer, macht sie glücklich. Irgendwann in diesem Jahr, als sie das Üben und die Hauskonzerte vermisst, überlegt sie, ob sie vielleicht Musikerin werden könnte.

Auch wenn es pathetisch klingt: Die Musik hat diese Familie erst zusammengebracht. 1913 lernte Margarethe ihren späteren Mann Rudolf in Berlin kennen. Als sie mit 16 die Schule abschloss, war es ihr größter Wunsch, ein Instrument zu lernen, also bezahlten ihre Eltern einen charmanten, jungen Klavierlehrer – Rudi. Der hatte kurz zuvor seine Abschlussprüfung am Berliner Konservatorium abgeschlossen. Aus dem Lernen wurde ein Kennenlernen. Das Berlin der Vorkriegszeit bot den beiden Frischverliebten Freiheit.

Lang anhalten konnte diese glückliche Zeit nicht. 1914 begann Deutschland den Großen Krieg, der später als Erster Weltkrieg bezeichnet wird. Im Pulverfass Europa ließ die Regierung des deutschen Kaiserreiches es drauf ankommen, mit seinen Nachbarländern einen verheerenden Krieg anzufangen, während die Rüstungsindustrie die deutschen Heerführer in ihren imperialen Absichten befeuerte. Rudolf wurde wenige Wochen nach Beginn eingezogen. Wie so viele andere seiner Generation war er euphorisiert in Erwartung des militärischen Einsatzes und kehrte keineswegs desillusioniert von der Front zurück, sondern als »Kriegsheld«. Seitdem prangt an seiner Brust das Eiserne Kreuz. Er fühlt sich als vollwertiges Mitglied der Gesellschaft, die er im Schützengraben verteidigt hat.

In der Freizeit forschen Margarethe und er nach jiddischen Liedern. In den Antiquariaten der Stadt liegen wahre Schätze verborgen. Es sind Lieder, die kaum noch ein Mensch in Westeuropa zu singen weiß. Seit Esthers Geburt leitet Margarethe ihre Hauskonzerte, Rudolf zwei Chöre, die ihm sehr am Herzen liegen. Einmal pro Woche dirigiert er einen hundertköpfigen Arbeiterchor, die meisten Mitglieder sind nichtjüdisch und stehen politisch links. Sie mögen ihren Chorleiter. In seiner Gemeinde steht er einem gemischten Chor vor, der Liturgie und auch jiddische Folkloren singt.

Wenn Rudi in der Synagoge vorbetet, dann weinen die älteren Frauen. Weil sie so gerührt sind von seiner tragenden Stimme, die den Raum erfüllt. Esther und ihre Schwestern sitzen hinten und müssen schmunzeln. Die Musik nimmt eine zentrale Rolle im Gottesdienst ein, die Gemeinde hat sogar ein Harmonium. Für die Loewys ist sie deshalb ein zweites Zuhause. Gott ist da, wo die Musik ist.

Am 30. Januar 1933 wird Adolf Hitler zum Reichskanzler ernannt. Margarethe und Rudolf haben die Wahl haargenau beobachtet. Als sie am Zeitungsstand die Überschriften lesen, wird ihnen die Welt einen Moment lang unbegreiflich. 37,4 Prozent der Deutschen haben Hitler gewählt, weil sie auf einen Ausweg aus den wirtschaftlichen Krisenerfahrungen der letzten Jahre hoffen, weil völkisch-nationalistisches Denken Einheit und Stolz verspricht, weil Judenfeindlichkeit und die Sehnsucht nach einem Führer in Deutschland lange Traditionen haben. Hitlers Nationalsozialistische Deutsche Arbeiterpartei, kurz NSDAP, steht für gewaltvolle Reden, für vermeintliche Klarheit durch militärische Ordnung, für eine grelle Programmatik, in die Wähler*innen der unterschiedlichsten Schichten und Milieus ihre Erlösungsphantasien projizieren können, Arbeiter*innen, Angestellte oder auch die nationalistische Oberschicht. Die nationalkonservativen Politiker im Kabinett denken, dass sie Hitler durch eine Regierungsbeteiligung entzaubern können. Sie täuschen sich.[12]

Die Machtübernahme der Nationalsozialisten schockiert die Loewys. Doch sie versuchen Ruhe zu bewahren. Esther ist noch zu klein, um die Auswirkungen dieser Wahl zu begreifen. Doch auch sie spürt den beginnenden Hass in den Blicken der anderen Menschen, beim Einkaufen mit Kätchen, beim Spielen mit ihren Geschwistern, bei ihren Mitschülerinnen auf der christlichen Volksschule in Saarbrücken. Sie stellen suggestive und beleidigende Fragen zu ihrem Judentum, die sie bei ihren Eltern aufschnappen.

Zuerst einmal scheinen die Loewys sicher zu sein, ihr Wohnort Saarbrücken gehört gar nicht zum Gebiet des auserkorenen »Dritten Reiches«. Nach dem Ersten Weltkrieg stellten die Siegermächte das Saargebiet 1919 mit dem Versailler Vertrag unter französische Verwaltung. Frankreich bekam als Reparationsleistung für die erlittenen Kriegsschäden das alleinige Recht, Bergbau zu betreiben.

Als Esther acht Monate alt war, demonstrierten 40.000 Einwohner*innen bei der Rheinischen Jahrtausendfeier gegen die als ungerecht empfundene Besatzung und für eine Zugehörigkeit des Saargebietes zum Deutschen Reich. Die Situation drohte zu eskalieren, und so sendete Paris die französische Armee in die Städte des Rheinlandes, in die wichtigen Industriezentren. Unter den Armeeangehörigen befanden sich Schwarze Soldaten aus den französischen Kolonien Marokko, Senegal und Algerien. Angestachelt von deutschnationaler Propaganda, Frankophobie und Rassismus setzte sich in der deutschsprachigen Bevölkerung der Ausdruck von der »Schwarzen Schmach« fest: Die Soldaten würden rauben und weiße Frauen vergewaltigen.

Diesen grassierenden Rassismus machen sich die Nationalsozialisten zunutze. Sie lancieren eine Propagandakampagne, die auf die vermeintliche »Schmach« aufbaut. Anfang des Jahres 1935 entscheidet ein Referendum mit 90,5% der Stimmen für die Eingliederung des Saargebietes in das Deutsche Reich. Sicherlich, diese Zahlen beruhen auf der emotional geführten Propaganda, aber die Zustimmung der Bevölkerung ist überwältigend. Hitler feiert die Eingliederung am 1. März nicht nur als großen Wahlerfolg, sondern auch als persönlichen Erfolg, der seinen Machtanspruch im ganzen Reich untermauern soll.

Mit der Machtübernahme der NSDAP werden die bestehenden Diskriminierungen in Gesetzestexte gegossen und von den Behörden wiederum in direkten Terror umgesetzt. 1935 laufen Planungen zur Zwangssterilisation »erbkranker« Menschen an, darunter auch der Kinder, die die französischen Kolonialsoldaten und weiße Frauen bekommen haben.[13]

Im Frühjahr des gleichen Jahres nehmen die Verfolgungen jüdischer Menschen im gesamten Reichsgebiet zu. Esther wird der Besuch der christlichen Volksschule verboten. Sie weint auf dem Nachhauseweg. Ihre Eltern haben die Nachricht vom Ausschluss bereits in der Zeitung lesen können und verweilen zwischen Schock und Abwarten. Es wird schon wieder besser werden, denken sie, Hitlers Herrschaft ist nur eine Phase in diesen turbulenten Zeiten. Sie klammern sich an diesen Gedanken.

Kurzer Stopp. Ich erzähle hier aus Esthers Kindheit, berichte von privaten Dingen und mache mir Gedanken um Identifizierungen gesellschaftlicher Positionen. Aber: Sollte ich Esthers Geschichte erzählen? Darf ich für Esther sprechen? Ich bin nicht jüdisch, habe keine Widerstandkämpfer*innen in meiner Familie. Und immerhin war mein Opa in der Wehrmacht, an der Ostfront, an Erschießungen von Zivilist*innen beteiligt.

Als ich Esther meine Fragen am Telefon stelle, gibt sie mir eine ganz einfache Antwort, die sie immer wieder zitiert hat: »Ihr habt keine Schuld an dem, was passiert ist. Aber ihr macht euch schuldig, wenn ihr nichts über diese Zeit wissen wollt.« Esther hat diesen Spruch aus dem Judentum adaptiert: Es ist nicht deine Schuld, dass die Welt kaputt ist, aber es ist deine Aufgabe, daran mitzuarbeiten, dass sie ganz wird.

Ich will nicht naiv sein. Es wird immer Bereiche in Esthers Biografie geben, die ich weder aufschreiben noch nachvollziehen und schon gar nicht nachempfinden kann. Wahrscheinlich sind es sogar die meisten in ihrem Leben und es ist eine Berufskrankheit von Historiker*innen, etwas anderes zu denken.[14] Und im deutschen Diskurs um jüdisches Leben und Antisemitismus sind es in der Regel nichtjüdische Stimmen, die sprechen, das haben die Literaturwissenschaftlerin Judith Coffey und die Psychologin Vivien Laumann in ihrem Buch *Gojnormativität* gezeigt.[15]

Aber: Ich lebe im postnationalsozialistischen Deutschland und damit ist es zumindest meine individuelle Aufgabe, von der Geschichte des Nationalsozialismus zu wissen. Zumindest in Teilen. Diese Gewaltgeschichte vollständig zu begreifen oder gar eine universale Verantwortung aus ihr zu ziehen, übersteigt die Grenzen jedes Menschen. Genau dann helfen Biografien wie Esthers: Sie ermöglichen einen Zugang, sie geben dem millionenfachen Verbrechen eine greifbare Dimension. Auch nach dem Ende der Zeitzeuginnenschaft, wenn ihre Geschichten übrig bleiben. Zumindest ist das meine Hoffnung.

Repression und Isolation

1935. Esther besucht jetzt eine jüdische Schule und das Schuljahr ist noch nicht einmal vorbei. Das heißt, dass sie einen weiten Weg auf sich nehmen muss. Das heißt auch, dass sie von einem auf den anderen Tag ihre Freundinnen an der alten Schule verliert. Und sie muss sich mit dem Gefühl auseinandersetzen, von einer Gemeinschaft nicht mehr gewollt zu sein. Esthers Eltern versuchen ihr zu erklären, warum sie nun nicht mehr zu ihrer Schule gehen kann, aber natürlich scheitern sie. Was soll an der antisemitischen und rassistischen Logik des Nationalsozialismus auch begreifbar sein? Esther schmerzt, dass wohl die meisten ihrer christlichen Mitschülerinnen sie schnell wieder vergessen haben. Sie sind beschäftigt mit den ideologischen Unterweisungen des neuen Regimes.

An der jüdischen Schule ist ihr Vater Lehrer. Das nervt Esther, weil sie denkt, dass er sie im Unterricht benachteiligt. In den schöneren Schulstunden unterrichtet ein Anfang 20-jähriger gutaussehender Rabbi. Alle drei Loewy-Schwestern sind ein bisschen verknallt in ihn. Rabbi Lothar Rotschild hat gerade seine Ausbildung abgeschlossen und ist ein Freund der Familie. Nur ein paar Jahre später wird er Hunderten jüdischen Menschen zur Flucht verhelfen, schließlich selbst in der Schweiz überleben und nach dem Krieg zu einer Galionsfigur des liberal-religiösen Judentums werden. Wenn er freitagabends bei den Loewys zu Besuch ist und sie über die steigende Verfolgung reden, rezitiert der junge Rabbi die Sätze der Propheten am Esstisch.

Das Leben der Familie Loewy im »Dritten Reich« wird mit jedem Tag schwieriger. Die Zeitungen sind gespickt mit antisemitischen Ressentiments, eine Flut von neuen Bestimmungen und Gesetzen tritt in Kraft und das Ansehen in der Nachbarschaft schwindet zusehends. Freund*innen wenden sich ab. In der rassistischen Ordnung der »Volksgemeinschaft« finden die Loewys keinen Platz. In der Welt eines zehnjährigen Mädchens scheint das volle Ausmaß der beginnenden Verfolgung nur schwer greifbar, aber es hinterlässt tiefe Verletzungen.

Der vielleicht größte Verlust für die Loewys ist jedoch, Katharina entlassen zu müssen. »Arische« Menschen dürfen nicht mehr bei jüdischen Menschen arbeiten, eine weitere Regel unter Hunderten mehr. Das bedeutet nicht nur eine erhebliche Mehrbelastung für Margarethe als Mutter einer sechsköpfigen Familie. Katharina ist ein fester Bestandteil der Familie und nicht wegzudenken. Zwölf Jahre teilte sie ihr Leben mit den Loewys. Esther, die sie seit ihrer Geburt kennt, weint bei ihrem Auszug bitterlich.

Mit jeder neuen diskriminierenden Gesetzgebung, jeder weiteren antisemitischen Hetze, jedem Boykott verstärkt sich die Ausgrenzung jüdischer Familien aus der Gesellschaft. Es ist Anfang 1936, und die Loewys ziehen nach Ulm. Sie müssen. Die Gemeinde Saarbrücken wurde durch Verfolgung und Vertreibung ihrer Mitglieder zu klein, ein Oberkantor wird schlichtweg nicht mehr benötigt.

Esther steht vor ihrem neuen Zuhause, die Tür zur Hausnummer 8 in der Herdbruckerstraße ist groß und schwer. Für den Umzug interessiert sie sich nicht wirklich, sie zieht sich lieber ihre Rollschuhe an und fährt an das Ufer der Donau. Da ist der Boden schön glatt.

Esther geht jetzt in das Landschulheim Herrlingen. Als externe Schülerin ist es für sie noch schwieriger, einen neuen Freundeskreis aufzubauen, wieder von vorn anzufangen. Aber wenn Esther in einem gut ist, dann darin, Menschen kennenzulernen. Schnurstracks geht sie am ersten Tag auf eine Mädchengruppe zu und spricht sie an. Sie sei Esther und gerade hergezogen. Zusammen sitzen sie im Musikunterricht, spielen Theater oder zeichnen im Kunstkurs.

Das kulturelle Leben in Ulm blüht in diesen Jahren. Aber nicht dort, wo man es vielleicht erwartet, nicht in den Kinos, die Goebbels' Propagandafilme zeigen, und auch nicht im Museum, das eine der größten Sammlungen moderner Kunst hatte und die dann 1937 als »entartet« beschlagnahmt wurde. Etwa jeden zweiten Abend organisieren die Synagoge, der Jüdische Kulturbund oder eine der jüdischen Schulen Veranstaltungen. Und dann steht nicht selten Esther auf der Bühne.

In diesen Momenten ist sie Shirley Temple mit den großen Kulleraugen. Eigentlich ist Shirley Temple ein Kinderstar aus den USA. Aber wenn Esther singt und steppt, ist sie das Sweetheart des jüdischen Ulms.

Irgendwann muss auch das Landschulheim Herrlingen unter der Repression der nationalsozialistischen Behörden schließen. Esther und ihre Freundinnen werden in die jüdische Schule nach Ulm versetzt. Das passt ihr gar nicht. Weil ihr Vater dort nicht nur Lehrer, sondern gleich Direktor ist. Morgens steht sie auf und ist wütend, auf den Schulwechsel, darauf, dass sie nicht selbst entscheiden kann, wohin ihr Weg sie führt. Dickköpfig und selbstbewusst ist sie, aber jetzt fühlt sie sich ohnmächtig, Angst ist ihre ständige Begleiterin geworden. Die deutsche Gesellschaft ändert sich, sie folgt rassistischen Idealen und akzeptiert Verfolgung. Der Terror als politisches Instrument kommt auch in Esthers Alltag an.

Schon seit 1933 existiert polizeiliche Verfolgung, doch seitdem 1936 der gesamte Polizeiapparat in die Hände des Chefs der Schutzstaffel, kurz SS, Heinrich Himmler gelangte und dieser die Gestapo, die Geheime Staatspolizei, ausbaute, ist der Unterdrückungsapparat allgegenwärtig für jüdische Familien.[16] Wenig später nimmt sich Himmler der Konzentrationslager an, die außerhalb jeder juristischen Strafpraxis stehen. Sie demonstrieren die Macht des Regimes. Ihre institutionellen Vorläufer, insbesondere das KZ Dachau, sollten politisch Andersdenkende verunsichern und jedweder Widerstandskraft berauben. Die nationalsozialistische Regierung stützt sich dabei auf Artikel 48 der Notverordnung, der es ihnen erlaubt, Gesetze ohne Zustimmung des Parlaments zu erlassen.

Aus der völkisch-nationalistischen NSDAP, gewählt vom »deutschen Volke«, ist innerhalb weniger Jahre eine Partei geworden, die kaum mehr vom Staat zu trennen ist.

Mehr als 80 Jahre nachdem Esther am Ufer der Donau mit ihren Rollschuhen entlanggefahren ist, sitze ich in Ulm am Wasser. Die Sonne scheint, der Asphalt ist immer noch glatt. Ein paar Straßen weiter liegt die Herdbruckerstraße, auf dem

Marktplatz davor hält die AfD an diesem Tag eine Kundgebung ab. An mir läuft ein Teilnehmer der Kundgebung vorbei, unter seinem Arm klemmt ein Pappschild, auf dem steht: »Wir sind das Volk«.

Was ist das eigentlich, »das Volk«? Der Historiker Michael Wildt beschreibt es als etwas, das so gar nicht existiert, denn es ist ja nicht deckungsgleich mit den Menschen, die in einem Land leben. Beim »Volk« handle es sich um ein Konstrukt, das über Abgrenzung funktioniere. Erst, wenn deutlich werde, wer *nicht* zum »Volk« dazugehöre, bilde sich eine klare Vorstellung vom »Volk« heraus.[17] Inklusion und Exklusion bedingen sich gegenseitig: »Wir« und »die Anderen«.

Es ist ein kurzer Weg bis zum »Wir« gegen »die Anderen«.

Zugehörigkeit wurde über die Kategorie »Rasse« bestimmt und Esther hatte die falsche. Für die Nationalsozialist*innen war eindeutig, wer Teil des »arischen Volkes« sein sollte und wer nicht. In der nationalsozialistischen Gesellschaft war für »die Anderen«, vor allem für Jüdinnen und Juden, kein Platz vorgesehen. Aber auch Sinti*zze und Rom*nja,[18] queere Menschen,[19] »Asoziale« und »Berufsverbrecher«, unter ihnen arme und obdachlose Menschen,[20] Zeugen Jehovas,[21] Menschen mit Behinderung,[22] Schwarze Menschen und People of Color[23] sowie politische Gegner*innen[24] wurden entrechtet, verfolgt und ermordet. Auch Zwangsarbeitende und Kriegsgefangene[25] wurden rassistisch herabgesetzt.

Sie alle schadeten nach der nationalsozialistischen Ideologie dem »Volkskörper«. Die Vision war eine homogene deutsche Gesellschaft, die sich an rassistischen und biopolitischen Merkmalen orientieren sollte. Und weil der Begriff »Gesellschaft« tief in der Tradition der bürgerlich-demokratischen Bewegungen steht, wählten sie die »Volksgemeinschaft«.

Ich höre die Rufe der Gegendemonstrant*innen. Die AfD bezieht sich nicht direkt auf die »Volksgemeinschaft«, aber auf »das Volk«, dessen ultimativen Willen nur sie durchsetzen könne. Die rechtsextreme Partei ist gegen das »Establishment«, gegen Geflüchtete, gegen alle, die nicht zu »ihrem« Deutschland dazugehören – plärrende Parolen, die dennoch eine starke

Wirkung entfalten können. Die Mitte-Studie der Friedrich-Ebert-Stiftung von 2023 zeigt, dass 30 Prozent der Befragten der Aussage zustimmen »Die regierenden Parteien betrügen das Volk.«[26] Die AfD hat sich seit ihrer Gründung immer weiter radikalisiert, doch die Ursprünge ihres völkischen und rassistischen Nationalismus waren 2013 schon vorhanden.[27]

Der Rassismus und der Antisemitismus der AfD sind verschlagener, aber keineswegs weniger gefährlich. Rechtsextreme Publizist*innen nennen das »Ethnopluralismus« und wollen damit die vermeintlichen kulturellen Unterschiedlichkeiten »der Völker« betonen. Deshalb sei Deutschland gut beraten, seine eigene, die »deutsche Identität« zu wahren. Und wieder frage ich mich: Was soll das sein? Ich bin kurz davor, dem Demonstranten mit dem Schild hinterherzulaufen und ihn zu fragen, lasse es dann aber. Ich kann mir seine Antwort denken.

Nein, die AfD ist nicht die NSDAP, Geschichte wiederholt sich nicht. Aber die AfD schaut auf langlebige Traditionen völkisch-nationalistischen Denkens in Deutschland zurück und vieles erinnert an die nationalsozialistische Partei. Das hat übrigens sogar der CSU-Ehrenvorsitzende Theo Waigel festgestellt.[28]

Patriotismus und Zionismus

Es ist Herbst 1936, heute ist Fototermin bei den Loewys. Alle Familienmitglieder sind schick angezogen, es herrscht angespannte Ruhe, denn jede verwackelte Aufnahme kostet teures Geld. Rudi ist jetzt Herr Rudolf Loewy, für sein Porträt gibt er sich große Mühe, staatsmännisch in die Ferne zu gucken, das hat er sich bei den Politikern des Reichstags abgeguckt. Angestrengt versucht er seine rechte Hand mit der linken verdeckt zu halten. Im Ersten Weltkrieg traf ihn eine Handgranate, zwei Finger sind seitdem nur noch Stümpfe. Der Rest seiner Hand sieht zertrümmert aus. Selbst den Ehering trägt er an der linken Hand.

Im Lazarett bat Rudolf den operierenden Arzt, der mehr Metzger als Chirurg war, seine Hand nicht zu amputieren, er brauche sie noch zum Klavierspielen und tatsächlich, die allermeisten Stücke spielt er trotz der Einschränkung weiterhin vortrefflich. Er schämt sich für seine Verletzung, trägt aber mit Stolz das ihm dafür verliehene Eiserne Kreuz. An den Kriegseinsatz erinnert er sich gerne, es erfüllt ihn mit Stolz, für das Kaiserreich gedient zu haben. Vaterlandsliebe – das ist für Rudolf ein Bekenntnis zur Demokratie. In ihr sieht der Sozialdemokrat den Garanten, als Jude ein gleichberechtigtes Leben führen zu können.

Esthers Schwester Tosca kümmert Rudolfs Vaterlandsliebe recht wenig. Was für ein Irrweg, denkt sie sich. Wieder und wieder streiten die beiden. Tosca engagiert sich in einer sozialistisch-zionistischen Jugendgruppe, die die Ausreise nach Palästina bewirbt. Sie hat einen ganz eigenen Kopf, in ihr lebt das Selbstbewusstsein der emanzipierten Frauen der 1920er Jahre fort. Das Judentum habe noch nie eine Zukunft in diesem Land gehabt. Die sozialdemokratische Einstellung ihrer Eltern kann Tosca nicht verstehen. Für sie gleicht das bürgerliche Leben einem Versteck, sie sehnt sich mit jugendlichem Eifer nach einer zionistischen, sozialistischen Gesellschaft, nach einem sicheren Ort. Wer sollte ihr das verübeln können?

Esther steht im Türrahmen, sie hört dem Streit zwischen der Schwester und dem Vater zu und versteht nicht viel. Doch von jetzt an sind die Koordinaten des jüdisch-deutschen Lebens in ihr verankert. Ist es die Synthese von Deutschtum und Judentum, die nicht nur Akzeptanz verspricht, sondern vielleicht auch Überleben bedeutet? Oder brauchen jüdische Menschen einen eigenen Staat? Gelingt das säkuläre oder das religiöse Leben besser in der Diaspora? Wo liegt Palästina überhaupt? Ziemlich große Fragen für ein elfjähriges Mädchen.

Für Rudolf sind diese Fragen geklärt. Er sieht den Fronteinsatz als seine Pflicht, als etwas, das ihn zu einem Mann und einem vollwertigen Mitglied der Gesellschaft macht. Die Versprechen der »Assimilierung« oder einer symbiotischen Gesellschaft aus jüdischen und nichtjüdischen Deutschen sind stark und doch trügerisch, weil der Antisemitismus stärker ist.[29]

Die Anerkennung für seinen Einsatz im Weltkrieg wird Rudolf von der Obersten Heeresleitung abgesprochen, sie erfindet die Legende vom »Dolchstoß«: »Die Juden« und Linke hätten die im Feld angeblich unbesiegten Truppen des deutschen Kaiserreichs zu Fall gebracht. Dabei ist es die Heeresleitung, die ehemaligen Kriegsteilnehmern wie Rudolf in den Rücken fällt. Rudolf hält auch nach der Machtübernahme Hitlers an seiner soldatischen Ehre fest, während in der Wehrmacht die »Dolchstoßlegende« zum ideologischen Grundstein wird. Es ist schwer, in so einer Gesellschaft zu einem selbstbestimmten Ich zu kommen.

Fast jeden Tag erreichen die Loewys neue Vorschriften, deren gewaltvolle Umsetzung ihr Leben einschränkt. Eine Zukunft in Deutschland scheint kaum mehr möglich. Aber fliehen? Wie? Und wohin? Flucht beinhaltet immer auch den Neuanfang und das potenzielle Scheitern dort, wo man sich ein besseres Leben erhofft. Für Margarethe und Rudolf würde sich die Flucht nach Aufgeben anfühlen. Deutschland ist doch immer noch ihr Zuhause.

Der Streit um die Emigration und Zugehörigkeiten eskaliert zwischen Tochter und Vater. Wenn schon nicht die ganze Familie gehen kann, dann wenigstens die Kinder. 1937 entscheiden sich Esthers Eltern dazu, ihre beiden Ältesten, Gerhard und Tosca, emigrieren zu lassen. Es kostet Überwindung, schmerzt und wirft die plötzlich allzu reale Möglichkeit ins Leben, einander nie wiederzusehen. Gerhard ist 21 Jahre alt, als er allein zu einer Tante in die USA reist. Dort wird er bis zu seinem Lebensende 1992 bleiben.

Tosca, 19 Jahre alt, wandert nach Palästina aus und findet an einer landwirtschaftlichen Schule Aufnahme. Dort wird sie Hans Lebrecht kennenlernen, einen deutsch-israelischen Kommunisten. Wo Esther die Musik liebt, verbindet Hans und Tosca die Politik. Die beiden werden nach dem Krieg heiraten und in Moskau, der DDR und Israel leben. Sie verstehen Migration nicht nur als Fluchtmöglichkeit, sondern als ihr Recht auf Freiheit.

Die Briefe von Tosca und Gerhard brauchen jetzt meistens mehrere Wochen, um über den Atlantik oder über das europäische Festland zu den Loewys zu gelangen. Stücke Papier, die von einem fremden Leben berichten, das Margarethe und Rudolf sich nur ansatzweise vorstellen können. Esther fehlen nicht nur ihre beiden älteren Geschwister, sondern auch eine Reihe guter Freund*innen aus Ulm. Sie fliehen in die Vereinigten Staaten, nach Palästina und in weitere Länder, die ihnen Schutz bieten. Esthers soziales Umfeld wird mit jedem Tag kleiner, während die Sorge um die eigene Zukunft immer größer wird. Die soziale Isolation schreitet täglich weiter voran.

Novemberpogrome

In ganz Deutschland brennen Synagogen. Auch in Ulm zünden in der Nacht vom 9. auf den 10. November 1938 örtliche SA-Truppen, der paramilitärische Arm der NSDAP, unter den Zurufen umstehender Bürger*innen jüdische Einrichtungen an. Sie plündern Geschäfte, schänden heilige Stätten, legen Brandsätze.

Zwar löscht die Feuerwehr die brennende Synagoge der Gemeinde Ulm, jedoch nur, um die umstehenden Gebäude zu schützen. Die Kosten für den Abriss der Ruine werden der jüdischen Gemeinde in Rechnung gestellt. Die Szenen auf den Straßen in dieser Nacht sind verstörend: prügelnde Meuten vor brennenden Gebäuden, die ihre blutüberströmten Opfer über die Straße zerren, verhaften und in Gefängnisse sperren. Während der Novemberpogrome vom 7. bis zum 13. des Monats werden über hundert Jüdinnen und Juden ermordet.

Seit Anfang 1938 intensiviert der nationalsozialistische Terrorapparat mit steigendem Takt und Unterstützung aus der Bevölkerung die Verfolgung der bis dahin nicht geflohenen jüdischen Bevölkerung. Die Schuld daran gibt die nationalsozialistische Führung »den Juden« selbst. Die Gewaltausschreitungen des Novembers sollen als spontaner »Zorn des Volkes«

wahrgenommen werden, in Wahrheit werden sie monatelang vorher geplant und vor allem von der SA brutal ausgeführt. Die Zeitungen betiteln das Pogrom als »Reichskristallnacht«, wegen der glänzenden Splitter der kaputt geschlagenen Ladenfenster.

Auch Rudolf wird verfolgt. Er ist auf dem Weg nach Hause von der Arbeit, die SS-Männer warten bereits vor der Synagoge und gängeln Rudolf, den Rabbi und weitere Gemeindemitglieder an einem Brunnen, versperren ihnen den Weg. Rudolf versucht ihnen auszuweichen, er wird geschubst und schlägt mit dem Kopf auf dem Gehsteig auf. Sie schreien ihn an, beleidigen ihn als »Saujuden«.

Wenige Momente später sitzt er in einem Lastwagen auf dem Weg in ein Gefängnis nach Augsburg. Dort angekommen, werden seine Personalien aufgenommen, begleitet von Beleidigungen und bürokratischen Schindereien. Dann wird er in einen kleinen Raum geführt, in dem die Männer der SA weiter auf ihn einprügeln. Rudolf starrt zu ihnen hoch, er riecht sein eigenes Blut. Vorsichtig erhebt er die Hände, beteuert, dass er Träger des Eisernen Kreuzes sei, er habe doch für Deutschland gekämpft. Ihm schallt Lachen entgegen. Was für eine Demütigung für den Deutschpatrioten.

Währenddessen bleiben Esther und ihre Mutter in Ulm zurück. Über den Verbleib von Rudolf wissen sie nichts. Angst befällt sie, denn die Inhaftierung kann die Überführung in das Konzentrationslager Dachau bedeuten. Drei Tage später wird er aus dem Gefängnis entlassen, auf seinem Entlassungsschein steht, er sei »Halbjude«. Das war ihm auch schon vorher bekannt, doch von nun an ist er sich der Folgen bewusst. Vom Gefängnis bis nach Ulm ist es ein weiter Weg, Rudolf kommt vollkommen erschöpft zu Hause an. Esther und ihre Mutter erschrecken, als sie ihm die Tür öffnen, sein Gesicht ist zerbeult, sein Anzug blutbefleckt.

Die Flucht scheint jetzt unausweichlich. Die verschärfte Verfolgung sollte alle noch verbliebenen Jüdinnen und Juden deutlich zur Flucht zu motivieren. Nach dem Terror der Novemberpogrome entscheiden sich Margarethe und Rudolf dafür, Deutschland so schnell wie möglich zu verlassen. Doch die Flucht ist auch eine Frage der finanziellen Möglichkeiten. Die ältesten Kinder emigrieren zu lassen, bedeutete ein knappes Kalkulieren der eigenen, wenigen Ressourcen. Wer gerettet wird, entscheidet sich in diesen Wochen und Monaten außerdem nicht selten an der Emigrationspolitik anderer Staaten. Das Ehepaar stellt einen Antrag auf Ausreise in die USA, kann jedoch die geforderte »Reichsfluchtsteuer«, geschweige denn die Einreisegebühr für die Vereinigten Staaten nicht aufbringen.

So ergeht es Tausenden jüdischen Familien. Hannelore, eine gute Freundin aus dem Landschulheim Herrlingen, zählt in ihrem letzten Brief an Esther die gemeinsamen Freundinnen auf, die es bisher nicht geschafft haben zu fliehen. Ihre eigene Familie habe alles beisammen, Visa, gepackte Koffer, sogar die Zusage für eine Bürgschaft. Aber das Geld dafür sei bisher nicht im Konsulat angekommen. Am 11. Juli 1940 verfällt das Visum. Es ist ein Donnerstag, Hannelores Eltern nennen ihn »Sterbetag«.[30]

Nachdem auch der Weg in die USA versperrt scheint, gibt es für die Loewys einen Hoffnungsschimmer: Rudolf erfährt, dass die Gemeinde Zürich einen neuen Kantor sucht. Für ihn und seine Familie könnte die Übersiedlung in die Schweiz die Rettung bedeuten. Drei Wochen später öffnet Rudolf den Brief der Züricher jüdischen Gemeinde. Es ist eine Absage. Die Gemeinde könne nur Menschen anstellen, deren Eltern nachweislich beide jüdisch seien. Rudolfs Mutter aber war christlich. Auch wenn die genauen Entscheidungsprozesse hinter dieser Stellenbesetzung unklar bleiben, greift hier die Rassenarithmetik der Nationalsozialisten auf tragische Weise. Die Schweizer Asylpolitik ist rigide.

Jeder weitere versperrte Fluchtweg bedeutet das Näherkommen der Deportation und damit des Todes, auch wenn die Loewys das zu diesem Zeitpunkt noch nicht wissen können. Rudolf fragt herum, doch er kann nicht herausfinden, ob die Stelle mit einem deutschen Kantor besetzt wurde und somit einer anderen Familie die Flucht ermöglicht wurde. Er bekommt keine Antwort und es liegt nahe, dass ein Gemeindemitglied aus der Schweiz gewählt wurde.

Auch Esthers jüngere Schwester Ruth versucht zu fliehen. Während der Novemberpogrome wurde sie von SA-Männern verprügelt und misshandelt. Seitdem ist sie kaum fähig zu laufen, leidet an einem Trauma und ist auf medizinische Hilfe angewiesen. Nach ein paar Monaten packt sie ihren Koffer, die Familie bringt sie zum Bahnhof und winkt dem Zug hinterher. Für einen Moment herrscht Totenstille am Gleis. Es ist der Anfang einer fast vierjährigen Odyssee durch Nordeuropa. Als ersten Stopp visiert Ruth Holland an, um dort bei einer jüdischen Familie im Haushalt zu arbeiten. Aber auch Holland ist fragil, Jüdinnen und Juden werden drangsaliert und verfolgt, unter anderem, weil die holländische Gesellschaft in beträchtlichem Maß mit Deutschland kollaboriert.[31] Esther ist mit ihren Eltern allein. Sie ist alles, was Rudolf und Margarethe bleibt.

Manchmal gibt es Tage, an denen man im Lesesaal eines Archivs sitzt und nur Nieten zieht. Ich versuche über Katharina Schäfers weiteres Leben im Nationalsozialismus etwas herauszufinden. Während ich mich durch den zehnten Stapel an Archivalien wühle und erneut in Esthers Aufzeichnungen zu ihrem Kindermädchen lese, verfestigt sich in meinem Kopf ein Gedanke. 1937 trafen sich Esther und ihr Kindermädchen Kätchen noch einmal wieder. Und bis zu Esthers Deportation nach Auschwitz blieb der Briefkontakt bestehen. Ist die Aufrechterhaltung einer Freundschaft, die einem Mutter-Tochter-Verhältnis gleicht, schon widerständiges Verhalten?

Ihr Name macht mir die Suche nicht gerade einfach, ich schwimme bei den Recherchen in einem Meer an Akten zum Nachnamen Schäfer. Später nahm Katharina den Nachnamen Müller an, das bringt mich auch kaum weiter. Als ich Esther nach Katharina frage, erzählt sie mir eine Episode, die die zwischenmenschlichen Beziehungen von Jüdinnen und Juden zu ihrem nichtjüdischen Umfeld beleuchtet: Als die Loewys von Saarbrücken nach Ulm ziehen mussten, hatte Katharina eine Fehlgeburt und musste operiert werden. In der Folge verweigerte sie jede medizinische Versorgung und die Nahrungsaufnahme. Eines Tages, es muss irgendwann im Sommer 1936 gewesen sein, kam Rudolf zu ihr ins Krankenhaus. Er pflegte sie gesund, ihm vertraute sie. Wenig später gebar sie dann ein Kind. 1937 besuchte Esther sie für vier Wochen und Katharina erzählte ihr von Rudolf, der ihr das Leben rettete. Ihr Mann starb als Wehrmachtssoldat im Krieg.

Die ungebrochene Vertrautheit mit Esther und ihrer Familie ist im Nationalsozialismus zumindest ein Wagnis für Katharina – Widerstand ist es nicht. In Esthers Erzählungen aber nimmt Kätchen genau diese Rolle ein, wir reden viel am Telefon über sie. Esther will damit verdeutlichen, dass es möglich war, einen kleinen Teil Menschlichkeit zu behalten. Kätchen steht im krassen Gegensatz zu den sonstigen Beschreibungen Esthers von ihrem nichtjüdischen Umfeld, das die Loewys sukzessive ausgeschlossen und verfolgt hat.

Was Esther dabei jedoch vergisst: Katharina Müller ist keine Retterin für die Loewys, sondern schlussendlich Teil der nationalsozialistischen Gesellschaft. Gehorsamkeit und Gleichgültigkeit sind wirkmächtiger, als es auf den ersten Blick scheinen mag. Katharina konnte sich zurückziehen und sich ihres Platzes in der »Volksgemeinschaft« sicher sein.

Geschichten wie die Katharinas sind mehrdeutig und deshalb attraktiv zum Weitererzählen in der postnationalsozialistischen Gesellschaft. Sie verweisen auf alltägliche Verbindungen zwischen jüdischen und nichtjüdischen Deutschen, dem Nachbarn, der Schulfreundin, der Chefin. Es ist die Sehnsucht, doch noch irgendwie zu den Guten gehören zu wollen. An den allermeisten Esstischen nichtjüdischer deutscher Familien werden Heldengeschichten herbeifantasiert. Etwa ein Drittel der Befragten der MEMO-Studie von 2020 geht davon aus, dass ihre Vorfahren Opfern geholfen hätten.[32] Die Frage, wie es zur Shoah, zu den nationalsozialistischen Verbrechen kommen konnte, verschwindet leise im Hintergrundrauschen des erfundenen Widerstands.

Hachscharah und Wehrmacht

Auf den gleichen Straßen der gleichen Städte zur gleichen Zeit wie Esther läuft ein junger Mann. Er ist zwei Jahre und zwei Wochen älter als Esther, hat markante Gesichtszüge und aufgeweckte Augen. Mein Großvater Heinz Lehmann wird 1922 in Rückers geboren, nach dem Krieg wird es Szczytna heißen, als Schlesien an Polen fällt.

Heinz' Eltern schicken ihn auf ein Internat der Jesuiten in den etwas größeren Nachbarort. Dort wird im Klassenzimmer dic nationalsozialistische Ideologie eingeübt: Wehrhaftigkeit, Rassenlehre, Soldatentum. An manchen Wochenenden besucht Heinz mit seinen Schulkameraden Breslau, wo sie um die Häuser ziehen und ihre jugendliche Freiheit erleben. Für sie ist das möglich, weil sie als »Arier« zur »Volksgemeinschaft« gehören.

Nach Breslau, das im Polnischen Wrocław genannt wird, ziehen Esthers Eltern ein Jahr nach den Novemberpogromen. Wieder hatten Vertreibung und Mord die Mitgliederzahlen der Gemeinde so sehr schrumpfen lassen, dass schlicht kein Kantor mehr benötigt wurde. Doch der Umzug muss zunächst verschoben werden, denn Margarethe entwickelt eine starke Depression und kommt für drei Monate in eine Nervenheilanstalt, auch wenn die dortigen Umstände wenig heilsam sind für sie. Die Ungewissheit, ihre Kinder möglicherweise nie wiederzusehen, bringt sie an den Rand der Verzweiflung. Sechs Jahre Demütigung, Erniedrigung und Entrechtung haben dieser stolzen Frau das Selbstvertrauen und das Vertrauen in die Welt geraubt.

Esther und ihr Vater mieten auf halber Strecke zwischen Ulm und Breslau, in Berlin, eine kleine Wohnung und warten Margarethes Genesung ab. Esther geht für einige Wochen auf eine jüdische Schule. Ansonsten aber vermeiden sie und ihr Vater es, vor die Tür zu treten. Das soziale Leben Berlins bleibt ihnen versperrt. Am 1. September lesen sie in der Zeitung, dass Deutschland Polen den Krieg erklärt hat. Krieg stand schon lange bevor, das weiß auch Esther. Zwei Tage später bricht das von den Nationalsozialisten anvisierte Welteninferno aus: Frankreich und England erklären dem »Dritten Reich« den Krieg.

Auch Heinz liest an diesem Tag die Zeitung. Er ruft sich die Geschichten seiner älteren Verwandten über den Großen Krieg in den Kopf: 1914 war die deutsche Stimmung mitreißend. Dieses Mal ist sie von anfänglicher Unsicherheit geprägt. In den Tagen vor dem Einmarsch des Deutschen Reiches in Polen inszenierten die deutschen Geheimdienste mehrere Vorfälle an der Grenze. Nun spricht die Regierung von Selbstverteidigung, intern plant sie bereits die Eroberung ganz Osteuropas und Russlands. Ihr rassistisches und biologistisches Konzept des »Lebensraums im Osten« sieht vor, die Menschen aus ihren Städten und Dörfer zu vertreiben und »arische« Deutsche dort anzusiedeln.

Der Krieg verunsichert Esther und ihre Eltern. Eigentlich wollen sie in diesen Zeiten eng zusammenbleiben, doch für Esther ist es keine Option, nach Breslau zu ziehen. Also trennen sie sich. Esther ist alt genug und will sich auf die Ausreise nach Palästina vorbereiten, ganz geschlossen hat sich der Fluchtkorridor noch nicht. Der zionistische Traum, die Sehnsucht nach ihrer Schwester Tosca und die Hoffnung auf Rettung treiben sie an.

Sie wirkt fest entschlossen. In Wahrheit ist ihr mulmig. Mit der Jugend-Aliyah kann sie in das brandenburgische Vorbereitungslager Gut Winkel in der Nähe von Berlin ziehen, ein wenig später und mit vielen neu gefundenen Freund*innen, ihren Chawerim, dann weiter in das Landwerk Ahrensdorf. Aliyah bedeutet die Immigration nach Palästina, aber wörtlich übersetzt heißt es »Aufstieg«, das hat Esther früh von ihrer Schwester Tosca gelernt. Im Lager der Hachscharah, der »Vorbereitung«, sollen sie alles über landwirtschaftliche Arbeit lernen, damit sie am Ziel ihrer Träume, im historischen Eretz Israel, das Land bestellen können.[33] Letztlich aber ist es der nationalsozialistische Terror, der sie an diesen Ort bringt.

Wenn Esther im Hachscharah-Lager ist, bleiben die antisemitischen Angriffe, die ein Stück brutaler Lebensrealität ihrer

Kindheit und Jugend sind, vor der Tür. Meistens zumindest. Es bleibt ein Gefühl ständiger Bedrohung und die Angst um ihre lieben Eltern. Die ersten Ausbildungsstätten der Hachscharah wurden nach dem Ersten Weltkrieg um 1918 eingerichtet, auch, weil bereits vor dem Nationalsozialismus der Antisemitismus stark in der deutschen Gesellschaft verwurzelt war und jüdische Menschen zur Sicherung ihrer Lebenswelt eigene Strukturen ausbildeten.

Das Leben auf dem Gut Winkel in Ahrensdorf ist erträglich. Manchmal sogar großartig. Esther verliebt sich in einen ihrer Madrichim, einen der Lehrer. Schimschon Bähr ist fünf Jahre älter und ihre erste große Liebe. Schimschon heißt eigentlich Günther, aber das klingt nicht gerade zionistisch. Beide bewundern die klassische Musik, sie kommunizieren über Noten und knutschen im Wald. Manchmal nehmen sie seine Kamera mit in den Wald und posieren, Esther leiht sich dafür einen schicken Mantel und guckt lässig zur Seite, Schimschon mit geneigtem Kopf in die Kamera. Ein junges Paar, verliebt in die Kultur und sich. Zu einer anderen Zeit wäre aus ihnen sicherlich die nächste Avantgarde geworden.

An einem warmen Sommerabend, einem unter vielen anderen, sitzen die Chawerim beisammen ums Feuer, singen Lieder und hören Schallplatten. Das Jungsein vertreibt die düstere Erwartung an die Zukunft. Esther und ihre Freund*innen sind keineswegs apolitisch oder naiv, ganz im Gegenteil, aber auch in dem Vorbereitungslager der Hachscharah 1940, dieser Insel jüdischen Lebens, kann für einen kurzen Augenblick die schwärmerische Leichtigkeit des Sommers herrschen.[34]

In meinen Händen halte ich Fotografien von Esther und ihrer Familie, von Schimschon, von den Chawerim, die mir aus der Aufnahme freundlich zuwinken. Wie sieht eine glückliche Kindheit aus? Wärme, genug zu essen, liebende Eltern, Freund*innen, vielleicht Musik, Abenteuer, Streiche spielen. Wie aber beschädigen Antisemitismus, Rassismus, Diskriminierung und Verfolgung das Aufwachsen eines jungen Menschen? Esther sagt, dass sie glücklich war, bis zur Trennung von ihren Geschwistern. Auch in ihrer Jugend empfand sie zeitweise Glück.

Wir reden viel über ihre Kindheit, die zu schnell endete, aber schön war, das betont sie in unseren Gesprächen immer wieder. Vielleicht ist es melancholische Romantisierung. Manchmal habe ich den Eindruck, Esther spalte diesen Teil ihres Lebens von dem ab, was danach kommen wird. Sie will dem Terror nur so viel Platz wie nötig einräumen und erzählt gleichzeitig ihre Lebensgeschichte als dramatische Erzählung von Glück und Katastrophe, von Erniedrigung und Ermächtigung. Erst dadurch wird das später kommende Leid erzählbar.

Das Motiv der Selbstermächtigung wird auch den Rest ihrer Biografie prägen. Die Geschichtswissenschaften erforschen diese dominanten Darstellungen von Geschichten: Ihr Narrativ kann von Sieg oder Niederlage erzählen, von Erfolg oder Misserfolg, von Verlusterfahrungen oder von Bewältigung und ist als Masternarrativ nicht nur für größere Gruppen wie etwa Nationen identitätsstiftend, sondern auch für einzelne Personen. Alle Zeitzeug*innen haben ein solches Narrativ, es bildet den roten Faden ihrer Erzählung und macht die Geschichte sinnvoll.

Beim Erzählen in unseren Gesprächen, aber auch beim Niederschreiben ist Esther um Bezugspunkte zur Gegenwart bemüht, gerade, weil sie ein jüngeres Publikum ansprechen will. Deshalb erzählt sie aus ihrer Jugend, das schafft Identifikation. Ihre Geschichte ist zugänglich: Sie berichtet vom individuellen und häufig doch ganz normalen, alltäglichen Leben einer 16-Jährigen, wechselt zwischen glücklichen und tragischen Episoden ab. So beglaubigt und emotionalisiert sie die Geschichte des jüdischen Lebens im Nationalsozialismus.

Das allein aber reicht nicht für eine reflektierte Auseinandersetzung mit Geschichte. Emotionen sorgen nicht automatisch für ein besseres Verständnis für das, was passiert ist. Es braucht Esther als Erzählerin und Protagonistin in ihrer Geschichte und es braucht Zuhörer*innen, die kritisch nachfragen. Auch wenn es hart klingt: Nur weil jemand Überlebende*r von tödlicher Gewalt ist, heißt das nicht, dass ihren/seinen Worten automatisch größere geschichtskulturelle Bedeutung zugesprochen werden sollte. Esthers Erzählungen sind deshalb von Interesse, weil sie aufzeigen, welche Handlungsspielräume es zu welchem Zeitpunkt gab. Wenn es überhaupt möglich ist, aus der Geschichte zu lernen, dann mit reflektiertem und kritischem Blick darauf, wie Zeitzeug*innen Geschichte erzählen.

Blumen in Fürstenwalde

Im Juni 1941 werden alle Vorbereitungslager der Jugend-Aliyah aufgelöst, auch das Landwerk Ahrensdorf. Esther wird von einigen ihrer Freund*innen und auch von Schimschon getrennt. Auf der Fahrt in die Hachscharah-Ausbildungsstätte Landwerk Neuendorf, die nun ein Zwangsarbeitslager ist, weint sie um ihn.

Esther wird einem Fleurop-Blumengeschäft in Fürstenwalde zugeteilt. Blumen verkaufen als Zwangsarbeit? Das klingt in Esthers Ohren zuerst widersprüchlich. Doch der Arbeitstag hat zwölf oder mehr Stunden, freie Bewegung außerhalb des Ladens oder des Lagers ist ihr nicht erlaubt, und die SS-Wachleute oder die Gestapo können jederzeit die Arbeitsplätze kontrollieren. Bei kleinstem Fehlverhalten droht die Deportation ins Konzentrationslager.

Nach einiger Zeit vertraut der Ladenbesitzer Herr Westphal Esther ein Geheimnis an: Vor 1933 sei er Mitglied einer kommunistischen Partei gewesen. Esther ist ein wenig skeptisch, die Kommunist*innen, die sie kennt, waren meistens jüdisch. Aber warum sollte er lügen, viel bringen täte ihm das nicht. Sie findet ihn sympathisch, auch wenn er stark von ihrer Arbeit profitiert und ihr keinen Pfennig dafür zahlen muss. Herr Westphal ist Analphabet, also übernimmt Esther die Buchführung und kümmert sich um das Versenden der Fleurop-Bestellungen.

Es sind die frühen Morgenstunden. Esther läuft zum Blumenladen, in den Händen trägt sie das wenige Essen, das sie aus dem Lager mitnimmt. Es ist ihre einzige Verpflegung für den ganzen Tag. Sie setzt sich an ihren Arbeitsplatz im hinteren Bereich des Ladens, vor sich legt sie die Gartenschere und die Vorbestellungsscheine. Plötzlich wird die Tür zum Geschäft aufgerissen. Esther schreckt von ihrem Stuhl hoch und sieht Felicitas, Herrn Westphals Nichte, hereinstürzen. Hinter ihr her rennt ein Mann, den Esther nicht kennt. Er wirft die Klappe zum Kohlenkeller auf, taumelt die Treppe herunter und schließt die Luke über sich. Wenige Momente später kommen zwei Beamte der Gestapo in den Blumenladen und fragen Esther herrisch, ob sie jemanden gesehen habe. Esther lügt: Nein, außer ihr sei niemand hier. Sie denkt an Felicitas. An den Mann im Keller. Vielleicht wegen Zeitdruck, vielleicht weil sie Esther glauben, zieht die Gestapo wieder ab. Als es dunkel wird, kommt der Unbekannte nach oben. Felicitas stellt ihn als ihren Vater vor, auch er sei Kommunist und werde von der Gestapo gesucht.

Die Verfolgung nimmt zu. Esther sitzt auf ihrem Bett und näht einen gelben sechszackigen Stern mit der Aufschrift »Jude« auf ihre Jacke. Mit den Verordnungen vom 1. September 1941 wird allen jüdischen Menschen ab sechs Jahren im Reichsgebiet auferlegt, diese Markierung sichtbar zu tragen. Anfangs bekundeten einige der Anwohner*innen im Blumengeschäft Esther zaghaft ihre Sympathie, gaben ihr Trinkgeld. Wenn sie ein wenig Geld zusammen hatte, ging sie in ein kleines Delikatessengeschäft neben dem Blumengeschäft und kauft sich ihre Leibspeise Kartoffelsalat.

Seit sie den Stern tragen muss, ist von der leisen Unterstützung der Dorfbevölkerung nichts mehr zu spüren. An Feiertagen, wenn besonders viel los ist, hilft Esther vorne am Tresen aus. Bis sich ein Kunde bei der örtlichen Polizei beschwert: von einer Jüdin bedient zu werden sei eine Zumutung. Esther muss den Kontakt mit nichtjüdischen Menschen auf ein Minimum reduzieren. Die Kennzeichnung dient nicht nur dazu, die weitere Isolation voranzutreiben, sondern organisiert auch den alltäglichen Terror, bis hin zur Vernichtung.[35]

Die Hoffnung, nach Palästina auszuwandern, ein erträgliches Leben zu führen, schwindet dahin. Vor wenigen Wochen, im Dezember 1941, wurde eine Freundin von Esther nach Auschwitz deportiert, nachdem sie beschuldigt worden war, ein Päckchen Blumendraht von der Arbeit mitgenommen zu haben. Ihre Abwesenheit spricht sich im Zwangsarbeitslager schnell rum, das Wort Auschwitz wird zur Formel des Schreckens. Für Esther ist es ein Symbol für kaum zu erahnende Albträume.

Fürstenwalde ist der Vorhof dieser Hölle. Ein Mikrokosmos, in dem die Radikalisierung der Dominanzgesellschaft und ihr Umgang mit jüdischen Menschen vor ihrer Vernichtung repräsentativ für ganz Deutschland abläuft.[36]

Die Familie Lehmann stammt aus Fürstenwalde. Heinz' Vater ist hier groß geworden, sein Großvater war lange Zeit Eisenbahner, der Onkel ist Polizist im großen Berlin, das wenige Kilometer entfernt liegt. Heinz zieht es in die Gegend zurück, er beginnt zum Winter 1940 Forstwirtschaft im rund eine Stunde entfernten Eberswalde zu studieren. Vielleicht kauft er für den Besuch bei der Verwandtschaft in Fürstenwalde sogar Blumen bei den Westphals und sieht, wie Esther im hinteren Teil des Ladens Gestecke bindet. Vielleicht treffen sich ihre Blicke.

Nach nur zwei Semestern unterbricht Heinz sein Studium, um sich freiwillig zur Wehrmacht zu melden. Er will Soldat werden, wie so viele andere junge Männer seiner Generation. Wahrscheinlich, so denkt er sich, würde er eh in ein paar Wochen einberufen werden. Der Nationalsozialismus kennt sein Zielpublikum gut. Es waren vor allem die zwanzig- bis vierzigjährigen Männer aller sozialer Schichten, die sich 1933 angesprochen fühlten. Die junge Generation soll Vorbotin der kriegswilligen »Volksgemeinschaft« sein.

Etwa 80 Jahre nachdem mein Opa sich freiwillig für den Krieg gemeldet hatte, stehe ich mitten in Fürstenwalde. Ich bin auf der Suche nach den Spuren meiner Familie und denen von Esther, die sich merkwürdigerweise immer wieder kreuzen. Ich bin eigentlich gut vorbereitet, aber jetzt fühle ich mich seltsam unbeholfen, also hole ich mein Telefon aus der Hosentasche, um herauszufinden, wo das Haus meiner Urgroßeltern stand und wo sich der Blumenladen der Westphals befand. Nach einer Zeit lande ich auf der firmeneigenen Website des Unternehmens Fleurop, deren Laden Herr Westphal betrieb. Dort lese ich, dass sich Fleurop während der zwölf Jahre nationalsozialistischer Herrschaft zum millionenschweren Unternehmen entwickelt hat. Und auch nach 1945 sendete sich die postnationalsozialistische Gesellschaft weiter fleißig Blumengrüße.

Über Zwangsarbeit erfahre ich in dem Text nichts, stattdessen heißt es: »Die Warenrationierung zu Beginn des Zweiten Weltkriegs hatte zunächst keine wirtschaftlichen Einbußen für Fleurop zur Folge – lediglich der Arbeitskräftemangel wirkte sich negativ auf das Geschäft aus und musste durch Überstunden aufgefangen werden.« Dass der Arbeitskräftemangel durch den Krieg des Deutschen Reiches ausgelöst wurde und nicht mit Überstunden kompensiert wurde, sondern mit Zwangsarbeit, bleibt unerwähnt.

Und weil das noch nicht genug ist, werden im nächsten Satz die gefallenen Kameraden und das Leid der Deutschen beweint: »Die Stimmung in der GmbH war – wie im ganzen Land – von Trauer und Unsicherheit geprägt. Viele Mitglieder fielen im Krieg oder wurden vermisst.«[37] Irgendwie hatten's im Nationalsozialismus ja alle schwer, ne?

Deportation

Von Esthers Traum der Ausreise bleibt nichts mehr übrig. Auch die Spekulationen über zurückgehenden Terror erweisen sich als illusorisch. Der Rückhalt in der internationalen Staatengemeinschaft ist ein Witz und die materiellen, kulturellen und seelischen Grundlagen der Loewys sind zunichtegemacht. Die sich immer weiter radikalisierende nationalsozialistische Gesellschaft verweigert jüdischen Familien das Recht auf Leben.

Im zweiten Halbjahr 1941 entscheidet sich die Führungsriege der Nationalsozialisten zur »Gesamtlösung der Judenfrage im deutschen Einflußgebiet in Europa«, so schreibt es Generalfeldmarschall Hermann Göring in einer Ermächtigung vom 31. Juli 1941 an den Leiter des Reichssicherheitshauptamtes Reinhard Heydrich.[38] Was nach Bürokratie klingt, verschleiert mordende Gewalt, die sich bereits seit Jahren in der Radikalisierung der »Volksgemeinschaft« andeutet und nun ausbricht. Die Übergänge von Verfolgung zum Genozid sind fließend, das macht sie so gefährlich.

Seit Mitte des Jahres 1941 steigern sich Häufigkeit und Systematisierung der Deportationen, die vom größten Teil der nichtjüdischen Bevölkerung hingenommen, teils bereitwillig unterstützt werden. Obwohl die Konzentrationslager keineswegs beliebt sind, sondern eher gefürchtet, erscheinen sie als nötige Realität einer unterstützenswerten Politik.[39] In den besetzten Gebieten Osteuropas kommt es währenddessen zu Massakern, der weiteren Gettoisierung von jüdischen Menschen und dem Bau beziehungsweise Ausbau von Konzentrationslagern.[40]

In den frühen Morgenstunden des 24. November 1941 werden Margarethe und Rudolf Loewy von einem energischen Klopfen an ihrer Haustür geweckt. Vielleicht haben sie eine Vorahnung, vielleicht werden sie überrumpelt oder öffnen vorsichtig die Tür und sofort steht ein Stiefel im Türrahmen. Die Gestapo dringt in die Wohnung der Loewys ein und verhaftet das Ehepaar. Rudolf wird vor die Wahl gestellt, sich von seiner Frau zu trennen und sie alleine fahren zu lassen oder ebenfalls als »Halbjude« deportiert zu werden. Er müsse sich an Ort und Stelle festlegen. Rudolf lehnt ab. Sie gehen davon aus, dass sie zum Arbeitseinsatz in den Osten Europas gebracht werden, irgendwie werden sie schon durchkommen.

Rudolf und Margarethe werden in ein Sammellager gebracht, dem kurzerhand umfunktionierten Lokal Schießwerder. Am 25. November fährt der erste Zug aus Breslau vom Bahnhof Breslau-Odertor ab. Das Ziel ihrer Zugfahrt kennen sie nicht. Sie werden in das litauische Kovno, auf deutsch Kaunas, deportiert. Kurz nach ihrer Ankunft werden sie von den Angehörigen des deutschen Einsatzkommando 3 erschossen. Die

Nationalisten Litauens erweisen sich als mordbereite Gehilfen.[41] Die Leichen von Rudolf und Margarethe werden in einem Massengrab mit Tausenden anderen jüdischen Menschen verscharrt. Es ist der erste Massenmord an deutschen Jüdinnen und Juden in den besetzten Gebieten. Über die näheren Umstände des Massenmords in Kovno wird nur wenig bekannt sein, da sich die späteren Zeugenaussagen von beteiligten litauischen Wachmännern widersprechen.[42]

Heinz ist zu diesem Zeitpunkt in einer Maschinengewehr-Kompanie der Infanterie des Ersatzheers gemeldet, zuerst in Ausbildung im besetzten Frankreich, wenig später kämpft er als Gefreiter in einem Eisenbahn-Panzerzug in Russland und Ungarn. Die Schienen sind unverzichtbar für die nationalsozialistische Eroberungs- und Vernichtungspolitik. Sie führen Güter und Soldaten an die Front, deshalb müssen sie geschützt werden.

Heinz und die anderen Soldaten des Panzerzugs sind an »systematischen Säuberungsaktionen« beteiligt, die das eroberte Land »befrieden« sollen. Hinter dieser euphemistischen Sprache versteckt sich das Massenmorden, dem Rotarmist*innen, Widerstandskämpfer*innen und die Zivilbevölkerung zum Opfer fallen. Jedweder Vorwand wird dazu genutzt, das Töten auszuweiten, eigentlich braucht es zu diesem Zeitpunkt nicht mal mehr einen Vorwand. Die Soldaten gehen in Dörfer und erschießen oder erhängen Männer, Frauen und Kinder.

Heinz' Leben ist untrennbar mit den nationalsozialistischen Verbrechen verbunden – als Mitglied einer nationalsozialistisch erzogenen Generation und Angehöriger der »Volksgemeinschaft«, als Soldat der Wehrmacht, als Täter, selbst wenn er den Abzug selbst nie betätigt haben sollte.

Nördlich von Heinz' Geburtsort, eine Stunde mit dem Zug entfernt, befindet sich seit 1940 das Konzentrationslager Groß Rosen, in dem bis Kriegsende 40.000 Menschen ermordet werden. In unzähligen Ortschaften Schlesiens finden sich Außenlager des Konzentrationslagers, auch in der Nähe von Rückers. Auf dem Hof neben Heinz' Elternhaus lässt die Nachbarsfamilie polnische Zwangsarbeiter*innen schuften, sie gehören zum alltäglichen Bild des Dorfes. Dort fängt das Wissen um die Verbrechen der deutschen Gesellschaft im Nationalsozialismus an und es breitet sich, seit Beginn der Massenmorde 1941, immer weiter aus.[43]

Esther weiß von der Deportation ihrer Eltern zuerst nichts. Wie auch, sie hat seit Wochen keinen Kontakt mehr zu ihnen, tagsüber ist sie im Fleurop-Blumenladen beschäftigt, nachts im Lager eingesperrt. Erst Ende November erhält sie die Nachricht, dass ihre Eltern deportiert werden. Esther setzt alles in Gang, um sie vorher zu sehen, und fährt mit polizeilicher Genehmigung nach Breslau. Zwei Polizisten warten dort auf sie, vor der Wohnungstür hängt bereits das Absperrband. Sie ist zu spät. Wo vor wenigen Tagen noch ihre Eltern lebten, sieht sie jetzt eilig liegen gelassene Habseligkeiten, die nicht mehr in das Gepäck passten. Als Esther zwei Koffer vom Schrank nimmt, um Bettwäsche, warme Kleidung und eine gerahmte Fotografie einzupacken, schreit sie der Polizeibeamte an, sie solle das Bild stehen lassen. Es ist eine Aufnahme des großen Bechstein-Flügels, an dem sie als Kind das Klavierspielen lernte. Esther fängt an zu weinen. Es fühlt sich an, als werde ihr die Sicherheit ihrer Kindheit genommen. Der Polizist blafft sie weiter an: Das sei nicht das Schlimmste, ihr werden noch ganz andere Dinge passieren. Schnell legt sie einen anderen Bilderrahmen, eine Fotocollage, in ihren Koffer, die sie ihrem Vater einmal zum Geburtstag geschenkt hat, und schließt den Deckel.

Wenige Wochen später zieht eine nichtjüdische Familie in die Wohnung ein.

Erst etwa 1951 wird Esther erfahren, dass ihre Eltern in einem Wald ermordet worden seien und sich zuvor nackt hätten ausziehen müssen. Wahrscheinlicher ist, dass sie im Fort IX Kovno am 29. November getötet wurden, so weit geben die Zeugnisse ihrer Mörder Auskunft.

Esther hat kein Zuhause mehr, und ihr sind nur wenige Besitztümer geblieben. In den Händen hält sie die letzten beiden Fotos ihrer Eltern, die sie aus der Wohnung mitnehmen konnte, für Esther ein unermesslicher Schatz. Auf den weißen Rahmen der Porträts hat sie »Die letzten Bilder meiner lieben Eltern« geschrieben. Sie sind wenige Monate, nachdem ihr Vater von der SA verprügelt und inhaftiert wurde, entstanden. Für das dazugehörige Familienfoto stehen sie eng beieinander. Esther ist in der Mitte, ihre Eltern schauen sich in die Augen und Esther schaut direkt in die Kamera. Ihr Blick ist selbstsicher. Trotz der damals schon entbehrten Geschwister, trotz des schwindenden Freundeskreis und trotz der Unsicherheit, wie es um die Zukunft bestellt ist.

Zu Esthers verbliebenem Besitz zählen auch einige Briefe. Einer ist von ihrer Schwester Ruth, die ihr schreibt, dass sie jetzt verheiratet sei und mit ihrem Mann, dem ungarischen Juden István Marchand, aus Holland nach Basel zu Lothar Rothschild fliehen könne. Esther kommt es ewig vor, dass sie zu dritt hinten in der Klasse saßen und den jungen Rabbi Rothschild anschwärmten. Es ist der letzte Brief, den Esther von ihrer Schwester erhält.

Erst nach dem Krieg wird sie erfahren, dass Ruth und ihr Mann zu diesem Zeitpunkt schon nicht mehr am Leben sind, sie denkt, dass sie von den Grenzsoldaten abgewiesen wurden, ein sicheres Todesurteil. Die Wahrheit ist noch viel grausamer. Ruth wurde in das Sammellager Westerbork verschleppt, von dort aus am 6. November 1942 nach Auschwitz deportiert und vier Wochen später ermordet. Als Todesursache wird verfälschend »Urämie« angegeben, also die Vergiftung des Blutes mit harnhaltigen Substanzen. Häme spricht aus diesem Wort. Über ihren Mann ist nichts Weiteres bekannt. Esther wird erst 75 Jahre später die Wahrheit über den Tod ihrer Schwester erfahren.

Im Frühling 1943 hat Deutschland eine schwere und kriegsentscheidende Niederlage in Stalingrad zu verkraften. Heinz liegt jetzt im Lazarett. Seine Truppe sollte die südliche Flanke der angreifenden 6. Armee schützen, doch er wurde von einem Streifschuss am linken Oberarm getroffen, ein paar Metallstücke werden für immer in seinem Arm bleiben. Bei letzter Gelegenheit floh er aus der Schlacht, nur um sich kurze Zeit später sich wieder seiner Truppe anzuschließen und weiter für das »Dritte Reich« zu kämpfen.

In Fürstenwalde riechen die Blumen jetzt besonders intensiv. Es ist April und Esther bekommt einen Brief: den Befehl zur Deportation in ein »anderes Arbeitslager«. In der Großen Hamburger Straße in Berlin-Mitte hat die Gestapo in einem Altersheim der Jüdischen Gemeinde und in der Jüdischen Schule ein Sammellager eingerichtet. Esther darf einen Koffer packen, dann werden sie und die anderen jungen Menschen aus Fürstenwalde auf einem Lastwagen nach Berlin gefahren. Ihre Jugend ist schon lange vorbei.

Esthers Erkennungsfoto aus dem Zwangsarbeitslager Neuendorf bei Fürstenwalde, 19. 8. 1942

2. Überleben

Ein Zug nach Auschwitz

Es ist kalt. Esther sitzt auf dem Boden eines Waggons zwischen unzähligen anderen Menschen. Der Boden ist bedeckt von Urin und Exkrementen. Von Eberswalde aus brachte ein Lastwagen sie und ihre Freund*innen zunächst in ein Sammellager nach Berlin. Das mit Kriegsbeginn neu gegründete und der SS unterstehende Reichssicherheitshauptamt führt lange Listen mit Namen und Wohnorten jüdischer Menschen. Auf der Transportliste des »37. Osttransports« vom 19. April 1943 wird Esther als Nummer 368 aufgeführt. Von 719. In Wahrheit sind etwa 1.000 Menschen in den Zug gesperrt.

Wohin der Zug genau fährt, weiß Esther nicht. Ihnen wurde nur gesagt, sie kämen in ein »anderes Arbeitslager« nach Polen. Neben ihr sitzen ihre Freundinnen Sylvia, Hilde und Carla, ihre beste Freundin Mirjam Edel sowie viele der Chawerim aus Neuendorf. Sie heißen Theo, Frieda, Harry. Sie heißen Suse, Albrecht oder Benjamin. Die meisten sind nicht mal zwanzig – und alle müssen um ihr Leben fürchten. Ganze Familien sitzen hier in diesem Waggon. Die Luft ist stickig. Um auf die Toilette zu gehen, muss sich Esther in der Ecke über einen Eimer hocken. An Schlaf ist nicht zu denken, Essen bekommen sie keines. Zwei Tage lang sitzen sie in dem Waggon eingepfercht, bis der Zug sein Ziel erreicht: Oświęcim, im Jiddischen Oshpitzin.

Auf deutsch Auschwitz.

Oświęcim ist ein Verkehrsknotenpunkt. Vor dem Ersten Weltkrieg kamen hier Wanderarbeiter*innen an, für die die ersten Baracken gebaut wurden. Danach zogen geflüchtete polnische Minderheiten ein, bis die polnische Armee Kasernen aufstellte. Bis vor dem Überfall der Wehrmacht auf Polen 1939 war Oświęcim ein armer Ort und ungefähr die Hälfte seiner

Bevölkerung jüdisch. Bereits vor 1939 erfuhren sie von ihren nichtjüdischen Nachbar*innen Antisemitismus.

Doch die nationalsozialistische Eroberungspolitik ist radikaler und zudem antislawisch, Oświęcim ist ein weiterer Ort im »Osten« Europas, der »judenfrei« werden soll. Erst dann könnten, so die völkische Utopie, »arische« Deutsche »siedeln«, die dortige nichtjüdische Bevölkerung unterdrückt und die Jüdinnen und Juden aus dem »Altreich« weiter östlich vertrieben werden.

Die Führung des Nationalsozialismus, der harte Kern ihrer Wähler*innenschaft und immer mehr Menschen aus der Bevölkerung sind von der »jüdischen Weltverschwörung« überzeugt und leiten daraus die Notwendigkeit eines Krieges ab. Der Tod der Bewohner*innen von Orten wie Oświęcim, allen voran der jüdischen Bevölkerung, ist dabei fest einkalkuliert. Und das massenhafte Morden wird durch die völkische Politik der Vertreibung und Besiedlung ergänzt. Beides ist im Willen zur gewaltvollen Neuordnung der sozialen und wirtschaftlichen Verhältnisse verbunden.[44]

Seit im Mai 1940 die ersten Gefangenen nach Auschwitz deportiert wurden, wird das Konzentrationslager ständig ausgebaut. Stacheldrahtzäune und Wachtürme umschließen das Gelände, das mehrere Hunderttausend Menschen gefangen halten soll. Das Bahngleis führt bis kurz vor das Lager, an die sogenannte Rampe.

An dieser »Rampe« geht die Tür des Waggons auf. Esther und die anderen Insassen blinzeln in grelles Tageslicht. Vier Männer in Zivil begrüßen sie freundlich, denn sie wollen keine Panik verbreiten. Esther steigt aus, füllt ihre Lungen mit frischer Luft und will sich strecken, doch der Hunger krümmt sie. Den erschöpften Ankommenden ist nicht bewusst, dass in diesem Moment die Selektionen beginnen. Wer körperlich kräftig genug erscheint, läuft den Weg vom Gleis zum Lager. Alle anderen fahren mit Lastwagen: Mütter mit ihren Kindern, Schwangere, alte Menschen – alle, die die SS als nicht »arbeitstüchtig« einstuft. Manchmal reicht nur eine falsche Bewegung, die über Leben und Tod entscheidet. Esther sieht, wie ein junger Mann zurück zu seiner Familie laufen will, jedoch von einem SS-Mann zurückgehalten wird. Familien werden auseinandergerissen, manche schaffen es, sich ein letztes Mal zu umarmen. Die 543 Passagiere der Lastwagen werden direkt zu den Gaskammern gefahren. Wenig später sind sie tot. Was bleibt, sind ihre Koffer.

Die Wachmannschaft trennt die übrigen Frauen und Männer. Ihr Tod ist nur aufgeschoben, sicher sind sie keinesfalls. Esther zwingt sich zu laufen, nach etwa anderthalb Kilometern Marsch tritt sie durch das Tor in das Lager ein. »Arbeit macht frei« steht in gebogenen Lettern über ihrem Kopf. Es ist purer Spott. Hinter dem Tor wartet ein Wachmann in SS-Uniform auf sie. Er brüllt Esther und ihren Freundinnen ins Gesicht, jetzt würden sie erfahren, was es heiße, wirklich zu arbeiten.

Sie werden in die sogenannte Sauna getrieben, einen Umkleideraum. Esther muss sich nackt ausziehen, während die SS-Männer zuschauen. Aufgestellt in Reihen warten sie und die anderen darauf, dass ihnen der Schädel rasiert wird. Es sei eine Hygienemaßnahme, in Wirklichkeit dient sie der Entmenschlichung.[45] Esthers Haare fallen ihr büschelweise auf die Schultern. Sie nimmt nicht mehr wahr, ob sie weint oder nicht, wie auch. Unter einer kalten Dusche muss sie ihre geschorenen Haare abwaschen. Durch das Wasser schallt das Lachen der SS-Männer in ihren Ohren.

Dann wird Esther eine Nummer zugeteilt: 41948. Als sie in den linken Unterarm tätowiert wird, schmerzt das Stechen der Nadel dumpf. Esther ist damit beschäftigt, die Scham angesichts ihres rasierten Schädels zu verbergen, sie fühlt sich ihrer Weiblichkeit beraubt. Die SS will ihr jede Würde nehmen, Nummern sollen jegliche Individualität zunichtemachen. Schließlich erhalten sie Holzschuhe und Klamotten aus grobem, blau-weiß gestreiftem Stoff. Auf Esthers Oberteil ist ein rot-gelber Winkel angenäht, sie wird als »politisch jüdischer Schutzhäftling« geführt. In diesem Moment begreift sie, dass sie nicht in einem gewöhnlichen Arbeitslager ist, sondern in einem Konzentrationslager. In Auschwitz.

In der ersten Nacht findet Esther keinen Schlaf. Bei der Baracke handelt es sich eigentlich um einen Pferdestall, in dem nun 400 Menschen unterkommen müssen. Sie liegt mit acht anderen Frauen in einem Bett aus Holzbrettern, Decken oder Kissen haben sie nicht. Ihr ist kalt. Am nächsten Morgen bekommt Esther eine Emailleschüssel in die Hand gedrückt, darin das Essen für den Tag. Wobei der Inhalt der Schüssel, wässrige Suppe, die Bezeichnung Essen kaum verdient. Sogar der Toilettengang ist gespickt mit Schikanen der SS. Die Luft ist verpestet vom Gestank der Fäkalien, bis in die Baracken ist er zu riechen. Viele der Gefangengen leiden an Durchfallkrankheiten und Unterernährung.

Tagsüber wird Esther von nun an zum Steineschleppen gezwungen. Für sie, die unter einem Meter fünfzig groß ist, ist diese Arbeit kaum zu bewältigen. Esther schaut von einem Steinberg zum anderen, vollkommen sinnlos ist diese Aufgabe, denn oft schleppt sie die Steine vom Vortag wieder zurück. Bereits nach wenigen Tagen sind ihre körperlichen Kräfte vollkommen erschöpft. Wenn sie Gefangene sieht, die schon länger im Lager sind, abgemagert und krank, erschreckt sie. Sie sieht ihr zukünftiges Selbst.

Immer der gleiche Ablauf. Esther wacht auf, ihre Augen fixieren die Decke, dann dringt der Geruch zu ihr durch. Das Essen schlingt sie gierig runter, Steineschleppen, Erschöpfung, Hunger, Durst. Nachts begleiten sie Schreie und Weinen von überall her in einen traumlosen Schlaf.

Auschwitz ist nicht nur ein Konzentrationslager. Es ist ein riesiger Komplex. In der Nähe haben sich Firmen niedergelassen, vornehmlich aus der Rüstungsindustrie, die von der Zwangsarbeit profitieren wollen. Geleitet wird das Lager von Rudolf Höß, dem Kommandanten. Er befehligt mehrere Wachmannschaften, auch die Organisation des Lagers liegt in seinen Händen. Tod und Verwesung sind sein Metier. Zu Hause aber, direkt an die Mauern des Lagers angrenzend, will er sein heiles Familienleben bewahren.

Zum Stammlager gehört seit 1942 das Lager Auschwitz-Birkenau, früher hieß der Ort Brzezinka. Es soll in erster Linie der Vernichtung von Menschen dienen. Hier befindet sich auch das Frauenlager B Ib, in dem Esther gefangen gehalten wird.

Direkt daran angrenzend stehen zwei der fünf sogenannten Krematorien, außerdem die Gaskammern, in denen die selektierten Gefangenen ermordet werden. Mehrere Hundert Menschen gleichzeitig werden durch das Giftgas Zyklon B ermordet. Ein SS-Mann gibt das Gas durch eine Öffnung in die Kammer, ihr Todeskampf dauert wenige Minuten, manchmal auch länger. Die Qualen entstellen ihre Gesichter auf das Groteskeste. Wenn das sogenannte Sonderkommando, das aus jüdischen Zwangsarbeitenden besteht, die Türen der Gaskammer öffnet, findet es zerdrückte Körper am versperrten Ausgang vor, Nagelspuren vom Todeskampf im Mörtel. Entwickelt wurde das Töten mit Gas während der sogenannten T4-Aktion, bei der Menschen mit Behinderung ermordet wurden.[46]

Die Leichen der Ermordeten wurden zuerst in großen Gruben verbrannt, wenig später auch in den Verbrennungsöfen der mittelständischen Firma Topf und Söhne aus Erfurt. Die Tötungseinrichtungen werden mit der Zeit professioneller. Für Topf und Söhne ist es nur ein weiterer Auftrag, den sie gewissenhaft annehmen, wirtschaftlich rentabel ist er nicht. Etwa einen Monat bevor Esther im Konzentrationslager ankommt, wurde das erste sogenannte Krematorium in Betrieb genommen. Etwa 1440 Leichen sollen darin laut Hersteller Topf und Söhne an einem Tag verbrannt werden können.

Esther sieht grauen Rauch über dem Lager aufsteigen. Der Bereich der Tötungseinrichtungen ist abgesperrt und nicht einsehbar, doch den Gefangenen ist bewusst, dass hier Menschen verbrannt werden. Es ist keine Ruhestätte. Ende 1944 wird der Lyriker und Shoah-Überlebende Paul Celan in seinem Gedicht *Todesfuge* diese Zeile schreiben: »ein Grab in den Wolken da liegt man nicht eng«.[47] Sie gibt seine Wahrnehmung der Massenmorde in den Konzentrationslagern wieder und ist in ihrer poetischen Sprache widersprüchlich. Und auch, wenn es kein Grab in den Wolken gibt – eine Metapher ist sie nicht.

Das Orchester

Auch in Auschwitz wird Musik gespielt. Sie ertönt morgens, wenn die Kolonnen zur Zwangsarbeit ausziehen, sie ertönt abends, bei der Rückkehr, damit die erschöpften Häftlinge den Marsch halten. Manchmal bei der Ankunft Deportierter zur Beruhigung, manchmal bei Besuchen höherer Parteimitglieder zur Angeberei. Sie erklingt, wenn Gruppen zu den Gaskammern abgeführt werden. Esther wird sie eine Überlebensstrategie sein. Die Rolle der Musik in Auschwitz ist widersprüchlich wie Celans Gedicht *Todesfuge*.

Abends, nach dem Steineschleppen, lassen sich die Blockältesten von Esther Lieder vorsingen: Bach und Mozart, die Klassiker ihrer musikalischen Ausbildung. Sie sind begeistert von ihrem Talent und geben Esther dafür ein kleines Stück Brot. Dann wird im »Auschwitzer Mädchenorchester« der Platz am Akkordeon frei und die Blockältesten schlagen Esther dafür vor. Dabei kann sie gar nicht Akkordeon spielen. Noch nicht, denkt sie sich, bekommt das Instrument von der Dirigentin in die Hand gedrückt, setzt sich in eine Ecke der Baracke und übt *Du hast Glück bei den Frau'n, Bel Ami*. Der Schlager mit dem misogynen Text ist beliebt bei der SS-Wachmannschaft und läuft reichsweit im Radio rauf und runter als Gute-Laune-Durchhalteparole im Krieg. Natürlich hilft es, dass Esther jahrelang Klavier geübt hat, aber die Knöpfe des Akkordeons sind ihr ein Rätsel. Als sie vor der Dirigentin Zofia Czajkowska vorspielen muss, trifft sie trotzdem alle Akkorde. Esther kann es selbst nicht fassen, aber Czajkowska nimmt sie auf, legt für sie ihre Hand ins Feuer. Auch Hilde und Sylvia erhalten einen Platz im Orchester.

Vielleicht rettet das Akkordeonspielen in diesem Moment Mitte Mai 1943 Esther das Leben, denn ab jetzt sind die Bedingungen für sie etwas besser. Sie bekommt ein richtiges, eigenes Bett, medizinische Versorgung, wenn auch mehr als unzureichend, und erhält Zutritt zur sogenannten Effektenkammer. Die Gefangenen nennen sie »Kanada«, wie das wohlhabende Land im Norden des amerikanischen Kontinents. Hier lagern

Kleidung und andere Gebrauchsgegenstände, die das Überleben bedeuten können. Sie gehörten den Deportierten, den Gefangenen, den Ermordeten. Die meisten ihrer Sachen sollen zurück, »heim ins Reich«, geschickt werden und »arischen« Menschen zugutekommen. Doch bevor die Sachen sortiert und verschickt werden, finden sich manche auf dem Schwarzmarkt des Konzentrationslagers wieder. Esther spart sich eine Woche das Essen vom Mund ab und tauscht einen Kanten Brot für einen warmen Pullover. Hunger leiden ist besser als frieren. Wobei sie sowieso ständig hungert.

Bevor das »Auschwitzer Mädchenorchester« ganze Musikstücke vortragen kann, müssen seine Mitglieder üben, lange besteht es noch nicht. Mit den anderen Musikerinnen versteht Esther sich gut. Die Dirigentin Czajkowska wirkt distanziert, versucht jedoch jede der jungen Frauen vor Maria Mandl zu schützen. Soweit es ihr möglich ist. Die Selektionen sind im Orchester keineswegs ausgesetzt. Maria Mandl ist Oberaufseherin, überwacht die Musikerinnen und betrachtet das Orchester als Prestigeprojekt. Sie wurde 1912 geboren und entspricht dem propagierten »germanischen« Menschenbild. Begeistert vom Nationalsozialismus, fand sie eine Anstellung als Wärterin und lernt das Morden in den Konzentrationslagern Lichtenburg und Ravensbrück.

Die Musik erlaubt es Esther, der harten Arbeit des Steineschleppens zu entgehen. Gleichzeitig aber wird sie von der Lagerleitung instrumentalisiert. Auf dem Weg zum Arbeitseinsatz oder zum Appell muss das Orchester aufspielen, damit die Ordnung gehalten wird. Zu Esthers Musik heben und senken sich Hunderte Füße im Gleichschritt. Und auch zur Beruhigung der Selektierten auf dem Weg in die Gaskammer wird die Musik gezielt eingesetzt. Esther weiß, dass die Mehrzahl von ihnen in wenigen Stunden tot sein wird, ermordet durch die SS. Esther hält den Schmerz kaum aus, macht sich dafür verantwortlich, dass diese Menschen denken: Da, wo Musik spielt, kann nichts Schlimmes passieren.

SS-Hauptsturmführer Otto Moll fühlt sich für das Orchester verantwortlich. Er liebt die klassische Musik, spielte selbst im Spielmannszug der SS. Moll hat ein rundliches Gesicht und kleine Sommersprossen auf dem Nasenrücken. Manchmal hetzt er seine abgerichteten Hunde auf wahllose Opfer, Esther zittert in seiner Nähe. Otto Moll hat sein Leben den Konzentrationslagern gewidmet. 1936 wird er Mitglied in der SS-Totenkopfstandarte, damit beginnt seine Karriere. Kurz nach Esthers Deportation wird er Leiter der Krematorien und Gaskammern in Auschwitz, nachdem er in den beiden Jahren zuvor eine Menge Erfahrung im Töten sammeln konnte. Ein Mann, der den Tötungsprozess in den Gaskammern perfektionieren möchte. Dafür arbeitet er eng mit dem Lagerarzt Josef Mengele zusammen. Bewegt Mengele bei den Appellen am Morgen die Hand nach rechts, löscht er das Leben eines Gefangenen aus. Seine Hand streicht unhörbar durch die Luft und schickt die Selektierten zu Otto Moll in die Gaskammer.

Zwei Monate spielt Esther jetzt schon im Orchester. Doch sie kann bei den Proben kaum noch stehen. Starke Bauchschmerzen und Fieber quälen sie, rote Flecken breiten sich auf ihrem Körper aus. Es ist Typhus, unbehandelt kann die Krankheit leicht zum Tod führen. Nach einiger Zeit wird Esther in das jüdische Krankenrevier gebracht. Wer hierher kommt, wird meist als Leiche wieder hinausgetragen. Esther ist im Delirium gefangen. Als sie eines Tages die Augen wieder aufschlägt, sitzt eine polnische Gefangene an ihrem Bett. Sie kümmert sich um Esther und erzählt ihr, dass Moll sich für sie eingesetzt hat. Als sie immer kränker wurde, veranlasste er, dass sie vom jüdischen in das christliche Krankenrevier verlegt wird. Als die Krankenpflegerin sich dort weigerte, Esther Medikamente zu geben, weil sie keine Bestechung aufbringen kann, als sie im Sterben lag und in das Abteil vor der Todeskammer gebracht wurde, drohte Moll der Krankenpflegerin mit Erschießung. Er wollte seine Akkordeonspielerin nicht verlieren. Dankbar ist ihm Esther dafür nicht.

Nach einem Monat kommt Esther zurück ins Orchester. Zu ihrem Schreck ist das Akkordeon bereits besetzt: Lily Assael aus der jüdischen Gemeinde Thessaloniki wurde vor wenigen Tagen nach Auschwitz deportiert und ist eine begabte Musikerin. Esther wurde kurzerhand ersetzt. Panik breitet sich in ihr aus. Das Orchester braucht keine überflüssigen Mitglieder. Ihr fällt ein, dass sie auch Blockflöte spielen kann. Sie greift zum Instrument und will ihrer Dirigentin etwas vorspielen, aber es kommt kein Ton aus der Flöte. Der Typhus hat Esther so sehr geschwächt, dass sie an Keuchhusten erkrankt ist und bei jedem Musikstück außer Atem kommt. Zofia Czajkowska weiß einen Ausweg: Eine ältere Musikerin bringt ihr ein paar Gitarrengriffe bei.

Aber Esthers Husten hört nicht auf, in jedem Stück ist ihr Keuchen zu hören, Gitarre hin oder her. Und wieder tritt Moll in Esthers Leben. Diesmal will er veranlassen, dass Esther für einen Monat in ein anderes Lager geschickt wird, weil die Luft doch so schlecht sei in Auschwitz. Aber Maria Mandl, die Oberaufseherin und Chefin des Orchesters, winkt ab. Konzentrationslager seien schließlich keine Sanatorien.

Otto Moll ist exzessiv, er gilt als manisch in seiner Brutalität. Nicht nur unter den Gefangenen, auch bei der SS-Wachmannschaft selbst. Doch das »Mädchenorchester« ist ihm heilig, ihm schwebt ein auserlesener Musikzug unter seiner Obhut vor. Esther kann sich das nur durch einen sexualisierten Blick des Mannes auf die jungen Frauen erklären, ansonsten rätselt sie über seine Motive. Auspeitschungen bei Appellen, spontane Attacken durch Molls Bluthunde oder willkürliche Erschießungen durch ihn und seine Männer stehen in einem krassen Gegensatz zu seinem Umgang mit dem Orchester.

Esther kann die Grausamkeiten der SS-Wachmannschaften nicht mehr mitansehen. Die psychische Belastung als Orchestermitglied erscheint ihr untragbar. Nicht selten nutzen die Gefangenen den elektrisch geladenen Stacheldraht, um den Freitod ihrer Verzweiflung vorzuziehen. Sie müsste nur in den Zaun laufen, es wäre ein letzter Akt der Selbstbestimmung. Aber Esther setzt diesen Gedanken nie in die Tat um, behält ihn für sich. Warum, daran wird sie sich später nicht mehr erinnern können.

Kann Musik Leben retten? Ich halte Esthers altes perlmuttweißes Akkordeon in den Händen. Es ist nicht das, auf dem sie in Auschwitz spielte, sie bekam es erst später. Einige der Knöpfe für die Akkorde sind abgegriffen, auf der Oberfläche glänzt Patina. Tausende Lieder spielte Esther auf diesem Musikinstrument, Lieder gegen den Faschismus.

Als Jugendlicher war ich fasziniert von Esthers Musik und der Rolle, die sie in ihrem Leben einnahm. Als ich das erste Mal ein Konzert von Esther sah, war sie bereits hochbetagt. Mich beeindruckte ihre Kraft, auch in der Hölle Musik zu machen und danach nicht damit aufzuhören. Später wurde mir klar, dass Musik weder gut noch böse ist. Für Esther war sie eine Strategie, die ihr wahrscheinlich das Leben rettete. Wenn das simple Überleben die kleinste Einheit der Gegenwehr ist, dann war Esthers Musik Widerstand gegen das Morden der SS. Gleichzeitig aber war das Musikspielen Zwangsarbeit, ein Instrument, um die Lagerordnung aufrechtzuerhalten. In diesem Zusammenhang will ich nicht von Rettung sprechen. Die Willkür der SS gab den Takt an.[48]

Ich erinnere mich an ein Interview mit Esther, das ich 2013 im Fernsehen sah. Der Moderator fragte sie nach dem »Auschwitzer Mädchenorchester« und der heilenden Wirkung der Musik. Esther wich seinen Fragen zunächst aus. Als der Moderator sie auf die Umstände im Lager ansprach, erzählte sie von den Suiziden, beschrieb, wie sie die Leichen von Freundinnen aus dem Hochspannungszaun befreien und dabei selbst ihr Leben riskieren musste. Das Interview ist immer noch online aufrufbar. Esther sitzt da und sagt: »Wir sind dann gekommen und haben sie da weggezogen von dem Stacheldraht. Das war nicht einfach, man musste mit einem Tuch …« Dann verstummt sie, ihr Blick wird leer. Ihr ganzer Körper erstarrt für einen Moment. Bis sie sich wieder fassen kann. »Auf jeden Fall haben wir sie da wieder runtergekriegt. Es war unglaublich, man kann es nicht erzählen.«[49] Als ich Esther auf diesen Auftritt anspreche, wird ihre Stimme wieder heiser: »Das war das erste Mal, dass ich davon erzählt habe.«

Meine nächste Recherche-Reise führt mich zu den Ursprüngen von Esthers Akkordeon. Mit dem Zug geht es nach Oświęcim, auf eine acht Stunden lange Reise und den gleichen Weg, auf dem Esther und Hunderttausende andere Menschen verschleppt wurden. Vorbei an Szczytna, wo mein Großvater geboren wurde, vorbei an Breslau, das heute Wrocław heißt.

Und es kommt mir absurd vor, dass ich das schreibe, aber ich bin mit der Deutschen Bahn angereist, dem wirtschaftlichen Nachfolger der Reichsbahn. Diese wurde vom Reichssicherheitshauptamt beauftragt, die Deportationen nach Auschwitz durchzuführen. Die SS ließ die Deportierten ihre Tickets selbst zahlen. Bei Transporten ab 1.000 Menschen bekam das RSHA eine Vergünstigung. Entschädigungen musste die DB nach dem Krieg nie zahlen. Wer allerdings fragt, wie diese Schuld überhaupt aufzurechnen sei, kann sich schnell im Dilemma verfangen – lässt sich menschliches Leben in Ticketpreisen bestimmen? Trotzdem: Nur wer zahlt, meint es ernst.[50]

Dann stehe ich vor den Toren von Auschwitz. Besser gesagt, ich befinde mich auf dem Parkplatz des Staatlichen Museums Auschwitz-Birkenau. Ein grauer Museumsbau, mehrere Busse mit Tourist*innen und vor mir eine Sicherheitsschleuse. Ich und 15 andere Besuchende nehmen an einer deutschsprachigen Führung durch das Stammlager Auschwitz und durch Auschwitz-Birkenau teil.

Unsere Guide scheint diese Tour bereits Hunderte Mal gegeben zu haben. Mit routiniert ernstem Blick, ohne einen einzigen Stolperer im Text führt sie uns in die Baracken, zeigt uns den Appellplatz, die Wohnhäuser der SS und Mengeles Arbeitsort. In der Ausstellung laufen wir an menschlichem Haar vorbei, das den Ermordeten abgeschnitten wurde, an einem Berg von geraubten Koffern und zerbeultem Essgeschirr. Im Keller des Gebäudes wurden die ersten Vergasungsversuche in Auschwitz an Rotarmist*innen und Menschen mit Behinderung unternommen. Doch das wissen wir da noch nicht, erst als wir wieder aus dem Kellergeschoss heraustreten, erklärt unsere Guide, in welchem Raum wir uns gerade befanden.

Mit dem Bus fahren wir ein wenig weiter zum Lagerabschnitt Auschwitz-Birkenau. Wir treten durch das tausendfach fotografierte Tor, durch das die Züge ab Mai 1944 direkt ins Lager fuhren. Das Gelände ist riesig, die Baracken und Bäume verschwimmen mit dem Horizont. Es scheint endlos. Auch die Ruinen der Gaskammern und der Krematorien sehen wir. Die meisten aus unserer Gruppe zücken ihr Handy, fotografieren den Abgrund menschlicher Existenz. Ich verspüre das Bedürfnis, das Gleiche zu tun, will mit der Kamera Distanz zwischen mich und dem Morden an Hunderttausenden Menschen bringen.

Als ich wieder vor dem Museum stehe, fühle ich mich leer und überfordert.[51] Ich frage mich, was ich bei meinem Besuch gelernt habe. Was ich mit nach Hause nehme, ist ein bedrückendes Gefühl von Ohnmacht. Über die Gründe, warum sich Menschen wie Maria Mandl oder Otto Moll hier befanden, habe ich kaum etwas gelernt. Die Täter*innen an diesem Ort bleiben groteske Bestien und scheinen merkwürdig blass. Monster unter dem Bett, tausendmal schlimmer, aber schemenhaft.

Wie geht historisches Lernen und Erinnerungskultur, wenn wir vor dem, was passiert ist, kapitulieren? Wenn das Grauen von Auschwitz, die entgrenzte Gewalt eines millionenfachen Mordes alles übertüncht, erscheint die Gegenwart merkwürdig geklärt. Was bleibt, ist das dumpfe Gefühl, dass die Lehren aus dieser Geschichte nur noch nachvollzogen werden müssten: Es war schrecklich, es darf nie wieder passieren.[52]

Aber die Frage, warum wir vor den Ruinen der Gaskammern stehen, bleibt unbeantwortet. Erst, wenn historisches Wissen zum Einsatz kommt, wenn Gewalt und Radikalisierungsprozesse analysiert werden, nur dann wird die Erinnerung der historischen Situation gerecht. Nur dann bleibt Gedenken wach.

Als Otto Moll zum Leiter der Krematorien und Gaskammern in Auschwitz ernannt wurde, war er ein Jahr älter als ich jetzt. Auch Maria Mandl war nur wenige Jahre älter, als sie anfing, in Auschwitz zu arbeiten. Sie gehörten zu einer Generation, die als junge Erwachsene im Nationalsozialismus Karriere machten. Sicherlich, Moll mag sogar in der SS ein Ausnahmefall gewesen sein, ein pathologischer Mörder, genauso Maria Mandl. Die Frage aber ist nicht, ob Moll oder Mandl genuin böse waren, vielleicht nicht einmal, wie sie dazu psychisch in der Lage waren. Sondern, unter welchen Umständen ihre maßlose Brutalität gedeihen konnte.

Ideologie und Sozialisierung waren für die Grenzziehungen zwischen Täter*innen und Opfern ausschlaggebend: Rassismus und Antisemitismus, Biologiesierungen, Sozialdarwinismus, Konstruktionen von Geschlecht sowie Hygienevorstellungen. Die Einbindung in die »Volksgemeinschaft« und die Erzählung drohender Vernichtung durch die »bolschewistisch-jüdische Weltverschwörung«, wenn sie nicht selbst handeln würden, begründeten die brutale Kriegsführung in Osteuropa und überzeugten die deutschen Soldaten. Aber auch der Wille zur Autorität und Karriereaussichten prägten die Entscheidungen der Täter*innen.

Wohl am wichtigsten aber war die Eskalation von Gewalt bei gleichzeitiger Gewöhnung daran. Ermöglicht wurde diese schrittweise Radikalisierung, weil die nationalsozialistischen Organisationen, wie etwa die Lager-SS, Gestapo oder Einsatzgruppen, ihre Mitglieder in die Prozesse des Mordens einbanden. Sie förderten Akzeptanz, bauten Hemmungen ab und legten schließlich das Morden selbst in die Hände ihrer Mitglieder. Es braucht gar keine ausformulierten Anweisungen von oben, an vielen Stellen reicht der vorauseilende Gehorsam. Ganz gleich, welche Motive die Mitglieder von nationalsozialistischen Organisationen ursprünglich beim Eintritt hatten, beteiligten sich so Hunderttausende Deutsche an den Massenmorden.[53] Hinzu kam, dass Menschen wie Maria Mandl und Otto Moll sogar in Auschwitz einen gewöhnlichen Alltag hatten, Gärten außerhalb der Lagermauern anlegten oder mit ihren Kolleg*innen Geburtstage feierten.[54]

Ihr Umgang, ihre Coping Mechanisms, mit der zerstörerischen Gewalt unterschied sich in den Grundlagen nicht sonderlich von dem der nationalsozialistischen Gesellschaft außerhalb der Lagermauern. Esthers Leben in der Haftzeit war eine konstante Erfahrung von tödlicher Gewalt, und Menschen wie Otto Moll und Maria Mandl übten diese Gewalt aus. Aber erst die deutsche Gesellschaft im Nationalsozialismus ermöglichte es, dass Esther überhaupt in diesem Lager war. Die Shoah zeigt das Versagen von modernen Staaten auf und die Macht, mit der politischer Nationalismus zu Gewalt eskaliert.[55]

Trotz dieser wissenschaftlichen Antworten in den letzten drei Absätzen dreht sich bei meinem Besuch in der Gedenkstätte die immer gleiche Frage in meinem Kopf: Wie waren diese Menschen zu so entgrenzter Gewalt fähig? Sowieso fällt mir das Schreiben dieses Kapitels am schwersten. Vielleicht, weil ich fürchte, mich bei der Beschäftigung mit dieser Gewalt selbst zu verletzen. Oder weil ich Sorge habe, etwas Falsches zu schreiben und Esther nicht gerecht zu werden.

Was mir jedoch hilft, ist, Esthers biografische Texte zu lesen, ihre Interviews zu hören und mich daran zu erinnern, was sie mir am Telefon sagte: »Erzähle, um mit der Ohnmacht fertig zu werden.« Nur wer über diese Gewalt und dieses Leid spricht, kann sie verhandeln. Das ermutigt mich, Worte zu benutzen und über Auschwitz zu sprechen. Ermächtigung war essenziell für Esther und viele andere Überlebende, denn sie verspricht Handlungsmacht. Wenn ich die Gedenkstätte Auschwitz besuche und in einer christlichen, weißen Familie aufgewachsen bin, befinde ich mich in einer anderen Position. Meine Überforderung will ich in direkte Fragen umwandeln, denn Tränen sind keine historisch-politische Bildung.

Nach meinem Besuch in der Gedenkstätte laufe ich durch den Wald von Oświęcim bis zur Soła. An ihrem Ufer bücke ich mich und schaue ins rauschende Wasser. Die Asche der im Krematorium Verbrannten wurde von der Lager-SS häufig in den Fluss geschüttet. Laut dem Staatlichen Museum Auschwitz-Birkenau finden sich heute in den Sedimentschichten immer noch Partikel menschlicher Überreste. Eigentlich wirkt fließendes Wasser beruhigend auf mich, aber dieser Fluss schreit. Als ich über eine Brücke zurück in den Stadtkern laufe, finde ich an einem Verkehrsschild klebend einen Sticker mit der Schwarzen Sonne, einem Erkennungssymbol der rechtsextremen Hooligan-Szene.

Im Angesicht der Shoah, aller nationalsozialistischen Verbrechen, findet sich unbegreifliche Ohnmacht. Esther verleugnet die tödliche Realität nicht, der sie in Auschwitz ausgesetzt war. Sie integriert sie in ihre Erzählung. Am Telefon sagt sie Sätze wie diese: »Ich habe viel Glück gehabt« oder »Meine lieben Eltern.« In ihrer Stimme liegt kindlicher Schmerz. Ich glaube, ihn immer noch hören zu können, und weine leise.

»Arisiert«

1943. Trockene Risse ziehen sich über Esthers Körper. Avitaminose, ausgelöst durch vollständigen Vitaminmangel, führt zu schmerzhaften Entzündungen im Bindegewebe. Esther kann sich nicht hinsetzen oder -legen. Ihr rechtes Ohr ist eitrig, stetig hört sie ihren Herzschlag pochen. Vor allem aber bedeutet es, dass sie während der Selektionen auf dem Appellplatz um ihr Leben fürchten muss. Denn wer krank ist, kann in den Augen der SS-Ärzte und Wachmannschaften nicht mehr arbeiten und ist somit »nutzlos«.

Josef Mengele schreitet durch die Reihen der Gefangenen, schaut genau hin. Esther versteckt ihre Wunden so gut sie kann, zieht die Ärmel lang, verdeckt ihren Nacken. Es gelingt ihr. Eines Morgens, beim ersten Appell des Tages, fragt die SS-Wachmannschaft in die aufgestellte Menge hinein, wer arische Großeltern habe. Esther ist sich unsicher. Ist es eine Falle? Oder eine Möglichkeit, bessere Haftbedingungen zu erlangen, vielleicht zu überleben?

Esther steht mit 74 anderen Frauen auf dem Appellplatz des Lagers Auschwitz-Birkenau, Frauenlager B Ib. Sie kennt keine von ihnen, alle ihre Freundinnen und Bekannten bleiben in den Baracken zurück. Am Abend des 16. September 1943 wird sie mit den anderen Frauen in das Konzentrationslager Ravensbrück verlegt. Sie alle gelten in der rassistischen Ordnung der

Nürnberger Gesetze als »Mischlinge«. Die Lagerleitung erklärt Esther, diese Einordnung gehe auf ihre Großmutter väterlicherseits zurück: Ida sei »Arierin« gewesen und Esther damit »Viertelarierin«.

Der eigentliche Grund aber ist, dass Deutschland jetzt jede Arbeitskraft zur Aufrechterhaltung des Kriegs braucht. Seit der Kriegswende 1942/43 in Stalingrad weist die nationalsozialistische Regierung die Rüstungskonzerne an, ihre Produktionen hochzufahren. Heinz wird nach seiner Verletzung in Stalingrad schnell wieder an die Front beordert, sein Trupp wird neu ausgerüstet. In Ravensbrück werden Textilien für Uniformen und elektronische Bauteile für Waffen hergestellt. Der Krieg an der Front und die Zwangsarbeit im Konzentrationslager sind eng miteinander verbunden.

Ravensbrück liegt nicht weit von Berlin entfernt. Es ist ein sogenanntes Frauenkonzentrationslager, wobei ihm ein kleineres Männerlager angegliedert ist. Für die nächsten vier Wochen wird Esther unter Quarantäne gestellt. Hier ist das Essen immer noch nicht gut, aber wesentlich besser, sodass es zumindest ausreicht, um Esthers Avitaminose langsam zurückzudrängen. Auf dem Gelände des Konzentrationslagers befinden sich 20 Werkhallen des Unternehmens Siemens & Halske, in denen dringend Arbeitskräfte gebraucht werden. Esther arbeitet in Halle 4. Zum ersten Mal in ihrem Leben sieht sie einen Industriekomplex von innen: Produktionsabläufe, Rohmaterialien, Hunderte Zwangsarbeiterinnen.

Jeden Morgen kommen Zivilist*innen aus Berlin, die als Vorarbeiter*innen für Ruhe sorgen sollen und ihre fachliche Expertise mitbringen. Esther hat Glück: Frau Hintze, eine der Vorarbeiterinnen, ist freundlich zu ihr. Sie nimmt Post mit nach Berlin. Adressiert ist sie an Esthers Tante Betty. Die ist »Halbjüdin« und dazu noch mit einem »Arier« verheiratet. Ein eingeengtes Dasein, das aber Überleben bedeutet. Betty Brigahn wohnt weiterhin in Berlin und kann ihrer Nichte Klamotten und kleinere Utensilien schicken. Wenn Esther auf die warmen Socken an ihren Füßen schaut, dann dankt sie leise Tante Betty.

An den Tischen der Werkhalle 4 sitzen auch mehrere ukrainische Frauen, von denen die meisten ihre Familien zu Hause durch den Terror der Einsatzgruppen und der Wehrmacht verloren haben. Einige von ihnen sprechen Deutsch, andere verstehen es zumindest. Doch gegenüber der SS oder den Vorarbeiter*innen verweigern sie sich, wollen nur so viel wie nötig von sich und ihrer Arbeitskraft hergeben. *Ne panimaju*, ich verstehe nicht, kommt aus ihren Mündern, und ihre Schultern zucken dazu. Esther soll helfen, Russisch lernen, dann könne auch sie Vorarbeiterin werden. Obwohl die Frauen natürlich in erster Linie Ukrainisch sprechen. Esther sagt zu, lernt ein paar Brocken und setzt sich an den Kopf des Tisches.

Die Schalter, die sie bauen sollen, werden für schwere Kriegsgerätschaften gebraucht. Zuerst bekommt Esther von Frau Hintze eine technische Zeichnung, kleinste Bauteile sind darauf abgebildet. Sie baut ein Muster, Frau Hintze zeichnet mit einem kleinen H ab, ohne das Muster zu kontrollieren. Dann reicht Esther es an die ukrainischen Zwangsarbeiterinnen weiter, die unwissentlich die Schalter falsch zusammenbauen. Ein einziges fehlerhaftes Muster sabotiert eine ganze Lieferung an Schaltern. Im Zweifelsfall würden die »arischen« Vorarbeiter*innen zur Rechenschaft gezogen werden, es würde bei einer Rüge bleiben. Doch jeder Widerstand ist risikoreich, Esther traut sich nur zögerlich, testet Grenzen aus. Die Zeit verrinnt in Ravensbrück langsamer als normal. Der Alltag bedeutet Überleben. Zwei Jahre ihres Lebens wird Esther gezwungen, für den Konzern Siemens zu arbeiten.

Niemand wird ihr diese Jahre je zurückgeben.

Natürlich weiß Esther nichts davon, doch im November 1943 verließ auch der Kommandant Rudolf Höß das Konzentrationslager Auschwitz.[56] Ein Jahr später nimmt er in Ravensbrück seine Arbeit auf und bringt einige seiner erfahrensten Experten im Töten aus Auschwitz-Birkenau mit. Die haben reichlich Erfahrung in den besetzten östlichen Gebieten Europas gesammelt und lassen nun im letzten halben Jahr nationalsozialistischer Herrschaft ihrer Erbarmungslosigkeit in den Konzentrationslagern freien Lauf. Immer an erster Stelle dabei:

Höß' Schützling Otto Moll. Niemand ist so versiert im Töten wie er. Höß und Moll werden in Ravensbrück damit beauftragt, den Bau neuer Gaskammern zu überwachen, und führen Massenerschießungen durch. Die Biografien der Täter*innen ziehen sich wie ein Netz der Gewalt über das ganze »Reich«.

Währenddessen kämpft sich die Rote Armee weiter in den Westen Europas vor. In Auschwitz beginnen die SS-Wachmannschaften im Oktober 1944, sich Gedanken zur Verschleierung des Massenmords zu machen. Die Gaskammern sollen gesprengt, Baupläne und Geheimakten zerstört und die vielen vergrabenen Leichen ausgegraben und verbrannt werden. Noch im Mai ermordete die SS über 350.000 ungarische Jüdinnen und Juden in Auschwitz, ein Gipfel der Shoah. Als den jüdischen Zwangsarbeitenden des sogenannten Sonderkommandos im Krematorium III und IV klar wird, dass auch sie als Zeugen vernichtet werden sollen, erheben sie sich am 7. Oktober zu einem Aufstand. Sie bewaffnen sich, die Revolte wird jedoch wenig später niedergeschlagen. Allerdings verzögern sie den Ablauf des Massenmordens für einige Zeit. Wenige von ihnen werden überleben und nach dem Krieg Zeugnis ablegen. Mehr als 1,1 Millionen Menschen, die Mehrzahl von ihnen Jüdinnen und Juden, werden in Auschwitz umgebracht.

Im Januar 1945 wird Esther in die Schreibstube des Konzentrationslagers Ravensbrück gerufen. Der SS-Wachmann blafft sie an, sie solle den »Judenstern« hergeben, sie sei jetzt »arisiert«. Esther und etwa 70 andere »Mischlinge« werden nun als »politische Gefangene« geführt und bekommen einen roten Winkel. Das heißt, dass die Bedingungen ihrer Lagerhaft sich weiter verbessern. Doch auch dies dient der Kriegswirtschaft und keineswegs dem Leben der Gefangenen. Die Logik der Rassenarithmetik passt sich den jeweiligen Bedürfnissen der deutschen Kriegs- und Eroberungspolitik an.

Am 17. April 1945 tritt Betty, Esthers Tante, aus ihrer Berliner Wohnung. Vorsichtig. Die Stadt ist chaotisch. Erste Koffer werden gepackt, Durchhalteparolen hallen durch die Straßen. In ihrem Briefkasten findet Betty eine Nachricht von Esther. In dem Text schwingt ein winziger Funken Hoffnung mit. Betty muss den Brief mehrmals lesen, um zu erkennen, was ihre Nichte da zwischen den Zeilen schreibt. Strenge Zensur ist in der Lagerordnung festgeschrieben, sie steht auszugsweise im Briefkopf des für alle obligatorischen Papiers und verbietet jede Mitteilung über die Zustände in Ravensbrück.

Nur die kleinen Worte schaffen es aus dem Konzentrationslager nach Berlin: ein *Vielleicht* und ein *nun bald* sind da zu lesen. Esther geht zu diesem Zeitpunkt immer noch davon aus, dass ihre Eltern am Leben sind. Sie schreibt »Wenn ich doch nur etwas von Rudi und Grete wüsste« und beendet ihren Brief mit dem Satz: »[...] hoffentlich wird alles wieder gut.«[57] Es wird nie wieder gut.

Drei Tage später zieht die Rote Armee von Norden über Eberswalde nach Berlin, vorbei an der Forstschule von Heinz. Von Süden über Ludwigsfelde, vorbei am Hachscharah-Vorbereitungslager von Esther. Am Nachmittag liegt die Reichshauptstadt unter heftigem Artilleriefeuer.

Währenddessen sitzt ein kleiner Kreis verschworener kommunistischer Gefangener in Ravensbrück um ein Radio und hört gespannt zu. Sie haben einen Empfänger in die Decke ihrer Baracke eingebaut. Manchmal erhalten sie auch eine deutsche Zeitung von außen. Die Informationen werden akribisch ausgewertet und im Lager hinter vorgehaltener Hand weiterverbreitet. Es sind die letzten Tage des »Dritten Reiches«.

Am Morgen des 28. April 1945 bekommt Esther ein schweres Paket vom Roten Kreuz in die Hand gedrückt, das Essensrationen für ein paar Tage beinhaltet. Eine der älteren Mitgefangenen rät Esther, sich Zivilkleidung unter die Häftlingskleidung anzuziehen. Dann muss sie sich zum Appell mit den anderen Frauen zusammenfinden und das Siemenslager verlassen. 20.000 Menschen werden von der SS nach Nordwesten getrieben, unter ihnen Esther.

Sieben Frauen

Das Paket drückt Esther in die Schulter, sie ist müde. In den letzten Nächten hat sie kaum geschlafen. Der Fliegeralarm, ausgelöst durch die Bomber der Alliierten, hat ihr keine Ruhe gelassen. Weil die Sirenen unerträglich laut sind. Weil sie ankündigen, dass die Front näherrückt. Weil das alles bedeutet, dass die Deutschen den Krieg verlieren. Esther kann ihre Freude darüber kaum verbergen. Sie setzt einen Fuß vor den anderen, vor und hinter ihr läuft die Kolonne, an der Seite die SS. Anfangs sind sie noch in Reihen gegangen, jetzt drängt sich alles. Auf mehrere Hundert Meter erkennt sie die Kolonnen aus Gefangenen in gestreifter Kleidung. Wie viele Menschen in Ravensbrück inhaftiert waren, realisiert sie erst jetzt. Ein Gefühl der Ohnmacht durchdringt sie, steigt von ihren Füßen bis zu ihrem Kopf auf.

Von Osten naht die Rote Armee, von Westen die U.S.-Army. Panik bricht unter den SS-Wachmannschaften aus. Sie vernichten die Beweise ihrer Taten und folgen Himmlers Befehl, die Lager zu »evakuieren«. Ein Euphemismus, der sich nach Rettung anhört, in der Realität aber den Tod für Abertausende Menschen in den letzten Kriegstagen bedeutet. Das geplante Massenmorden des nationalsozialistischen Deutschlands ist zu diesem Zeitpunkt bereits vorbei. Doch wer hinfällt, wer nicht mehr laufen kann, wird erschossen. Die Wachen haben die Art des Tötens an die Begebenheiten angepasst. Während Esthers Füße sie kaum noch tragen, befreit die Rote Armee das Konzentrationslager Ravensbrück. Die Soldat*innen finden eine schreckliche Szenerie vor: Etwa 2.000 Menschen, die zu krank zum Laufen waren, sind im Lager zurückgeblieben. Sie schweben in Lebensgefahr, viele von ihnen werden selbst nach ihrer Befreiung noch sterben.

Die Ravensbrücker SS-Wachmannschaft peilt das Außenlager Malchow an, dort sollen sich noch mehr Gefangene dem Todesmarsch anschließen. Sie erreichen Malchow. Im Augenwinkel erkennt Esther ein bekanntes Gesicht. Täuscht sie sich? Sie läuft auf Mirjam zu, die Müdigkeit ist egal. Mirjam Edel, ihre Freundin aus Neuendorf, mit der sie nach Auschwitz deportiert wurde, steht vor ihr und kann es selbst kaum glauben. Um die beiden versammeln sich Irmgard, Schoschana und Anni sowie Sylvia und Carla, die auch im Mädchenorchester spielen mussten. Sieben junge Frauen, die sich in Neuendorf kennenlernten, nun wiederfinden und auf Freiheit hoffen.

Für Mirjam und die anderen ist es bereits der zweite Todesmarsch, erzählen sie Esther. Erst im Januar wurden sie vom Konzentrationslager Auschwitz in Richtung des Eisenbahnhofs Gliwice getrieben, um dann nach Ravensbrück und in das Außenlager Malchow deportiert zu werden. Auch Schimschon Bähr, Esthers große Liebe aus dem Hachscharah Vorbereitungslager, musste diesen Todesmarsch durchstehen. Kurz danach, vor nur wenigen Tagen, wurde er von der SS ermordet. Seine gesamte Familie wurde ausgelöscht.

Nachts rasten Esther und ihre Freundinnen auf den Plätzen der Kleinstädte. Der April ist unerbittlich kalt. Das Laufen zwingt sie, sich auf den harten Pflasterstein zu legen. Wenn sie die Augen schließt, verschieben sich Zeit und Raum, sie kann die Tage kaum mehr zählen. Am nächsten Morgen herrscht Chaos. Einige der Kolonnen lösen sich auf, die Front rückt näher, und immer mehr Bewacher verlassen ihre Posten. Aus den Wäldern um sie herum hören die sieben Frauen Schüsse. Die letzten Reserven der Deutschen kämpfen gegen die vorrückenden Alliierten.

Vom Feldweg bis zum Anfang des Walds ist es nur ein Katzensprung. Dicht und frühlingsgrün wächst das Gebüsch. Angestrengt versucht Esther sich vorzustellen, ob sie hinter den Blättern zu erkennen wären. Dann wagen sie es. Esther und ihre Freundinnen laufen los, still, geduckt. Seitlich ist der Weg etwas abschüssig, jemand strauchelt, fängt sich, sie erreichen das Dickicht, dann presst sich jede der Frauen an einen Baum. Esther blickt ihre Freundinnen der Reihe nach an, keine traut sich zu atmen. Sie warten ab, bis sie das Stapfen und Scharren der vorbeiziehenden Kolonne mit ihren Holzpantoffeln und den zerschlissenen Schuhen, das Rufen der Wachmänner nicht mehr hören können. Ein, zwei Stunden stehen sie da. Sie ziehen ihre gestreifte Kleidung aus und zum Vorschein kommen sieben junge Frauen, die kaum glauben können, dass ihnen die Flucht gelang.

Wohin jetzt? Aus dem Wald raus, vorsichtig fangen sie an zu laufen. Bis sie auf einen Treck aus Deutschen stoßen, die aus Berlin kommen und vor der heranrückenden Roten Armee fliehen. Esther und ihre Freundinnen bleiben auf Abstand, doch sie folgen dem Treck bis zu einem kleinen Dorf. In diesen unsicheren letzten Kriegstagen können die sieben nicht wissen, wer auf ihrer Seite steht oder sie verraten würde. Sie nehmen ihren Mut zusammen, der Hunger und die hereinbrechende Nacht treiben sie an, und klopfen an die Tür eines Bauernhofes. Für eine Nacht finden sie Unterschlupf in der Scheune des Bauers. Er bringt ihnen einen Eimer ungekochter Kartoffeln, kaum besser als das, was die Schweine kriegen. Doch für die sieben Frauen bedeutet er lebensrettende Nahrung.

Am nächsten Morgen weckt der Bauer sie in aller Früh. Im Westen liegt die Kleinstadt Lübz, die von der U.S.-Army in den letzten Tagen eingenommen wurde, im Osten Plau am See, besetzt von der Roten Armee. Dazwischen eine kilometerweite Straße, auf der zwei US-amerikanische Panzer entlangrollen. Esther und ihre Freundinnen bewegen sich langsam auf die Panzer zu. Sie halten an, die Soldaten klettern herab. Wer sie seien? Esther schiebt ihren Ärmel hoch und spürt den Blick des Soldaten für ein, zwei Sekunden auf ihrem Unterarm ruhen. Dann schließt der Soldat sie in die Arme und hebt sie auf den Panzer. Sie fahren los, Richtung Westen.

Lübz ist ein kriegsstrategisches Nadelöhr. Bis vor wenigen Stunden hielten hier die letzten Stellungen der Wehrmacht aus, für die Alliierten führte kein Weg an dieser Kleinstadt vorbei. Der U.S.-Army ist dabei ein Kunststück gelungen. 90 ihrer Soldaten sind auf der Vorhut der verschanzten und schwer bewaffneten Wehrmacht entgegengekommen. Sie blufften, behaupteten, dass ihnen ganze Divisionen folgen würden und Weiterkämpfen sinnlos sei. Die Deutschen glaubten ihnen und begaben sich in Kriegsgefangenschaft.

Esther steigt vom Panzer, die Fahrt hat sie ganz schön durchgeschüttelt. Direkt auf dem Lübzer Marktplatz liegt die Gaststätte Sturm, in die die sieben Frauen von den Soldaten gebracht werden. Esther spricht gutes Englisch und erzählt den GIs von Ravensbrück, von Auschwitz, von den Selektionen, von Otto Moll, von den Familien, die direkt nach ihrer Ankunft ermordet wurden. Die Soldaten glauben die Berichte über die Zustände in den deutschen Lagern, auch wenn sie ihre schlimmsten Annahmen übersteigen. Als Esther vom Orchester berichtet, springt einer der Soldaten auf und bringt ihr ein Akkordeon. Sie solle doch etwas spielen. Sie nimmt das Akkordeon, diesen Gegenstand, der für sie Rettung bedeutete und sie doch an die Zeit in Auschwitz erinnert. Esther musiziert kurz, legt das Instrument dann aber wieder weg.

Da sitzen sie also an einem schweren Eichentisch, vor sich Kuchen, Kaffee und Kekse. An den Wänden hängen kitschige Stickereien. Esther lehnt sich zurück, schaut in die Luft und überlegt, ob sie sich noch ein Stück nehmen soll, ihr Magen dreht sich. Vielleicht ist das der Moment in ihrem Leben, in dem sie am weitesten entfernt ist von den Konzentrationslagern, vom nationalsozialistischen Terror. Es stellt sich ein Gefühl von Gemütlichkeit ein, das sie längst vergessen hatte. Jemand fängt an zu kochen, die sieben Frauen sollen sich ordentlich stärken. Plötzlich hören sie von draußen Lärm, Maschinen röhren, Männerstimmen rufen. Esther tritt aus der Gaststätte hinaus. Rotarmist*innen laufen die Straßen von Lübz entlang, parken ihre Autos auf dem Marktplatz. Sie steigen aus, freudig, ausgelassen, überdreht. Wie durch ein international verständliches Kommando fallen ihnen ein paar der GIs um den Hals und küssen sie auf den Mund. Die Szene brennt sich in Esthers Kopf ein.

Hitler brennt!

Adolf Hitler steht in der Mitte des Lübzer Dorfplatzes. Ein Rotarmist hat das überlebensgroße Porträt des »Führers« kurzerhand aus einem der Häuser gestohlen, wohl von einem besonders parteitreuen Anwohner. Esther schaut Hitler an, für einen Moment versinkt sie in der Betrachtung des Bilds. Dann hört sie jemanden rufen, wo bleibt die Musik für so einen freudigen Tag? Also nimmt Esther ihr neu gewonnenes Akkordeon und spielt los. Diesmal fühlt es sich richtig an. Um das Bild und Esther herum bildet sich ein Menschenkreis, ein US-amerikanischer und ein Soldat der Roten Armee treten hervor und zünden das Bild an. Es dauert ein bisschen, bis es Feuer fängt.

Der Mai 1945 ist keine Stunde null, nicht für Esther und erst recht nicht für die deutsche Gesellschaft. Esther erlebt ihre Befreiung in einem Taumel aus tosender Freude und anhaltendem Schmerz, aus Trauer, Wut, Erschöpfung, Erlösung. Bereits in diesem Moment fängt Esther an, sich selbst zu erzählen, beginnt, im Gespräch mit den US-amerikanischen Soldaten ein Narrativ für die letzten zwei Jahre zu entwickeln. Die eigene Geschichte zu erkennen und zu berichten, ermöglicht ihr, sich selbst zu verorten. Dieser Tag, der 3. Mai 1945, ist für Esther eine Neugeburt durch sich spontan küssende Soldaten, Kuchen, ein brennendes Porträt.

Die sieben Frauen werden von Soldaten der Roten Armee in einem herrschaftlichen Haus einquartiert. Eine Hand wäscht die andere, meinen die Soldaten, und belästigen Esther und ihre Freund*innen sexuell. Esther schafft es, sie auf später zu vertrösten. Auf dem Boden der Stadtvilla liegen tausend Reichsmark verstreut. Nutzlos für sie in diesem Moment, doch sie teilen das Geld untereinander auf. Viel wertvoller ist die Speisekammer, die sie reich gefüllt vorfinden. Von wegen, die Deutschen hätten kein Essen, denkt sich Esther. Der Hunger treibt sie an den Herd, sie kochen viel und verderben sich alle den Magen. Als später die Soldaten wiederkommen und sich Zugang zum Haus verschaffen, erklärt Esther kurzerhand, sie hätten alle Durchfall, und vertröstet die Männer ein weiteres Mal.

Hier bleiben können sie nicht. Am nächsten Morgen laufen sie zu Fuß in den Wald, immer geradeaus. Ihr erstes Ziel ist Ludwigslust und von da aus wollen sie nach Bergen-Belsen. In dem ehemaligen Konzentrationslager ist ein Lager für Displaced Persons eingerichtet, Menschen, die sich durch den Krieg nicht mehr in ihrem Herkunftsland befinden. Sie sind oft mittellos und haben keinerlei Ausweispapiere, sind gefangen zwischen den staatlichen Grenzen Europas. Knacksen im Unterholz. Ein Schuss fällt. Sie bleiben stehen, drehen sich um. Zwei US-amerikanische Soldaten rufen ihnen *»Don't move!«* zu. Und schießen noch einmal in die Luft. Esther erklärt ihnen, dass sie auf dem Weg nach Bergen-Belsen seien. Die Soldaten heißen Dane und John.

Vier Wochen wohnen Esther und ihre sechs Freundinnen in der Nähe des Camps, dann geht es weiter nach Ludwigslust. Dane und John geben die sieben Frauen als US-amerikanische Krankenpflegerinnen aus, sie wollen den jungen Frauen helfen und ihnen eine Unterkunft bieten. So richtig glauben tut das natürlich niemand.

Sie werden bei einem Bauern einquartiert, der den Frauen sehr sympathisch ist. Er kocht für sie und ist beschämt, wenn Esther ihm von den Konzentrationslagern erzählt. Eines Tages nimmt er sie mit in seinen Garten, in der Hand trägt er einen Spaten. Nach wenigen Spatenstichen stößt er auf Holz, zusammen ziehen sie eine schwere Kiste aus dem Erdboden. Esther staunt. In der Kiste befinden sich Bücher von gescholtenen und verbrannten Autor*innen: Lion Feuchtwanger, Marx und Engels, Heinrich Heine. Esther erinnert sich an das Bücherregal ihrer Eltern. Der Bauer sagt, er sei Kommunist und wisse genau Bescheid über die nationalsozialistischen Verbrechen. Er erzählt Esther und ihren Freundinnen mehr, als sie selbst darüber wissen. Währenddessen beginnt die deutsche Gesellschaft bereits in den letzten Kriegstagen jede Kenntnis über Verfolgung und Ermordung abzustreiten.

Im Juli 1945 ziehen britische Soldaten in das Lager der U.S.-Army ein, es liegt jetzt in ihrer Besatzungszone. Esther flunkert ein bisschen. Sie seien nicht nur Krankenpflegerinnen, sondern auch Palästinenserinnen. Um sich die Einreise nach Palästina zu erleichtern, gibt sie bei den englischen Soldaten an, sie könne fließend Hebräisch sprechen. Am gleichen Abend feiern sie alle zusammen eine Party. Der Offizier schaut Esther in die Augen, sie tanzen im Gleichschritt, dann fragt er sie lässig, wie die Busse in Palästina heißen. *Egged*, müsste Esther sagen, wenn sie schon einmal in Palästina gewesen wäre. War sie aber noch nie.

Auf ihrer Displaced-Person-Registrierungskarte wird dennoch Hebräisch als erste Sprache vermerkt, vielleicht ist es ein Gefallen des zuständigen Beamten, vielleicht ein Flüchtigkeitsfehler. Sie werden weitergeschickt in ein Displaced-Persons- Camp nach Lüneburg. Von dort aus gelangen sie nach Bergen-Belsen. Ewig lange Listen hängen in dem ehemaligen Konzentrationslager aus, die Namen vieler ermordeter Freund*innen stehen darauf. Ihre Eltern oder ihre Schwester Ruth kann Esther nicht finden. Die Trauer erschlägt sie. Wie wenige übrig geblieben sind.

Esther und ihre Freundinnen haben von einem Vorbereitungslager der Hachscharah in der Nähe von Fulda gehört, dem Kibbuz Buchenwald, von ehemaligen Häftlingen nach dem Konzentrationslager benannt. Ein paar Tage bleibt sie im nahe gelegenen Frankfurt am Main, in einem Hauptquartier der U.S.-Army. Auch hier gibt es keine Informationen zu ihren Eltern oder Ruth. Im Hauptquartier drückt ihr ein Soldat der Militärverwaltung die Adresse ihres Bruders Gerd in die Hand. Auf seiner Karteikarte liest sie, dass er sich zur Armee gemeldet, in der Italienoffensive gekämpft hatte und dabei verwundet wurde. Gerd hatte sich dazu entschieden, den Kampf gegen den Faschismus aufzunehmen.

Es ist nicht ganz leicht, in der Unordnung der unmittelbaren Nachkriegszeit zum Kibbuz Buchenwald zu kommen. Zeitweise erscheint ihnen der Kibbuz in ihrer Vorstellung wie ein Märchenort. Hunderte junge jüdische Menschen sollen dort glücklich zusammenleben. Als sie dann ankommen, merkt Esther, dass es nur eine weitere Zwischenstation ist. Wer sich hier aufhält, will nach Palästina. Und auch Esther hat genug: vom stetigen Weiterziehen, von den Lagern, von der Unsicherheit des kriegszerstörten Europas.

Nach sechs Wochen reist sie mit dem Zug weiter zum Hafen in Marseille, an ihrer Seite Dutzende andere junge Überlebende, teils Kinder. Die meisten reisen ohne Familie. Durch die Waggons schwirren die Geschichten ihres Entkommens. Schreiender Schmerz und das Glück, überlebt zu haben, wechseln sich in diesen Gesprächen ab. Mitte August 1945 kommt sie mit ihrer Freundin Mirjam in der großen französischen Hafenstadt an. Dort wartet ein Schiff auf sie, die *Mataroah*. Vielleicht ist es ihrem jugendlichen Aufbruchsgeist geschuldet, aber Angst hat Esther keine. Sie erwartet Eretz Israel und steigt die Reling hoch.

Wir sind da

Ein Dreivierteljahrhundert später laufe ich durch den Wald der Gedenkstätte Below. Sie erinnert an die Todesmärsche aus den Konzentrationslagern Sachsenhausen und Ravensbrück, die in der Nähe von Lübz liegen. Dem Ort, an dem Esther befreit wurde. Es ist ein sonniger Tag im Oktober, und ich bin auf der Suche nach Bäumen, auf denen die Gefangenen kleine Schnitzereien hinterlassen haben, als sie hier ein Lager aufschlagen mussten. Die Spuren sind in der vernarbten Rinde immer noch erkennbar: Namen, Datierungen, sogar kleine Zeichnungen.

Überall in Deutschland sind Spuren dieser Zeit zu finden. Im Berliner Bezirk Mitte ist jede dritte alte Hauswand mit Granateinschlägen oder Schusslöchern versehen. Doch die Bäume in Below sind lebendige Denkmäler der Gewalt. Wobei sie erst zu Denkmälern wurden, denn sie waren schon lange vor der Gewalt hier. Ausgewachsen und meterhoch boten sie den Menschen Schutz, zwischen ihnen bauten sie Unterstände. Manche Gefangene raspelten die Kiefernrinde ab, um daraus Mehl herzustellen und sich einen zähen Brei zu kochen. Die Bäume ernährten die Gefangenen, und jetzt wachsen diese unzuverlässigen Denkmäler, bis ihre vernarbte Rinde morsch wird.

Ich gehe aus dem Wald heraus und stehe vor einem steinernen Denkmal, einer Stele, die 1965 in der DDR gebaut wurde. Auf ihr prangt der rote Winkel, das Erkennungszeichen für politische Gefangene im Konzentrationslager, andersfarbige Winkel sind nicht zu sehen. Der Fokus auf die kommunistischen Widerstandskämpfer*innen ist eine Engführung der Erinnerung an politisch ›passende‹ Opfer des Nationalsozialismus. Das Gedenken in der DDR hierarchisierte die Opfergruppen der nationalsozialistischen Verbrechen zugunsten des staatlichen Selbstverständnisses. Mein Blick wandert vom roten Winkel auf die letzte Zeile des Gedenktextes. Dort steht »Menschen seid wachsam!«. Wachsam sein, für das, was kommt, für die Verbrechen der Gegenwart und der Zukunft. Vor der Stele liegen ein paar Rosen, ein paar Steine, die im jüdischen Brauch zum Andenken an die Toten auf Gräber gelegt werden.

Wie viele Zeitschichten über diesen Orten der Todesmärsche liegen: Die Bäume des Waldes, die schon beim Todesmarsch mehr als ein halbes Jahrhundert alt waren, in ihnen die Schnitzereien, die von den Leiden der Gefangenen berichten, das Gedenken der DDR, das Gedenken des wiedervereinigten Deutschlands, das Gedenken der Menschen, die heutzutage aus ganz unterschiedlichen Gründen ihre Steinchen hier platzieren. Wenn ich Esthers Fluchtweg nachfolge, wechseln sich die Ereignisse und Orte diachron ab.

Abends sitze ich in der ehemaligen Gaststätte Sturm. Sie trägt heute einen anderen Namen und wird von einem netten Ehepaar aus Polen betrieben. Der Kasten an der Hauswand, in dem die NSDAP-Parteizeitung *Der Stürmer* hing, ist längst abmontiert, nur die Aufhängung ist noch zu sehen. Für Esther war das Essen in diesem Haus nicht nur die erste richtige Mahlzeit nach mehr als zwei Jahren Haft im Konzentrationslager, sondern auch der erste Moment, in dem sie wieder ein Gefühl von Normalität bekam, so klein es auch gewesen sein mochte. Jedes Jahr feiert sie den 3. Mai wie ihren Geburtstag. Am Telefon erklärt sie mir, dass sie deshalb so energisch dafür eintritt, den 8. Mai in der Bundesrepublik zum Feiertag zu machen. Der ist zwar fünf Tage später, aber wichtig sei, dass an diesem Tag Deutschland kapitulierte. Und es sei überfällig, diesen Gedenktag zu feiern. Dann könne ein*e Bundespräsident*in sagen: »Wir haben aus der Geschichte gelernt. Die Deutschen haben die entscheidende Lektion gelernt.«

Esther erinnert sich nicht daran, die Bewohner*innen von Lübz 1945 auf der Straße gesehen zu haben. Als ich mir historische Filmaufnahmen von den Begegnungen zwischen der US-Armee und der Roten Armee in Lübz angucke, entdecke ich jedoch einige Zivilist*innen. Sie sind gut gekleidet, in einer Szene schauen zwei Mädchen einen GI bewundernd an und unterhalten sich aufgeregt mit ihm. Entweder irrt Esther also, oder sie ist zu einer anderen Tageszeit in die Stadt gekommen, zu der sich die Bevölkerung nicht auf die Straße traute. Vielleicht sind es auch inszenierte Aufnahmen, die später angefertigt wurden, wer weiß.

Ich schaue genau hin. Abziehende Wehrmachtsangehörige fahren durchs Bild. In der versammelten Menschenmenge stehen Zwangsarbeiter*innen und auch Konzentrationslager-Gefangene. Ihre gestreiften Anzüge heben sich klar von der Menge ab, einige von ihnen haben zivile Kleidung oder Decken übergestreift. In jedem Gesicht versuche ich Esther auszumachen, ich schaue mir die Filmaufnahmen Dutzende Male an. Doch kein Erfolg.

Die meisten Soldaten auf den Aufnahmen sind in meinem Alter, sie blicken stolz und fröhlich in die Kamera. Ich frage mich, wer sie wohl gewesen sind, was sie dachten, als sie die ausgemergelten Gefangenen sahen. In ihrem Blick meine ich Interesse, Freude, Mitleid zu erkennen. Esther erinnert sich lebhaft daran, wie es ihr ging, als sie die GIs sah: Sie fühlte sich zum ersten Mal seit langer Zeit ein wenig sicher.

Nur in den seltensten Fällen war es Widerstand, der Jüdinnen und Juden und alle anderen Opfergruppen die nationalsozialistischen Verbrechen hat überleben lassen. Nichts anderes als die vorrückenden Armeen der Alliierten, unter ihnen

Esthers Bruder Gerd und ihr späterer Mann Nissim Bejarano, konnten das »Dritte Reich« stoppen, das Morden in Auschwitz und an so vielen anderen Orten Europas beenden. Auch das ist die Realität der Überlebenden in Europa nach 1945.

Und dennoch ist der Widerstand eine unfassbar wertvolle Komponente in den Biografien der Überlebenden, auch der von Esther in Ravensbrück – gerade für ein Gedenken, das nach dem Abschied von ihrer Zeitzeugenschaft Bestand haben soll.

Kaum ein Jahr nachdem Esther mit der *Mataroah* nach Palästina emigrierte, betrat im Juli 1946 ein etwas wunderlich aussehender Mann den Boden des kriegszerstörten Europas. David P. Boders, Psychologieprofessor, reiste in die Lager der Displaced Persons, im Gepäck einen gerade auf dem Markt erschienenen Wire Recorder, eine Tonbandmaschine. Neben Interviews von Überlebenden der Shoah nahm er auch ihre Lieder auf. Ein junger Mann sang mit trotziger Stimme das Lied *Zog nit keynmol az du geyst dem letstn veg* in Boders Mikrofon. Seine Stimme klingt stark und hoffnungsvoll. Der Text handelt von den Leiden jüdischer Menschen und dem Willen, den Kampf gegen die Unterdrückung nicht aufzugeben. Sag nie, dass du den letzten Weg gehst.

Später wurden diese Aufnahmen digitalisiert. Ich höre mir das Lied auf der Website »Music and the Holocaust« an und denke über den Widerstand im Nationalsozialismus nach. Der Lyriker Hirsch Glik schrieb das Lied in jiddischer Sprache, nachdem im April 1943 der Aufstand im Warschauer Ghetto entflammt war. Hirsch war nur zwei Jahre älter als Esther, so alt wie mein Opa Heinz. Zu diesem Zeitpunkt flüchtete Heinz von der zusammenfallenden Front, zog seine Wehrmachtsuniform aus und wurde ein Zivilist.

Die Widerstandsgruppe »Fareinikte Partisaner Organisatzije«, die Vereinigte Partisanenorganisation, die aus kommunistischen, sozialistischen und zionistischen Jüdinnen und Juden bestand, machte Hirsch Gliks Lied zu ihrer Hymne, als sie gegen die deutsche Besatzung in Litauen kämpfte. Auch Hirsch schloss sich ihnen an, er starb mit 22 Jahren im Kampf gegen deutsche Soldaten. Der Sänger auf Boders Aufnahme bleibt unbekannt, niemand weiß, in welchem Lager er gewesen ist, wen er verloren haben mag. Aber seine Stimme erinnert mich daran, dass sich Überlebende weigerten, nur Opfer zu sein. Esther sang dieses Lied jahrzehntelang auf Bühnen, sie vertonte es auf einem Album, sie zog Selbstvertrauen aus seinem Text. Es geht so:

> Sag niemals, dass du den letzten Weg gehst,
> auch wenn bleierne Himmel die blauen Tage verdecken.
> Unsere lang ersehnte Stunde wird noch kommen,
> unser Tritt wird dröhnen: Wir sind da![58]

Esther und Nissim Bejarano am Strand in Tel Aviv, ca. 1950

3. Palästina und Israel

Ankunft

Esther liegt in ihrem Schlafsack auf dem Oberdeck der *Mataroah* und beobachtet die weißen Wolken, die aus den Schornsteinen des Schiffes wie kleine Schäfchen kommen. Die zweiwöchige Überfahrt ist hart. Unter Deck herrscht schwüle, hitzige Luft, und Esther hat sowieso immer Kopfschmerzen, die dann nur noch schlimmer werden. Aber auch hier oben kann sie kaum einschlafen. In ihrem Kopf schwirren die Erzählungen der anderen Überlebenden. Die *Mataroah* trägt Tausende ihrer Geschichten nach Eretz Israel.

Am 10. September sieht Esther die Küste Palästinas. Sie legen im Hafen von Haifa an und steigen von Bord. In ihrer Hand trägt sie einen alten Koffer. Abgetragene Kleider, Bettwäsche, Hygieneartikel, einige Bücher, ein paar Notenblätter sind darin. Die meisten ihrer Besitztümer hat Esther von amerikanischen Hilfsorganisationen oder von den Bewohner*innen des Kibbuz Buchenwald. Sie besitzt keine Erbstücke. Die Möbel ihrer Familie stehen in den Wohnungen »arischer« Menschen, »arische« Hände spielen den teuren Bechstein-Flügel.

Esther weiß nur wenig über die schwelenden Konflikte in diesem umkämpften Land. Sie lässt ihre Hand an der Reling entlanggleiten, dann steht sie auf dem geheiligten Boden, von dem ihre Schwester Tosca in ihren Briefen schwärmte. Grenzpolizisten der britischen Mandatsmacht empfangen die Ankömmlinge. Aber nicht etwa herzlich, wie die GIs es in Lübz taten. Sie werden als illegale Einreisende kategorisiert, als Staatenlose, die im Dazwischen leben und das ist 1945 in Palästina nichts Gutes.

Kurze Zeit später werden Esther und die anderen Passagier*innen im Auffanglager Atlit im Norden des Landes untergebracht. Eine Ärztin untersucht Esther und eröffnet ihr, dass sie eine »Missgeburt« sei, wegen ihres Rückens, weil sie zu klein sei, weil die Konzentrationslagerhaft Spuren an ihrem Körper hinterlassen hat.

Wieder ein Lager. Esther läuft den Zaun von Atlit entlang. Draußen ist das Leben, drinnen fühlt sie sich wie auf einem Abstellgleis. Bis zu tausend Menschen täglich, die meisten unter ihnen Überlebende der Shoah, kommen mit der Aliyah Bet, der zweiten, nach britischem Besatzungsrecht illegalen Immigration jüdischer Menschen aus Europa an Palästinas Küste an. Die Briten haben wenig Interesse an weiteren Immigrant*innen. Die zionistischen Gruppierungen machen ihnen sowieso schon genug Ärger. Die Umstände in dem Lager Atlit sind notdürftig, die medizinische Versorgung für die Geflüchteten ist mangelhaft. Das trägt nicht gerade zur Heilung der Wunden bei, den körperlichen und noch viel weniger den seelischen. Jeden Tag geht Esther zu dem hohen Maschendrahtzaun des Lagers. Auf der anderen Seite versammelt sich morgens eine Menschentraube. Die Leute kommen mit der Hoffnung zum Lager, eventuell ein Familienmitglied wiederzufinden, das die Hölle Europas überlebt hat.

Esther Loewy! Eines Tages steht ihre Schwester Tosca vor dem Zaun, neben ihr Hans Lebrecht, ihr Ehemann. Nach zehn Jahren ist Tosca kaum wiederzuerkennen. Umarmen oder küssen können sie sich nicht, der Maschendraht trennt sie. Wenige Tage später wird Esther entlassen. Tosca holt sie ab und ihre Freundin Mirjam kommt mit, denn anders als Esther hat sie niemanden. Nicht in Israel und nirgends sonst. Sie wollen in den Kibbuz Afikim in der Nähe des Sees Genezareth, davor verbringen sie einige Tage bei Tosca und Hans in Sch'chunat Borochow, im Westen der Stadt Tel Aviv. Die beiden haben eine kleine Tochter, sie ist 1941 geboren und heißt Ruth, wie die dritte Schwester der Loewys. Ruth spricht kein Deutsch, ihre Eltern haben sich dagegen entschieden, es ihr beizubringen. Sie unterhalten sich auf Englisch und Hebräisch. Die Sprache der Täter soll keinen Einfluss auf die nächste Generation haben.

In der ersten Nacht bei Tosca und Hans erzählt Esther von Rudolf und Margarethes Tod, von Fürstenwalde, von Auschwitz, vom Orchester, von Otto Moll und seinen Hunden, von Kanada, vom Siemenslager, von Frau Hintze und den Schaltern, von Mirjam und den sieben Freundinnen, von ihrer Flucht auf dem Todesmarsch, von den GIs und den Kartoffeln. Einfach alles. Tausende Geschichten, von denen viele für immer in diesem Raum bleiben. Sie kann sie nur in dieser einen Nacht erzählen, danach wird sie sie verdrängen und vergessen. Schauen die Menschen auf Esthers linken Unterarm, ist ihnen klar, woher die Nummer stammt.

Auf der Busfahrt in den Norden Israels versteckt sie ihre Unterarme. Im Kibbuz Afikim ist das Leben karg. Die Bewohnenden begrüßen sie nett, doch Esther ist sich alles andere als sicher, ob sie hier ein Zuhause finden kann. Zwei Jahre solle sie hier arbeiten, damit sie die vollen Rechte einer Bewohnerin bekäme und Mitglied in der Gemeinschaft werden könne. Das ist ihr zu lange, immerhin ist sie bereits 21 Jahre alt. Gesang kann sie hier auch nicht studieren.

Sie zieht zurück zu ihrer Schwester Tosca und Hans, findet Arbeit in einer Zigarettenfabrik und schuftet hart für ihren Lebensunterhalt. In der Nähe der Fabrik sind ein paar britische Soldaten stationiert, mit denen sich Esther schnell anfreundet. Zusammen gehen sie auf Partys und tanzen, bis die Sonne aufgeht, Hans, Tosca, Mirjam, Esther und John Crawford, ein britischer Militärpolizist, der England vermisst und die Poesie liebt. Esther und er schreiben sich Briefe, in denen er sie mit *Dear sugar-bite* anspricht und sich Opernstücke ausdenkt, in denen Esther die Hauptrolle spielt. *Esther Loewy in: Kibbutz Buchenwald. A drama of passion and death.*[59]

Manchmal holt John Esther nach Feierabend von der Fabrik ab. Der große Brite wird von Weitem erkannt, und die meisten von Esthers Arbeitskolleg*innen sehen in ihm den Feind. Die Zigarettenfabrik ist eine Hochburg der radikal zionistischen und paramilitärischen Organisation Lechi, die für einen freien und unabhängigen jüdischen Staat kämpft. Dabei schrecken ihre Mitglieder nicht vor Terrorismus zurück. Zivile Opfer unter der arabischen Bevölkerung, aber auch jüdische, sind für sie bedauernswert, aber das kleinere Übel auf ihrem Weg zur Errichtung Israels. Sie wissen von Esthers Verfolgungsgeschichte. Nach einer Diskussion, in der es um die Rechtfertigung von Attacken gegen die britische Besatzung ging, rufen sie ihr auf dem Nachhauseweg zu: »Hitler hat wohl vergessen, dich zu vergasen!«

In ihren Worten schwingt der Vorwurf mit, Esther habe mit den Täter*innen im Konzentrationslager kooperiert und sich so das Überleben gesichert. In Lechis-Vision von Israel haben die Zeugnisse der Überlebenden keinen Platz. Die Shoah stört das zionistische Narrativ einer neu entstehenden Gesellschaft. Wehrhaftigkeit, keine Wehklage wird benötigt! Die neue Generation des jüdischen Staates, allen voran die Kibbuzniks, sollen wie Wüstenblumen in der dürren Landschaft Palästinas aufblühen. Auschwitz, die nationalsozialistischen Verbrechen, Geschichten wie die Esthers sind mit einem Tabu belegt.

Die Albträume fangen an und hören nicht mehr auf. Für den Rest ihres Lebens. Mal sitzt Esther auf einem kleinen Holzschemel, das Akkordeon eng vor ihrer Brust, sodass es ihr die Luft zuschnürt, und dann muss sie spielen. Sie hört Schreie. Dann wieder dröhnt das Marschieren von Stiefeln in ihren Ohren, Stiefeln der SS, deutschen Stiefeln, das weiß sie, wenn sie weinend in der Nacht aufwacht.

Im Februar 2022 reise ich nach Israel. Nicht mit dem Schiff, sondern mit dem Billigflieger. Für die nächsten zwei Monate will ich Esthers Spuren hier verfolgen. Innerhalb von drei Stunden bin ich von Berlin aus am Flughafen Ben Gurion und gehe die von Tourist*innen so häufig fotografierte Halle hinunter, die zur Passkontrolle führt. Mich begrüßen große Lettern auf Hebräisch, Arabisch und Englisch – »Herzlich Willkommen« ist da zu lesen.

Ich muss an das Buch in meinem Rucksack denken, das mir eine andere Geschichte dieses Ortes erzählt. Meine Lektüre stammt von einem Lieblingsschriftsteller der Deutschen wie der Israelis: Amos Oz. Sein Buch *Herr Levi* spielt zur gleichen Zeit, zu der Esther nach Palästina flieht und ein israelischer Staat seine Gründung herbeisehnt.[60] Der Protagonist, Uriel, muss einerseits mit den Problemen eines Heranwachsenden fertig werden und verliert sich andererseits in den Wirren dieses jungen Lands. Es ist ein trauriges Buch, das die unsichere Hoffnung auf ein eigenes Leben im Staat Israel einfängt. Ich glaube, Esther ging es ein bisschen wie Uriel. Sie warteten.

Wie auch in so vielen anderen Gebieten unter der Herrschaft des Vereinigten Königreiches verfolgte die britische Mandatsmacht eine rigorose Politik der Dominanz und fürchtete sich gleichzeitig vor einem Aufstand der Bevölkerung. Lechi, auch die Stern-Gang genannt, war nur eine von vielen Organisationen, die gegen die britische Besatzung aufbegehrte, manche mit Terrorismus, andere mit Jugendarbeit oder Publizistik.

Esther war eine von Hunderttausenden illegal Geflüchteten, die einen Genozid überlebt hatten und an das zionistische Versprechen eines selbstbestimmten Lebens glaubten. Junge Menschen, die ihrem Tod entkommen waren. Die alles verloren hatten, ihre Familien, ihr Zuhause, ihre Jugend. Palästina war für viele von ihnen ein Bestimmungsort, ein Traum. Für manche ging er in Erfüllung, für andere nicht. Es lässt sich schwer träumen, wenn Schmerzen und Wunden einen wach halten.

Ich verfolge Esthers Weg zum Kibbuz Afikim, in der Nähe des Sees Genezareth, um mit den Bewohnenden über die Anfangszeit des Kibbuz zu sprechen. Noam[61] ist 1950 geboren und ein freundlicher Mann, er trägt Sonnenbrille und schwere Schuhe. Noch bevor wir uns begrüßen, sagt er mir, dass mein Vorname in seinen Ohren wie ein Nachname klänge – und wer habe schon zwei Nachnamen als Name.

Es ist nicht ganz einfach, Kontakt zu den Bewohnenden aufzunehmen. Viele Reisende, gerade aus Deutschland, suchen nach einem bilderbuchartigen jüdischen Leben, das sie in Kibbuz-Gemeinschaften zu sehen meinen. Noam erzählt mir, dass er junge Menschen aus Deutschland sehr schätze, sie würden viele spannende Fragen stellen. Aber sie verstünden nicht, dass die Erde des Kibbuz für ihn ein Zuhause bedeute, dass er ohne dieses Land nicht leben könne. Das müssten auch die Palästinenser*innen und die arabischen Nachbarländer

Israels endlich einsehen, sagt er. Krieg will er keinen. Wie er seit dem 7. Oktober 2023 dazu steht, weiß ich nicht, er antwortet nicht auf meine Mails.

Noams Eltern waren Überlebende der Shoah. Er habe sich lange gefragt, warum sie nichts aus den deutschen Lagern erzählten, und als sie es dann taten, sei er überrascht gewesen, an wie viel sie sich erinnerten. Aber das liege auch daran, dass die meisten der Bewohnenden von jüdischen Emigrant*innen aus der Sowjetunion abstammten, und so hätte es anfangs nur wenige Menschen gegeben, mit denen seine Eltern sich austauschen konnten. Afikim sei schon immer ein *Melting Pot* gewesen, er betont diese zwei Wörter mit Stolz. Er ist dankbar dafür, dass seine Eltern hier Aufnahme gefunden haben und ihm damit ein Leben ermöglichten. Das meiste über die Shoah wisse er aus Fernsehdokumentationen, ein paar Bücher habe er auch gelesen. Als ich ihn nach der Traurigkeit seiner Generation frage, wechselt er das Thema.

Noam spricht schnell, manche seiner Sätze wirft er mir auf Hebräisch zu, sodass ich sie kaum verstehe. Wie es Esther wohl ging, diese neue Sprache zu lernen? In Afikim werden Bananen und Zitrusfrüchte angebaut, und auch wenn heute moderne Maschinen bei der Landwirtschaft helfen, kann ich mir vorstellen, was es heißt, in diesem Klima körperlich zu arbeiten. Esther nahm das sozialistische Ideal vom Aufbau des Landes schnell an. Doch das harte Leben in der jungen Gesellschaft stellte sie täglich vor Herausforderungen. Zum Erzählen oder gar Verarbeiten ihres erlebten Leids blieb da nur wenig Zeit.

Singen im Krieg

Weil sie kaum Zeitung liest, erst recht nicht über Ereignisse in Europa, bekommt Esther nichts davon mit. Aber am 28. Mai 1946 wird Otto Moll, der ehemalige Chef der Krematorien und Gaskammern in Auschwitz-Birkenau, nach seiner Verurteilung im Dachauer Hauptprozess in Landsberg hingerichtet. Ein halbes Jahr später, am 22. Dezember 1947, wird Maria Mandel in Krakau gehängt. Es ist keine Gerechtigkeit, wie sollte es auch jemals Gerechtigkeit geben können. Weniger als ein Hundertstel der Täter*innen des Nationalsozialismus wird strafrechtlich belangt.[62] 1949 sagt Bundeskanzler Konrad Adenauer in einer Regierungserklärung, dass der Krieg ja für alle eine harte Bewährungsprobe gewesen sei. Daher denke man jetzt über eine generelle Amnestie für die Täter*innen nach. 1950 folgte de facto das Ende der Entnazifizierungspolitik der Alliierten, in den Jahren danach schließen sich mehrere Debatten um die Verjährung der nationalsozialistischen Verbrechen an.

Esther sitzt am Stadtstrand von Tel Aviv und hält den Kopf in den Wind. Sie hängt ihren Träumen nach. Sicherlich, nicht alle können Sängerin werden, das weiß sie. Gut genug dafür aber wäre sie, das behauptet zumindest ihre Gesangslehrerin. In der Tabakfabrik hat sie gekündigt, weil sie die Anfeindungen nicht mehr ertragen konnte. Jetzt lernt sie bei Konrad Mann, einem Dirigenten und Kommunisten, der in Europa nur knapp überlebte. Er bietet Esther an, in seinem Arbeiterchor mitzusingen, dem Ron-Chor, der sich dem sozialistischen Ideal des Zionismus verpflichtet sieht, während er Opern und Konzertstücke einstudiert. In den jungen Menschen und in der Musik liegt der Schlüssel zur besseren Zukunft, so steht es auf den Bannern, die blau-weiß unterlegt sind. Darüber prangt der Davidstern. Die Mitglieder kommen aus der ganzen Welt und leben den Internationalismus täglich. Doch die hehren politischen Ziele lohnen sich monetär eher weniger. Kultur wird in Israel vom Künstlerverband verwaltet, der ungerne Kommunist*innen engagiert. Kaum jemand von ihnen findet einen Job als Musiker*in. Also arbeitet Esther als Aushilfe, als Kellnerin und als Kindermädchen, spart sich die Gesangsstunden vom Mund ab.

Genauso wie die Musik liebt Esther das Leben. Wenn sie fertig mit der Arbeit ist, geht sie tanzen, bis spät in die Nacht. Derweil stehen sich die Männer die Füße platt, irgendwie passt es mit keinem so richtig, findet Esther. Als John Crawford wieder nach England beordert wird, schafft er es nicht einmal, sich von Esther zu verabschieden. Er wolle ihr nicht wehtun, sagt er Tosca und Hans. Esther weiß, dass er einfach zu feige war. Also geht sie mit Nathan aus, einem anderen Freund von Tosca und Hans. Er macht Esther sogar einen Antrag. Sie lehnt ab. Dann lernt sie Sigi kennen, beim Tanzen. Aber auch er ist bald wieder abserviert. Sie verknallt sich in Ilan, der aus Deutschland nach Palästina geflohen ist. Er ist ein richtiger »Erzjecke«, meint Esther. »Jecken«, so werden die deutschen Juden genannt, die pedantisch organisiert sind und in der Hitze Palästinas dreiteilige Anzüge tragen. Sie verspüren eine schmerzliche Sehnsucht nach der bürgerlichen Kultur Europas, die sie retten wollen und die Friedrich Schiller, aber auch Richard Wagner hervorbrachte. Mit Ilans minutiös geplantem Alltag kann Esther wenig anfangen. Esther ist häufig verknallt und selten verliebt.

1947 fährt der Ron-Chor auf Europa-Tournee. Zuerst zu den Weltjugendspielen nach Prag, dann weiter nach Paris. Es ist der Beginn des Kalten Kriegs, und der Chor sieht sich auf der historisch richtigen Seite, seine Mitglieder wollen für Frieden und die Weltrevolution eintreten. Mit Opern und Operetten gegen den Imperialismus des Westens. Stets an Esthers Seite ist der schöne Berto Benjaminow, ein lebenslustiger und talentierter Draufgänger. Leider ist er nicht in Esther verliebt. Es bleibt bei einer kurzen Reiseaffäre.

Liebeskummer, das passiert ihr doch eigentlich nie, denkt Esther. Fast ein Jahr traut sie keinem Flirt über den Weg. Bis eines Tages Nissim Bejarano durch die Tür des Proberaums des Ron-Chors tritt und vorsingen will. Er hat ein hübsches Gesicht, markante Wangenknochen und ist drei Köpfe größer als Esther. Sie fangen an zu daten, er hilft ihr über den Liebeskummer hinweg. Was gar nicht so lange nötig ist, denn bald hat Esther nur noch Augen für Nissim. Der groß gewachsene Nissim und die kleine Esther, so reden ihre Freund*innen von ihnen und bewundern sie dafür, wie sehr sie sich gegenseitig stützen.

1948 bricht Krieg im Mandatsgebiet Palästina aus, beziehungsweise herrscht eigentlich schon seit Ende des vergangenen Jahres Krieg: Immer wieder geraten arabische und jüdische Milizen aneinander, parallel zur zionistischen hat sich in den letzten drei Jahrzehnten eine palästinensische Nationalbewegung entwickelt.[63] Am 14. Mai 1948 ruft David Ben-Gurion, der spätere Ministerpräsident, den Staat Israel aus. Es dauert bis Mitternacht, dann greift die arabische Allianz, bestehend aus Ägypten, Jordanien, Libanon, Syrien und Irak, den neu gegründeten Staat an. Der UN-Teilungsplan, der einen palästinensischen und einen israelischen Staat vorsah, verbunden in einer Wirtschaftsunion, scheitert. Innerhalb weniger Tage kämpfen sich die Haganah und weitere jüdische Armee-Einheiten tief in das Landesinnere vor. Esther meldet sich freiwillig. Nicht als Soldatin, sondern als Musikerin, um die Truppen zu unterhalten und mit dem Ziel, die Besatzungsmacht des britischen Empires zu brechen. Manches Konzert müssen sie wegen Schüssen unterbrechen, Esther empfindet das als aufregend.

Erst nach dem Krieg realisiert sie, dass die Haganah ganze Dörfer getilgt hat. Am Ende wird das Gebiet des neuen Staates Israel um ein Drittel größer sein, als der Teilungsplan ursprünglich vorgesehen hatte. Auf israelischer Seite wird der Kampf als Unabhängigkeitskrieg, auf palästinensischer Seite als al-Nakba, die Katastrophe, in die Geschichtsbücher eingehen.[64] Zwischen Herbst 1947 und Frühling 1949 werden etwa 750.000 arabischsprechende Menschen vertrieben, teils fliehen sie auf Anraten arabischer Autoritäten. Sie laufen in großen Flüchtlingstrecks in die benachbarten Länder, nur notgedrungen werden sie aufgenommen. Riesige Geflüchtetenlager entstehen, die Jahrzehnte bleiben werden. Ihre Rückkehr wird verhindert.[65] Die Folgen des Kriegs legen sich auf die geleerten arabischen Dörfer, verdecken die Zeitschicht ihrer ehemaligen arabischen Bewohner*innen und lassen die neuen israelischen Bewohner*innen vergessen, wer in den Häusern wohnte.

Im Zuge des Kriegs 1948 emigrieren etwa 800.000 jüdische Menschen aus arabischen Ländern in den neuen Staat, größtenteils fliehen sie vor Repressionen, teils versprechen sie sich hier einen Neuanfang. Sie finden Aufnahme, doch auch in der jungen israelischen, aschkenasisch und europäisch geprägten

Gesellschaft gibt es rassistische Strukturen, die arabische Jüdinnen und Juden benachteiligen.[66]

Die Geschichte dieses Staates beginnt mit der neuen Generation Israels. Was davor passierte, bleibt bestenfalls strittig. Zwei unausgesprochene, miteinander verwobene Traumata herrschen in diesem Land: Der Schmerz über die verlorenen Leben in Europa, beschwiegen zur Stärkung einer neuen Nationalbewegung, und der Schmerz über eine bei Staatsgründung vertriebene Bevölkerung, an die sich kaum jemand in Israel oder Europa erinnern mag.[67]

Esther lebt nach dem Krieg in einem großen Haus in Tel Aviv, zusammen mit zwei Soldatinnen. Wenn Nissim sie besuchen kommt, setzen sie sich auf die Dachterrasse und Esther brät sagenhafte Spiegeleier. Zum Strand sind es nur ein paar Minuten, sie sonnen sich, rauchen, baden, treffen Freund*innen. Abends gehen sie ins Kino oder ins Theater. Wie leicht das Leben in diesen Momenten ist, wie wunderbar, dass sie sich haben, denkt Esther. Jung, wild und unverheiratet. Das wenige Geld, dass sie haben, teilen sie sich. Auch nach dem Krieg kann Esther nicht als Sängerin arbeiten, der Künstlerverband bleibt hartnäckig antikommunistisch. Das trifft auch Nissim. Er ist durch und durch Kommunist, kann Lenin zitieren und macht sich Gedanken über die radikale Umverteilung der Produktionsmittel.

Und obwohl er hier aufgewachsen ist und in kommunistischen Jugendbünden Sicherheit und Bestätigung erlebte, empfindet Nissim die israelische Gesellschaft als bedrängend. Als »Mizrachi«, als sephardischer Jude, erfährt er Anfeindungen von aschkenasischen Jüdinnen und Juden. Seine Familie emigrierte aus Bulgarien. Im Zweiten Weltkrieg kämpfte Nissim in der britischen Armee, pushte die Truppen der Achsenmächte in Italien weiter in Richtung Nordeuropa. Der Dank dafür ist nicht gerade groß, weder von der britischen Armee noch von der israelischen Gesellschaft.

1950 heiraten Esther und Nissim, auf ihrer Hochzeitsfeier singt der gesamte Ron-Chor. Esther hat ein klein wenig Mühe, sich in Nissims Familie einzufügen, nicht nur wegen der Unterschiede beim Essen oder in den Familientraditionen, sondern auch, weil auf ihrer Seite kaum Familie mehr da ist. Schmerz überkommt sie, wenn sie die Bejaranos zusammen sieht und sie ihre Eltern vermisst. Gegenüber Nissim kann sie das kaum kommunizieren, wie reden, wenn sie nicht einmal selbst weiß, was sie sagen kann.

Gemeinsam bauen sich Esther und Nissim ein Leben in Israel auf, bekommen zwei Kinder. Edna wird im Mai 1951 geboren, Joram im Dezember 1952. Und auch wenn es Esther missfällt, kümmert sie sich allein um die Kinder, wird Hausfrau. Kochen, putzen mit Joram und Edna auf dem Arm: Es ist nicht leicht, eine Kleinfamilie zu managen. Die subtropischen Temperaturen, mal trocken, mal feucht, aber nie konstant, bereiten Esther Kopfschmerzen.

Nissim ist die meiste Zeit fort, er ist als Lastwagenfahrer ständig eingespannt. Sein Herz aber schlägt weiter für die Politik und die Belange der Belegschaft. Er lässt sich zum Betriebsratsvorsitzenden wählen, seinen Arbeitgebern passt das natürlich nicht: ein Kommunist mit Macht im Unternehmen. Kurzerhand kündigen sie ihm. Aufgeben kann er nicht, also zieht er vor das Arbeitsgericht. Doch die Klage bleibt erfolglos.

Seine Arbeitssuche dauert nicht lange. Im Oktober eskaliert die sogenannte Suezkanalkrise. Es gibt Krieg mit Ägypten, Nissim wird eingezogen und direkt an der Front eingesetzt. Zuhause warten Esther und seine zwei kleinen Kinder auf ihn. Traumatisiert kehrt er zurück, seitdem schreckt er bei lauten Geräuschen zusammen. Er will keine Kriege mehr kämpfen.

Yoredet, die Weggegangene

Seit etwa einer Stunde kochen in meiner Wohnung in Tel Aviv drei Fischklopse in einem großen Wassertopf. Vor mir liegt das Kochbuch der Familie Bejarano, heute gibt es Gefillte Fisch. Ich koche nicht besonders gut. Die Klopse schmecken nach rohem Fisch, die Sauce mag einfach nicht gelieren und die Möhren schauen mich traurig aus dem Topf an. In meiner

Verzweiflung rufe ich eine Freundin an und hoffe auf ihren Beistand. Sie kommt vorbei und fragt mich, warum ich mir ein so kompliziertes Gericht ausgesucht habe. So genau weiß ich das auch nicht. Wahrscheinlich, weil ich es gerne mochte, als ich es das erste Mal probiert habe. Weil es doch der Klassiker unter den aschkenasischen Gerichten ist. Sie lacht. Wir setzen uns auf die Terrasse, fangen an, meine missglückten Gefillte Fisch zu essen, und schauen auf die fernen Wolkenkratzer Tel Avivs. Es braucht zwei Bissen, dann entscheiden wir, zum Falafel-Laden um die Ecke zu gehen.

Gefillte Fisch waren ein Stück Zuhause für viele jüdische Emigrant*innen aus Nordeuropa und sind es bis heute in Familien Israels. Je nach Herkunft wird mit unterschiedlichen Rezepten gekocht, manche Gerichte ähneln sich am Ende kaum. Auch Esther nahm es mit in ihre neue Familie und lernte gleichzeitig die sephardische und bulgarische Küche von Nissims Seite kennen.

Mich erstaunt die Vielfalt, die ich in Israel vor meiner Haustür vorfinde. Dinge, die mir bekannt vorkommen: jiddische Wörter, die ich durch den Trubel vieler Sprache verstehe. Oder die Obstverkäufer, die auf Arabisch ihre Preise brüllen – wie auf der Sonnenallee in Neukölln. Oder eine arabische Übersetzung von Paul Celans Gedichten, die in einem öffentlichen Bücherschrank in Jerusalem steht, ich habe es an seinem Porträt auf dem Umschlag erkannt. In Israel treffe ich auf unzählige verwobene Biografien. Manche werden sichtbar, kommen mir nahe. Etwa, als ich auf dem Sofa einer befreundeten Familie sitze und mich mit der Großmutter auf Deutsch unterhalte. Sie hat Theresienstadt als Kind überlebt.[68] Wir trinken Kaffee und sie freut sich, die Sprache ihrer Kindheit sprechen zu können. Ihre Worte scheinen einer Zeitkapsel zu entstammen. Sie betont ihre Sätze, wie ich es noch nie gehört habe, benutzt Wörter, die mir kaum bekannt sind.

1959. Esther und Nissim sind zusammen glücklich. Joram und Edna werden größer, die junge Familie ist vor vier Jahren in eine kleine Eigentumswohnung nach Beer-Sheva gezogen. Sie fühlen sich wohl hier, zumindest im Privaten. Die Lohnarbeit belastet sie. Esther verdient nicht gut, sie gibt an benachbarten Schulen Musikunterricht. Glücklich ist sie darüber keineswegs. Nissim ist wieder die meiste Zeit weg, er schiebt Nachtschichten als Busfahrer.

Sogar harte Arbeitsbedingungen und verletzende Anfeindungen lassen sich besser im gemäßigten Klima ertragen, da ist sich Esther sicher, als sie sich Luft zufächelt. Sie denkt immer häufiger an Deutschland zurück. Es ist keine Nostalgie oder Sehnsucht nach ihrem Geburtsland, wirklich nicht, sondern die Aussicht auf ihr weiteres Leben in Israel, die sie fortreibt. Aber Deutsche sein will Esther nicht. Eigentlich ist es vor allem Nissim, der seine Partnerin zum Umzug bewegen will. Deutschland ist kein Sehnsuchtsort. Aber von Esthers dort bereits bestehenden sozialen Umfeld erhofft er sich ein besseres Leben für seine Familie. Er sieht doch, wie sehr Esther in Israel leidet.

Gleichzeitig würde die Emigration bedeuten, dass Nissim nicht mehr in der israelischen Armee dienen müsste. Dienstverweigerung hieße Knast. Und so nehmen Esther und Nissim langsam Abschied vom zionistischen Traum. Sie können die Erweiterung des Staatsgebietes durch militärische Aktionen und das Eintreten in Konflikte mit den Nachbarländern nicht mehr unterstützen. In ihren Augen handelt es sich um Angriffskriege, die zu Unrecht gegen die umliegenden Staaten geführt werden. Dafür will Nissim nicht sterben.

Es kehren nur wenige deutsche Jüdinnen und Juden in ihr Herkunftsland zurück. Auswandernden, dazu noch solchen, die nach Deutschland gehen, werden in Israel nicht nur Ressentiments, sondern auch Anfeindungen entgegengebracht. Es gehört zum guten Ton in den israelischen Behörden, herauszufinden, warum jemand das Land verlassen will. Gerne auch mal mit unlauteren Methoden. Familie Bejarano ist da kein Einzelfall. Wenn Esther und Nissim in dem kleinen Raum der Behörde sitzen, schwingt stets der Vorwurf mit, das Land lediglich verlassen zu wollen, um sich nicht mit den realen Herausforderungen auseinandersetzen zu müssen. Ihre Kinder in Gefahr zu bringen. Oder ihnen wird gedroht, ihr einstiges Leben in Israel nicht ohne Weiteres zurückzubekommen, sollten sie sich doch umentscheiden.[69]

Gründe, Israel zu verlassen, gibt es für Esther viele. Aber nach Deutschland zu gehen, besser gesagt nach Westdeutschland, dafür gibt es eigentlich nur einen: Es ist die einzige Option. Eine Ausreise in den sogenannten Ostblock kommt für die Familie nicht infrage, ihnen fehlen die Kontakte und der Bezug zu den Orten und Menschen. Länder in Südamerika oder Australien scheinen in ihren klimatischen Bedingungen keinen großen Unterschied zum Wetter der Levante zu machen. Einer Ausreise in die USA stehen vor allem die Mitgliedschaft im Ron-Chor und Nissims kommunistische Aktivitäten im Weg. In den USA der 1960er Jahre herrscht grassierender Antikommunismus, der sogenannte McCarthyismus, der in jedem Linken einen Bombenleger sieht und sich auch in Israel ausbreitet. Es sind die Vorboten kommender rechtsgerichteter Regierungen, die den sozialistisch-zionistischen Traum in den Wind schießen.

Deutschland also. Hinzukommt, dass mit dem fortschreitenden Alter der Kinder eine Übersiedlung in ein anderes Land nicht lange hinausgezögert werden soll. Mit neun und acht Jahren ist es noch leichter möglich, eine neue Sprache zu erlernen. Aber wenn schon Deutschland, dann keine Stadt, die Esther bereits kennt, kein Ort, der sie mit ständiger Erinnerung an das zerstörte Leben ihrer Kindheit konfrontiert. Hamburg wäre eine Möglichkeit. Freund*innen erzählen ihr in Briefen von der liberalen Hansestadt. Es ist Winter 1959, und Esther beantragt einen »Heimatschein«, der ihr ihre deutsche Staatsbürgerschaft bescheinigt. Ein Stück Papier, auf dem auf Deutsch steht, dass sie Teil dieses neuen Deutschlands sei. Die Sprache wirkt ihr fremd.

Nissim und Esther untervermieten ihre Wohnung. Sie wollen eine kleine Hintertür in ihren Plan einbauen und gleichzeitig Hamburg eine ernsthafte Chance geben. Sie hoffen auf »Wiedergutmachungszahlungen«, vielleicht eine kleine Rente. Finanzielle Unterstützung heißt Sicherheit, denn wer weiß, ob sie Arbeit finden werden. Esther packt die letzten Koffer, mit einem Container haben sie den Großteil ihres Hausrates bereits verschiffen lassen. Ein letzter Abschied von Freund*innen und Familie, Tosca und Hans begleiten sie bis auf das Schiff, dann legen die Bejaranos von Israels Küste ab und reisen nach Süditalien.

An Europas Küste, an der italienischen Grenze zeigt Esther ihren Pass vor, ein kleiner Stempel vermerkt ihre Ausreise. Von nun an gilt sie als Yoredet, als »Weggegangene«. Sie ist aus der zionistischen Gesellschaft ausgeschlossen. Die Bundesrepublik, dieses neue Deutschland, erwartet Esther und ihre Familie. Es ist Zeit weiterzuziehen. Ob es ein Zurückkommen ist, weiß sie nicht.

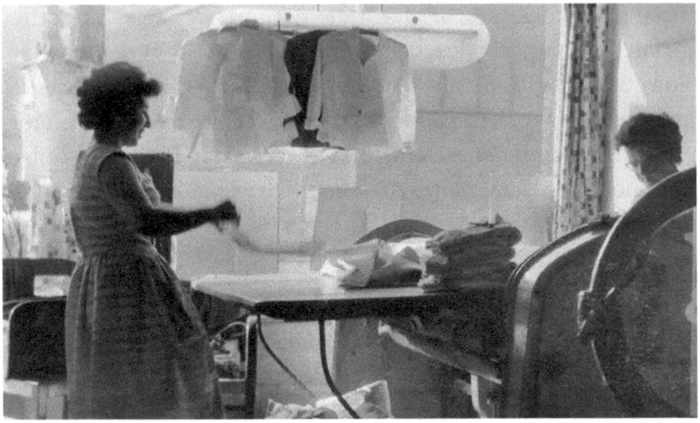

Die Wäscherei der Bejaranos, ca. 1964

4. Rückkehr in das Land der Täter

Deutsche in Uniformen

Von Neapel geht es weiter nach Norden, über die Alpen, vorbei an den Schauplätzen, an denen 15 Jahre zuvor der Zweite Weltkrieg tobte. Esther blickt hinter sich. Sie sieht die schweizerdeutsche Grenze, ein Wachhaus und rückseitig das Willkommensschild der Schweiz. Es grüßt sie nicht. Sie ist jetzt in Deutschland. Zum ersten Mal seit 15 Jahren. In dem Land, das einmal ihr Zuhause war. Die Trauer um ihre Eltern, um ihre Schwester, um ihre Freund*innen lassen ihr Tränen in die Augen schießen.

Aber nicht nur die Trauer begleitet sie. Esther schaut aus dem Fenster, und plötzlich dreht sich ihr der Magen um, ihr wird übel: Da steht ein Mann in Uniform, ein Bahnbeamter. Wenig später sieht sie einen deutschen Polizisten, dann noch einen. Das Herz pocht in der Brust, panische Angst steigt in ihr auf. Würde sie in diesem Land leben können? Versatzstücke aus ihren Albträumen an die Gestapo und die SS scheinen Realität zu werden.

Als Esther in Saarlouis aussteigt, ist die Panik ein wenig abgeklungen. Sie ist hier, um Katharina Müller, ihr ehemaliges Kindermädchen, zu besuchen. Esther kann es kaum erwarten, ihr Kätchen wiederzusehen. Sie umarmen sich, weinen. Bei Kaffee und Kuchen plaudern sie, doch es dauert nicht lange, bis sie merken, dass ihre Erfahrungen nicht kompatibel sind. Irgendwo hört die Sprache zwischen den einst so eng verbundenen Frauen auf und der unsagbare Schmerz auf Esthers Seite, das Unvermögen auf Katharinas Seite, ihn zu begreifen, beginnen. Katharina bittet Esther und ihre Familie, sich doch im Saarland niederzulassen, sie könne sie unterstützen. Doch die Vorstellung, in ihre Geburtsstadt zu ziehen, ist für Esther zu schmerzhaft. Sie schüttelt den Kopf.

Also weiter nach Norden, nach Hamburg. Die Stadt der »ehrbaren Kaufleute« soll das neue Zuhause der Bejaranos werden. Ihre Bewohner*innen erzählen sich untereinander das Märchen von einer liberalen Gesellschaft – während des Nationalsozialismus. Ein wenig glaubt Esther das auch. Bei Kriegsniederlage hatte der Gauleiter Karl Kaufmann den einrückenden Alliierten die Kapitulation überbracht, und das stehe doch sinnbildlich für die offene Hafenstadt. Doch Hamburg ist in all seinen gesellschaftlichen Räumen von Kontinuitäten des Nationalsozialismus durchzogen. Im urbanen Zentrum wie in der dörflichen Peripherie liegen mehrere ehemalige Außenlager des Konzentrationslagers Neuengamme. Vor 1933 lebte in Hamburg die viertgrößte jüdische Gemeinde Deutschlands. Bei Esthers Rückkehr ist das jüdische Leben in Hamburg kaum existent.

Die Erzählung von der liberalen Stadt, vom »Tor zur Welt«, geht noch viel weiter zurück, bis in die Anfangszeit der kolonialen Globalisierung. Ausgehend von Hamburg verbreitete sich der Handel mit geraubten Waren über ganz Europa. Auch Hamburg profitierte vom Sklavenhandel.[70] Nach 1933 arbeiteten in mehreren Gebäuden ehemaliger Kolonialunternehmen nationalsozialistische Behörden, planten von dort aus ihren Terror. Ein Mantel des Schweigens liegt über diesen Orten und ihren Gewaltgeschichten. Wie über so vielen bundesdeutschen Städten, Gemeinden und Dörfern der postnationalsozialistischen Gesellschaft.

Dieses Schweigen zu brechen ist schwer. Bereits im Winter 1945 gründete sich in Hamburg das »Komitee ehemaliger politischer Gefangener«, aus dem später die Vereinigung der Verfolgten des Naziregimes entstand, der Esther beitreten wird. Auch wenn der politische Erfolg dieser Gruppen in den ersten Jahren der Bundesrepublik gering war, sind sie der Beginn für die von Überlebenden beeinflussten Erinnerungskulturen in Deutschland. Graswurzelbewegungen, die aus der Asche entstanden. Von Anfang an sind sie in internationalen Netzwerken verbündet, stoßen Kampagnen an, arbeiten an der Konfrontation der deutschen Gesellschaft mit ihren Verbrechen und verfallen nicht, wie häufig von Historiker*innen nach 1945 dargestellt, in lähmendes Schweigen.

Esther und ihre Familie ziehen in die Hamburger Bogenstraße 25, in eine Einzimmerwohnung. Hier leben sie die nächsten drei Jahre auf 16 Quadratmetern. Die jüdische Gemeinde hat sie ihnen vermittelt, der Kantor Günter Singer ist ein ehemaliger Schüler von Esthers Vater Rudolf. Von den bundesdeutschen Debatten kriegt Esther in den ersten Jahren nicht viel mit. Nach ihrer regen Mitgliedschaft im Arbeiterchor Ron muss in Hamburg die sozialistische Weltrevolution erst mal auf Eis gelegt werden. Das Familienleben und die Arbeit erfordern alle Aufmerksamkeit, bei Nissim kommen die fehlenden Sprachkenntnisse dazu. Denn als sephardischer Jude sowie aufgrund seines gebrochenen Deutsch wird er in der Öffentlichkeit schnell als nichtweiße Person identifiziert und rassistisch attackiert.

Von 1963 bis 1965 wird der erste Frankfurter Auschwitz-Prozess geführt. Er folgt dem im Fernsehen ausgestrahlten Eichmann-Prozess von 1961 in Israel. Angestoßen werden die Auschwitz-Prozesse von dem jüdischen Staatsanwalt Fritz Bauer.[71] So komisch es auch klingt: auf der Anklagebank sitzt unter anderem Esthers Hausarzt, Dr. Franz Lucas. Sie sieht ihn allerdings nicht, schaut nur einen kurzen Ausschnitt des Prozesses im Fernsehen und muss nach wenigen Minuten umschalten. Jedwede Auseinandersetzung, ja schon der bloße Gedanke daran, führt unweigerlich zur Begegnung mit der Vergangenheit. Esther hat ja schon genug zu tun mit deren Auswirkungen in der Gegenwart.

Einige Wochen nach ihrer Ankunft in Hamburg hat sie einen ersten Antrag auf soziale Leistungen gestellt, ihre Situation als Überlebende geschildert. Zuvor hatte sie 6.000 Mark als Starthilfe bekommen. Nervös fischt sie mit den Zeigefingern die Antwort der Behörde aus ihrem Briefkasten. Über die Starthilfe hinaus gebe es leider keine Ansprüche, vielen Dank für das Verständnis. Rigoros gehen die bundesdeutschen Behörden mit Überlebenden in diesen Jahren um.[72] Esther hatte schon in Israel Entschädigungszahlungen vom bundesdeutschen Staat erhalten, aber ausreichende finanzielle Unterstützung bleibt ihr versagt. Auch, weil sie einen Teil der Zahlungen an den israelischen Staat abgeben musste.

Es ist wieder die Hamburger jüdische Gemeinde, die hilft. 1964 vermittelt sie Esther und Nissim eine größere Wohnung. Für die nächsten 15 Jahre bildet die Gemeinde den Lebensmittelpunkt der Familie. Das Esther und Nissim nicht gläubig sind, spielt erst mal keine Rolle. Materielle Nöte und psychische Leiden bedingen einander und das heißt, dass die jüdische Gemeinde den einzigen emotional sicheren Schutzraum in der westdeutschen postnationalsozialistischen Gesellschaft bietet. Kontakt zu nichtjüdischen Menschen haben sie kaum, er beschränkt sich zumeist auf den Arbeitsplatz. Sie betreiben eine kleine Wäscherei, bügeln und reinigen die weißen Westen der Hamburger*innen.

Esther freundet sich schnell mit den anderen Gemeindemitgliedern an. Da ist zum Beispiel Flora Neumann, die im Widerstand gekämpft hat und 1943 nach Auschwitz deportiert wurde. 1953 kehrte sie nach Hamburg zurück und engagierte sich rege für den Wiederaufbau jüdischen Lebens in der Stadt. Oder Elsa Werner, die sich mit allen Fragen zur »Wiedergutmachung« auskennt und sie gleichzeitig verflucht. Nur deutsche Staatsangehörige können sie beantragen. Allein das Wort ist für die Überlebenden eine Anmaßung. Als ob Schmerz durch Geld gelindert oder Leid durch monetären Ausgleich weniger werden könnte. Als ob irgendetwas jemals wieder gut gemacht werden könnte.

Esther lernt viel von ihren Freundinnen, findet bei ihnen Worte, um die von Unsicherheit durchsetzte Rückkehr oder die Angst vor Ausschreitungen zu beschreiben. Über ihre Zeit in Auschwitz reden die Freundinnen nicht. Die jüdische Gemeinde ist kein unpolitischer Raum, aber der Schmerz ist noch zu frisch, die Wunden zu tief, um das Erlebte hervorzuholen. Vor den anderen, aber noch viel mehr vor sich selbst.

Grenzen

2023. Diesmal reise ich Esther nicht hinterher, sondern fange am Ende an. Ich starte in Hamburg, fahre mit dem Auto durch Deutschland bis an die Grenze der Schweiz und von hier aus weiter nach Neapel. Ich werde nicht kontrolliert, weil es für mich als weißen Menschen mit deutschem Pass innerhalb Europas keine Grenzen gibt. Angst habe ich beim Grenzübertritt keine. Als ich versuche, Esthers Reise nachzuvollziehen, blockiert etwas in meinem Kopf. Was heißt es, Grenzen zu spüren?

Ich kann mir denken, dass Esther im Moment des Grenzübertritts bewusst wurde, welcher Gefahr sie nicht nur sich, sondern auch ihre Familie aussetzt. Grenzen sind Übergangsräume, in denen Regeln leichter verschwimmen. Hier herrscht Dämmerzustand. Die zionistische, israelische Gesellschaft – trotz all ihrer Verfehlungen gegenüber Überlebenden – bot Esther die Sicherheit, nicht Opfer einer potenziell tödlichen Dominanzgesellschaft zu werden. Deutschland hingegen erinnerte sie nicht nur an das Morden, sondern vertiefte die Wunde: Selbst nach der Niederlage, nach der Besatzung, nach der Reeducation, bestehen Antisemitismus und Rassismus fort und bedrohten Esther und ihre Familie. Die Kontinuitäten des Nationalsozialismus sind nicht nur in den Biografien der Täter*innen zu finden. Sie sind stetiger Schmerz und Angst im Dasein der Überlebenden, gerade der Zurückgekehrten.

Mein Großvater Heinz war einer der Grenzpolizisten, vor denen Esther Angst hatte. Nach seiner Flucht von der Ostfront, über die grüne Grenze der Besatzungszonen, und nach einem eilig vollzogenen Entnazifizierungsprozess schlug er sich mehr schlecht als recht als Waldarbeiter durch. Heinz' Glück: Der neu gegründete Bundesgrenzschutz suchte fähige junge Männer und wurde in den ehemaligen Wehrmachtsoldaten fündig. In einer Zeit, in der die Bundesrepublik keine eigenen Streitkräfte aufbauen durfte und es der Kalte Krieg dennoch notwendig machte, Westdeutschland wieder zu bewaffnen, bot der Bundesgrenzschutz eine gute Karrierechance für ihn und Tausende andere ehemalige Infanteristen seiner Generation.

Mit der Gründung der Bundeswehr 1956 wurden Heinz und ein beträchtlicher Teil des Bundesgrenzschutzes übernommen und zu Offizieren befördert. Es lockten bequeme Karrierechancen, gute Bezahlung und für so manchen ehemaligen Kriegsverbrecher ein Blanko-Lebenslauf. Die Mehrzahl dieser jungen Bundeswehr-Offiziere hatte zuvor in der Wehrmacht gedient, manche auch in der Waffen-SS.

Esthers Migrationserfahrungen, die notwendige Orientierung in der ihr so häufig feindlich gesinnten Welt und die Konstanten in der Biografie meines Großvaters sind nicht nur grundunterschiedliche Lebenserfahrungen, sie bedingten sich gegenseitig.

Eine, die Grenzen spürt. Einer, der Grenzen spürbar macht.

Als ich an der Küste von Neapel ankomme, rufe ich Esthers Sohn Joram an. Er erzählt mir von der blauen Grotte Capris, die ich unbedingt sehen müsse, und von der besten Pizzeria der Stadt. Seine Kindheitserinnerungen an den Urlaub in Italien wirken frisch. Damals habe er zwar nicht gewusst, was die Rückkehr für seine Mutter bedeutete, aber erahnen können, dass sie sich unwohl fühle.

Dann fahre ich zurück nach Deutschland. Als ich wieder in Hamburg ankomme, gehe ich zu Esthers alter Wohnung in der Bogenstraße. Ich kenne das Gebäude gut, gegenüber steht eine Kirche, mit deren Jugendarbeit ich aufwuchs. Erst später erfuhr ich, dass Esther mit ihrer Familie hier wohnte. Vor dem Nationalsozialismus war das Grindelviertel in Hamburg ein Ort lebendigen jüdischen Lebens. Als die Bejaranos dort hinzogen, war die jüdische Gemeinde gerade dabei, sich wieder aufzubauen. Heute finden sich Tausende goldene Stolpersteine in den Straßen des Grindels. Aber auch aktive Glaubensgemeinschaften und selbstbewusstes jüdisches Leben.

Das Zurückkommen, das Überschreiten von Grenzen kann Widerstand bedeuten. Ich denke an ein weiteres Beispiel, an den ehemaligen Arbeitgeber meiner Großmutter. Julius Brumsack war Schneidermeister, meine Oma seine Angestellte. Er liegt auf dem jüdischen Friedhof der Gemeinde Beverstedt, auf seinem Grabstein steht »Er kam zurück«. Zurück in eine Gesellschaft, die seine Familie auslöschte und ihn nicht willkommen hieß.

1915 wurde Brumsack in Beverstedt geboren, 2011 dort begraben. Nach dem Krieg zog er zwar wieder in das Haus seiner Familie, das 1939 von den Behörden enteignet und der Familie Busch verkauft wurde, doch nur, weil er Miete an die neuen, unrechtmäßigen Besitzer zahlte. Erst drei Jahre später bekam er das Anwesen zurück. Das »Wiedergutmachungsverfahren« war eine einzige Tortur. Unter anderem wurde ihm vorgeworfen, die Kriegszeit ja im Ausland verbracht zu haben, während andere seiner Generation im Krieg gedient haben. So habe er seinen Anspruch auf »Wiedergutmachung« verwirkt. Dabei kämpfte er sogar im Zweiten Weltkrieg: auf britischer Seite, wie Nissim.[73]

Brumsack verdingte sich nach seiner Rückkehr den Lebensunterhalt mit einem kleinen Bauchladen und brachte es bis zum eigenen Textilgeschäft in Beverstedt. Meine Oma hat ihn als fairen und guten Chef in Erinnerung. Aber darum geht es nicht so sehr. Es geht um die Grenzen, die auch nach 1945 zwischen jüdischen und nichtjüdischen Menschen in Deutschland aufrechterhalten wurden, und um die Frage, wer entschied, wie diese Grenzen auszusehen haben.

Wiedergutgemachte Deutsche

Die Volksgemeinschaft besteht nach 1945 weiter. Nicht offensichtlich, sondern als Flussbett, in dem die postnationalsozialistische Gesellschaft sich Bahn bricht, im Westen wie im Osten. Karrieren in staatlichen Behörden gehen weiter, Richter bleiben im Amt, geraubte Firmen im Besitz ihrer Profiteure, in den Schulen unterrichteten größtenteils die gleichen Lehrkräfte, nationalsozialistische Architektur prägt das Bild deutscher Städte. Die Täter*innen werden unauffällig in die deutsche Gesellschaft eingegliedert, die Straflosigkeit lässt sie die Verbrechen vergessen. Doch der Rassismus und der Antisemitismus verschwinden nicht aus den Köpfen der Deutschen. Das nichtjüdische, weiße »Wir« gegen die »Anderen« bleibt.

Im antifaschistischen Weltbild der SED-Regierung wird der Antisemitismus in der DDR kurzerhand für besiegt erklärt. Es folgt eine Fokussierung auf den kommunistischen Widerstand bei etwas mehr anfänglicher Strafverfolgung von nationalsozialistischen Täter*innen.

Unter dem Druck der West-Alliierten wird, zumindest offener und gewaltvoller, Antisemitismus in Westdeutschland zum Randphänomen. Stattdessen sind es »Wiedergutmachung« und Beteuerungen der nichtjüdischen Deutschen, sich gebessert zu haben, die die Vorstellungen von jüdischem Leben in Deutschland weitestgehend prägen.[74]

Antisemitismus und Philosemitismus sind zwei Seiten derselben Medaille. Antisemitische Denkweisen wirken unterschwellig fort, sie werden nur nicht mehr so laut geäußert. Überraschung, Beschweigen ist keine nachhaltige Politik gegen Antisemitismus und Rassismus. Schon in den 1950er Jahren werden unter der Regierung Konrad Adenauers ehemalige Nationalsozialist*innen in das politische System eingebunden, auch, um eine mögliche Opposition klein zu halten.[75] In der Sprache der Adenauer-Regierung finden sich derweil schroffe antisemitische Ressentiments gegenüber Israel.

Während Esther mit ihrer Familie nach Deutschland einreist, werden im Winter 1959/60 mehrere Orte jüdischen Lebens, angefangen bei der Kölner Synagoge, mit Hakenkreuzen beschmiert. Innerhalb nur eines Monats registriert der Verfassungsschutz 685 dieser »Vorkommnisse«.[76] Die darauffolgenden Anfragen zu den Tatmotiven trifft die Regierung unter Bundeskanzler Konrad Adenauer zu einem empfindlichen Zeitpunkt. Denn die »Schmierwelle«, so wird sie verharmlosend in den Medien genannt, bringt neuen Zündstoff in die heftig geführten Auseinandersetzung zwischen der DDR und der Bundesrepublik. Bis in die höchsten Ämter sitzen Politiker, die dem Nationalsozialismus eng verbunden waren.[77] Das realsozialistische Deutschland gräbt die Parteivergangenheit führender bundesdeutscher Politiker aus, auch, um so dem Ansehen Westdeutschlands zu schaden.

Also wird unter den Augen der internationalen Staatengemeinschaft dem Antisemitismus in Westdeutschland medienwirksam der Kampf angesagt. Auch die jüdischen Gemeinden Deutschlands werden mehr und mehr einbezogen, ihre Vertreter*innen zu Besuchen nach Bonn eingeladen. Der Zentralrat der Juden in Deutschland, der 1950 als Dachverband der jüdischen Gemeinden gegründet wurde, wird seit einigen Jahren als politische Stimme gehört. 1965 nehmen die Bundesrepublik Deutschland und Israel diplomatische Beziehungen auf.

Doch was auf internationaler Bühne versprochen wird, gilt an den Esstischen der allermeisten nichtjüdischen deutschen Familien nicht. Die Historisierung des Nationalsozialismus setzte bereits direkt nach Kriegsende ein und eigentlich ist das Wissen um die Verbrechen ringsumher vorhanden. Auch wenn seit dem Beginn der Frankfurter Auschwitz-Prozesse immer stärker deutlich wird, dass diese zwölf Jahre nicht einfach unter den Teppich gekehrt werden dürfen, werden die eigenen Verstrickungen in die Verbrechen mit keinem Wort erwähnt. Im Gegenteil, das eigene Leid des Vaters etwa, der an der Ostfront kämpfte und nach der Kriegsgefangenschaft zurückkehrte, wird zur heroischen Sage.[78] Es ist die naheliegende Lösung für die spukende Vergangenheit: Die Schuld wird auf Hitler und die Parteiprominenz ausgelagert, wobei die militärische Führung außen vor bleibt und das Familiengedächtnis sich dem eigenen Leid der Erlebnisgenerationen zuwendet.

Dass zu einer wirklichen Auseinandersetzung mit dieser Vergangenheit das kritische Befragen des rassistischen, antisemitischen, militaristischen und autoritären Denkens gehört – darüber will niemand reden. Es wäre zu schmerzhaft. Und so geht es der bundesdeutschen Dominanzgesellschaft nicht darum, zu hinterfragen oder gar zu heilen. Es geht darum, davonzukommen.

Um die Kasse der Familie aufzubessern, arbeitet Nissim nach Ladenschluss der Wäscherei als Schichtleiter des Imbisses Mont

Martre auf der Reeperbahn. Er verkauft Würstchen und Bier an das Hamburger Feierpublikum. Eines Abends, Nissim steht im vorderen Bereich des Ladens, fängt ein Kunde an, sich aufzuregen. Worüber, das weiß Nissim nicht. Es mag der Alkohol sein. Nissim bittet ihn zur Ruhe, immerhin ist er verantwortlich diesen Abend. Doch der Kunde fängt an zu randalieren, wirft Teller auf den Boden. Als Nissim ihm Hausverbot erteilt, geht alles ganz schnell: Der Kunde geht auf Nissim los, schlägt ihm mit seiner Beinprothese gegen die Brust und stößt ihn durch die Fensterscheibe. Nissims Kopf schlägt auf dem Gehweg auf, Glassplitter bohren sich in seine Hände und in seinen Hinterkopf. Noch bevor der Krankenwagen kommt, flieht der Mann, die Polizei wird nicht nach ihm suchen.

Im Hafenkrankenhaus wird Nissim eine zehn Zentimeter große Wunde genäht, dann wird er wieder nach Hause geschickt. Keine halbe Stunde später übergibt er sich wegen der Gehirnerschütterung. Als Esther beim diensthabenden Arzt anruft, hält dieser ihr entgegen, dass ihr Mann »Ausländer« sei und kein Deutsch spreche, wie solle er ihm da helfen? Sie knallt den Hörer auf, bestellt ein Taxi und bringt ihren Partner zurück in das Krankenhaus. Widerwillig nimmt die Ambulanz ihn auf, stationiert ihn in einem Saal mit dreißig weiteren Personen, vollkommen unzureichend für seine Verletzungen.

Die Krankenpfleger*innen sprechen nur von »dem Ausländer«. Erst nachdem sich Esther dafür einsetzt, Nissim in das Israelitische Krankenhaus bringen zu lassen, stabilisiert sich sein Zustand. Er bleibt dort drei Wochen, auch, weil die erste Hilfe zu spät kam. Nach dem »Unfall« wird Nissim fristlos entlassen, der Imbissbesitzer will keine schlechte Publicity. Auch wenn sie es später nicht zugeben mag: Esther ist der Umgang des Krankenhauspersonals mit ihrem Mann peinlich, es braucht lange, bis sie diese Geschichte erzählen kann. Es sind harte Jahre, die wirtschaftlich entbehrend sind und die die Bejaranos jeden Tag aufs Neue daran erinnern, dass sie ihre Rechte jederzeit verlieren können.

1964 stellt Esther einen erneuten Antrag auf Rückerstattungszahlungen ihrer gestohlenen Arbeitskraft. Er ist erfolgreich, weil ihr Hausarzt, Dr. Franz Lucas, sich für sie einsetzt. Es ist der gleiche Mann, der bei den Frankfurter Prozessen angeklagt ist. Der Mediziner hat seine Praxis nur wenige Straßen von der Wohnung der Bejaranos entfernt. Esther vertraut auf seinen Rat, gibt auch ihre Kinder in seine medizinische Obhut. Franz Lucas drängt nicht nur Esther dazu, einen Antrag an die zuständige Behörde zu stellen, sondern setzt selbst mit medizinischen Gutachten durch, dass sie »Wiedergutmachungszahlungen« und sogar eine Rente bekommt. Sein umfassendes Engagement verwundert Esther stark. Zu diesem Zeitpunkt weiß sie nicht, dass Lucas als Lagerarzt in Auschwitz und Ravensbrück Tausende Menschen in die Gaskammern schickte. Wenige Wochen nachdem Esther weiter nach Ravensbrück deportiert wurde, trat er seinen Dienst in Auschwitz an.

Mehr als ein Dreivierteljahrhundert später stehe ich vor der ehemaligen Praxis von Dr. Franz Lucas in Hamburg. Es regnet, also gehe ich in den Hauseingang und stelle mich unter. Die Tür geht auf. Eine ältere Frau steht mir gegenüber und fragt, ob ich jemanden besuche. Nein, nicht wirklich. Ich erzähle ihr kurz von meinen Recherchen und sie nickt. »Franz Lucas, nicht?« Sie kenne seine Geschichte. Ja, der sei in Auschwitz gewesen, aber ob als Häftling oder als Arzt, das wisse sie nicht. »Schlimme Geschichte.«

Häufig verschwimmen mit den Jahrzehnten Täter*innen und Opfer. Was bleibt, ist die diffuse Trauer einer postnationalsozialistischen Gesellschaft. Auch das ist eine Art, einen Schlussstrich zu ziehen.

Die Täterbiografie von Franz Lucas ist für einen Mediziner im Nationalsozialismus so weit gewöhnlich. Er wurde 1911 geboren, trat direkt nach seinem Abitur der SA bei, später der SS und zeigte sich dabei als begeisterter Anwärter auf den jeweils nächsthöheren Rang. Nach dem Krieg verschwieg er alles. Bis er im ersten Auschwitz-Prozess angeklagt wurde und dort mehrfach Zeugnis über Selektierungen, Sterilisierungen und Vergasungen ablegte. Und wie hätte es auch anders sein können: Laut eigener Aussage nahm er nur eine kleine Rolle ein.

Dabei konnte er auf Aussagen von Überlebenden hoffen, die ihn als »human« beschrieben. Kurz bevor er Esthers Hausarzt wurde, hatte er 1963 mit der Aufnahme des Prozesses seine Anstellung an einem städtischen Krankenhaus verloren und eröffnete eine Privatpraxis in Eimsbüttel.

Noch im Dezember 1964 hoffte er auf einen Freispruch und fuhr in das ehemalige Konzentrationslager Auschwitz. Hier inszenierte er sich als reuiger Angeklagter, stets im Bewusstsein, dass die Kameras der Journalisten ihn gerade ablichteten. Das Foto von dem alten Mann, der traurig seinen Blick über das Gelände mit dem endlosen Horizont schweifen lässt, ging um die Welt. Quiekende Melancholie.

Zwei Jahre später wurde er schuldig, nach drei Jahren Haft und einem erneuten Prozess jedoch in allen Punkten freigesprochen. Das Gericht kam zu dem Urteil, dass er unter Zwang an den Mordaktionen teilgenommen und unter »Befehlsnotstand« gelitten habe.[79]

Dabei ist aus der SS kein Fall bekannt, bei dem Verweigerung zu Strafmaßnahmen geführt hätte. 1983 ging er in Rente, 1994 starb er friedlich in Hamburg. Auch er ist als Mörder entkommen. Ohne seine Hilfe hätte Esthers Rente wohl kaum zum Leben gereicht.

Das Medienereignis der Auschwitz-Prozesse sollte nicht trügen. Die allermeisten der Täter*innen kamen davon, führten ein geruhsames Leben und verschwiegen, was in den Konzentrationslagern passiert war. 250.000 bis 500.000 Deutsche und Österreicher*innen waren direkt an den Mordaktionen beteiligt gewesen. Mehr als 1,35 Millionen Täter*innen und Unterstützer*innen hätte die Justiz den Prozess machen können, tatsächlich wurde nur über etwa 7.000 bis 9.000 vor west- und ostdeutschen Gericht geurteilt, so der Jurist Achim Doerfer.[80] Die postnationalsozialistische Gesellschaft wurde nie zur Rechenschaft gezogen, ihre Politik, ihre Justiz und ihre Presse versagten. Sie gab sich dem wirtschaftlichen Aufschwung der 1950er Jahre hin, verdrängte die Gewalt der Vergangenheit und konnte so ihr rassistisches und antisemitisches Gedankengut zu einem großen Teil behalten.

Eine Gesellschaft, in der Mörder*innen straffrei herumlaufen, ist gefährlich. Auch, weil in den 1960er Jahren die Weichen für die zukünftigen Erinnerungskulturen Deutschlands gestellt wurden. Die bundesdeutsche Dominanzgesellschaft war Mitte der 1960er Jahre auf dem besten Weg dahin, die nationalsozialistischen Verbrechen, allen voran die Shoah, als Verbrechen ohne Täter*innen zu erinnern. Auch wenn die Auschwitz-Prozesse ein wichtiger Anfang waren, in der Bundesrepublik über das Erbe des Nationalsozialismus nachzudenken,[81] wurden hier die ersten Schritte in Richtung deutscher Wiedergutwerdung gegangen. Ohne, dass eine tatsächliche juristische Auseinandersetzung stattfand. Ohne eine tatsächliche Wiedergutmachung, so geringfügig diese angesichts des Geschehenen auch sein könnte.

Die jüdischen Menschen, die entweder in Deutschland überlebt hatten oder, so wie Esther, zurückgekehrt waren, nahmen für die nichtjüdische Dominanzgesellschaft dabei immer mehr die symbolische Rolle in einem Versöhnungstheater ein.[82] Sie, oder besser gesagt, die Vorstellungen über sie, wurden zum Garant für ein wiedergutgewordenes Deutschland.[83] Denn wenn sogar ein Lagerarzt zeigen konnte, dass es ihm leid tut, kann der Rest der Gesellschaft das erst recht.

In den 1960er Jahren wich die Verdrängung der Beschwichtigung. Suchte Franz Lucas nach Absolution? Von Esther? Letzten Endes kann ich über seine Motive nur spekulieren. Sicherlich versprach er sich von der Hilfestellung eine Bewältigung seiner Schuld – und wenn auch nur für das eigene Gewissen. Vielleicht ließ ihn das nachts ruhiger schlafen. Vielleicht hatte er sowieso nie Probleme zu schlafen.

Blackbird

Esther und Nissim schauen auf ihren Bankauszug. Das Geld der »Wiedergutmachungszahlung« lässt eine neue Idee auf den Plan treten. In Uetersen, im Nordwesten der Stadt Hamburg, kaufen sie mit einem Geschäftspartner die Diskothek

Blackbird, benannt nach dem Beatles Song. »All your life, you were only waiting for this moment to be free«, heißt es in dem Liedtext. Der Laden ist ein wenig heruntergekommen, doch das Publikum steht quasi vor der Tür. Nissim will Geschäftsführer sein, Esther die künstlerische Leitung übernehmen.

In Hamburg entsteht zu dieser Zeit Popkultur: Die Beatles und die Große Freiheit werden zur Legende, junge Künstler*innen siedeln sich in der Stadt an, und die Jugendlichen mischen die US-amerikanische Musik mit ihrem eigenen Stil. Esthers Tochter Edna ist eine von ihnen, das musikalische Talent ihrer Mutter und die Atmosphäre Hamburgs wandelt sie in psychedelischen Rock. 1970 wird sie mit ihrer Band The Rattles und dem Song *The Witch* weltberühmt, bleibt wochenlang in den Charts der USA und UK.

Das Blackbird läuft gut. Während Esther und Nissim renovieren und dafür ihre finanziellen Mittel aufbrauchen, spricht sich in dem Vorort die Nachricht von den neuen Besitzer*innen herum. »Juden«, dazu noch Ausländer seien die. Zuerst sind es anonyme Drohungen, dann eine Boykottaktion und schließlich inszenierte Schlägereien, die die Bejaranos vertreiben sollen. Vieles spricht dafür, dass es die Kinder der ehemaligen örtlichen NSDAP-Parteimitglieder sind, die sich in rechtsextremen Netzwerken gewaltbereit halten. Auch wenn es parteipolitisch nicht so scheinen mag, haben sie den Vorort fest in ihrem Griff.

Der Bürgermeister schaltet sich ein. Aber anstatt die Bejaranos zu schützen, bittet er sie, ihr Vorhaben wieder aufzugeben. Esther und Nissim willigen ein und verkaufen die Diskothek günstiger weiter. Zu günstig. Es ist keine wohlgemeinte Weisung, es sind die perfiden Mechanismen des Antisemitismus, die Esthers und Nissims selbstgewählte Beteiligung an der postnazistischen Gesellschaft fast unmöglich machen, sie sich nicht frei fühlen lassen.

Zur gleichen Zeit in den USA kämpft die Musikerin und Aktivistin Nina Simone gegen die Unterdrückung Schwarzer Menschen. Esther hört ihr Album *'Nuff Said!*, das kurz nach der Ermordung Martin Luther King Jr. erschienen ist und der jungen Generation der Black-Power-Bewegung ihre Hymnen liefert. Esther bewundert ihren Mut. In einer Dokumentation sagt Nina Simone 1968: »I tell you what freedom is. No fear!«

Ich fahre nach Uetersen. Die Disko Blackbird steht leider nicht mehr. Aus der Nachbarschaft erinnert sich niemand mehr an die Bejaranos und ihre Geschäftspläne. Woran sich hier auch niemand mehr erinnern kann: an Probleme mit Rechten. Die hätte man hier eigentlich nie gehabt, das kenne man ja eher aus Ostdeutschland, wird mir erklärt. Wieder mal stehe ich an einem Ort, an dem ich erst mal nichts sehe. Die Spuren von Esther sind hier lediglich für diejenigen erahnbar, die ihre Geschichte kennen. Nur wenige Meter entfernt aber steht ein Denkmal, das die Soldaten des Zweiten Weltkriegs ehrt. Ein schimmelnder Strauß Blumen liegt davor.

Ursprünglich war Uetersen als armer Ort in Preußen eine Wiege der Arbeiter*innenbewegung. Doch bei der Reichstagswahl im Juli 1932 gewann die NSDAP die absolute Mehrheit mit 51 Prozent. Zum Vergleich: Reichsweit erreichte sie 37 Prozent. Nachdem in Uetersen rasch alle Behörden und Vereine gleichgeschaltet und der – durchaus lebendige – kommunistische Widerstand mit aller Härte gebrochen worden war, profitierte die Stadt in den kommenden Jahren vom Einsatz Tausender Zwangsarbeiter*innen.

Und wie das Hamburger Grindel hatte auch Uetersen einen versteckten Lagerarzt: Dr. Kurt Borm hatte bei der sogenannten T4-Aktion, dem Mord an etwa 300.000 Menschen mit Behinderungen und Krankheiten, Tausende in den Tod geschickt und wurde sogar dafür angeklagt. 1972 wurde er jedoch freigesprochen und verbrachte seinen ruhigen Lebensabend in Uetersen, bis er 2001 starb. Uetersen, Franz Lucas, das alles sind keine Einzelfälle. Es ist Kontinuität.

Nach der Misere waren Esther und Nissim wieder mit der Realität eines schwer zugänglichen Arbeitsmarktes konfrontiert. Nissim lernte um, er wurde Feinmechaniker. Nach der Ausbildung und einiger Zeit auf Arbeitssuche stellte ihn das Unternehmen Rodenstock ein. Im Zweiten Weltkrieg stellte

Rodenstock Fernrohre und Objektive für Panzer her und beschäftigte dafür Zwangsarbeiter*innen. Um das zu wissen, braucht es nicht einmal den Gang ins Archiv oder ein Geschichtsbuch, es lässt sich ganz einfach auf Wikipedia nachlesen. Nissim, der im Kampf gegen die deutschen Panzer sein Leben einsetzte, erwirtschaftete Gewinne für eine Firma, die nie zur Rechenschaft gezogen wurde, sich nie für ihre Beteiligung am Nationalsozialismus hat rechtfertigen müssen.

Welches deutsche Unternehmen war nicht Teil der kriegswichtigen Industrie? Der Nationalsozialismus hinterließ nach 1945 seine Spuren in der Wirtschaft, personell, aber insbesondere auch finanziell. So manche deutsche Unternehmerdynastie wurde im Nationalsozialismus milliardenschwer – durch geraubte Firmen jüdischer Menschen oder aus den besetzten Gebieten Europas und durch Zwangsarbeiter*innen.[84]

In der gegenwärtigen Phase der deutschen Erinnerungskulturen ist die Beschäftigung mit der firmeneigenen Geschichte, mit diesen gemeinen zwölf Jahren, die so gerne ausgelassen wurden, eine Tugend. Viele deutsche Konzerne eignen sich in großen Lettern »Verantwortung aus der Geschichte« an. Was das neben einem wirtschaftshistorischen Sammelband und dem Abnicken der restlichen Unternehmensgeschichte genau heißen soll, weiß anscheinend niemand genau. Es ließe sich ja anfangen mit einer Umverteilung der Firmengewinne auf die Konten von Überlebenden und ihrer Nachkommen.[85]

Kundgebung am 40. Jahrestag der »Reichskristallnacht«, 9.11.1978, Esther läuft in zweiter Reihe. Von rechts: Kurt Wittenberg, Esther, Walter Bennies, Hans Lippert, Konny von Morandell, Werner Schröder

5. Neuanfang

Sheherazade

Ich stehe vor einem kleinen Bistro im Hellkamp, einer belebten Straße im Hamburger Stadtteil Eimsbüttel. Esther führte hier ihre Boutique Sheherazade, von der sie mir stolz bei fast jedem unserer Gespräche erzählt. Ein wuseliger Laden, der märchenhafte Kleider verkauft. Für Esther war ihre Boutique ein Kommunikationszentrum, wie sie es nennt, heute ist es einer von vielen Orten Eimsbüttels, der zum Cappuccinotrinken in der Sonne einlädt.

Ich bin hierhergekommen, um einen der wichtigsten Tage in Esthers Leben zu verstehen. Denn auch wenn ich meine, die Geschichte dieses Tages bereits in- und auswendig zu kennen, fällt es mir schwer vorzustellen, was damals im Sommer 1978 passierte. Wonach ich hier nun suche, weiß ich allerdings auch nicht. Die friedliche Gegenwart dieses Ortes rückt die gewaltvolle Vergangenheit für mich in weite Ferne. In dieser ruhigen Straße marschierten Nazis auf und Esther widersetzte sich ihnen – 33 Jahre nach dem Ende des Zweiten Weltkriegs.

Esthers Boutique Sheherazade entwickelt sich Ende der 1970er Jahre mehr und mehr zu einem beliebten Treffpunkt im Stadtteil. Freund*innen kommen zu ihr, sie unterhalten sich über die Nachbarschaft, die neuesten Ereignisse in der jüdischen Gemeinde und die Politik in der Hansestadt. Immer mehr junge Menschen kaufen in der Boutique ein, sie werden von der Mode im Schaufenster angezogen und bleiben für Gespräche mit der Besitzerin. Durch sie erfährt Esther von aufkeimenden progressiven Ideen und den linksalternativen Projekten im Bezirk, viele von ihnen sind politisch organisiert.

Esther ist in ihrem Element, das Empfangen und Umsorgen von Gästen hat sie sich früh bei ihrer Mutter Margarethe abgeschaut. Zwischen bunten Kostümen und ausladenden Pelzmänteln fühlt sich die Anfang Fünfzigjährige am wohlsten. Wenn Besuch im Hellkamp ist, kocht Esther Kaffee, der an dem kleinen runden Tisch getrunken wird, der im hinteren Teil der Boutique steht. Sie liebt das Hamburger Klönen. Das ist sicher nicht gut fürs Geschäft, aber fürs Gemüt.

Einmal fragt eine Kundin, woher sie käme, sie habe so schwarze Haare. Etwa aus der Türkei? Israel, antwortet Esther. Sie spürt den unterschwelligen Rassismus, der im Satz mitklingt und hat keine Lust, vor jeder*m ihren Lebensweg auszubreiten. Ihre Nummer hat sie sich bei einem Besuch in Israel von einem arabischen Tätowierer wegmachen lassen. Eine blauschimmernde Narbe blieb.

Über ihre Vergangenheit spricht sie zu dieser Zeit wenig. Die drei Jahre im Konzentrationslager erwähnt sie, wenn überhaupt, vorsichtig im Nebensatz. Mit dieser Sprachlosigkeit ist Esther in ihrem Freundinnenkreis keineswegs allein, die Mehrzahl der jüdischen Gemeindemitglieder hat ganz ähnliche Biografien. Offen über die dunkelsten Kapitel des eigenen Lebens zu reden, fällt den allermeisten von ihnen schwer. Selbst in ihrem Freundinnenkreis traut sich Esther kaum über die erlebte Gewalt zu reden, in ihrer Familie schon gar nicht. Und wenn doch, dann sprechen sie über vermisste Verwandte und Bekannte oder über die leidigen Verwaltungsprozesse der schwer zu beantragenden »Wiedergutmachungszahlungen«.

Wie ein Schleier umgibt die Überlebenden das unausgesprochene Abkommen, die Vergangenheit ruhen zu lassen. Vielleicht ist es die Scham, die das Sprechen unmöglich macht, vielleicht auch ein Selbstverständnis von Beherrschung und Anstand oder der Wunsch nach einem Ungeschehenmachen des Erlebten. Worüber nicht gesprochen wird, das scheint es nicht gegeben zu haben. Am schlimmsten ist der Schmerz, wenn Esther an ihre Eltern denkt. Verdrängt das Glück, überlebt zu haben, die Auseinandersetzung mit den eigenen Gewalterfahrungen? In besonders dunklen Nächten plagt sie die Frage, warum sie lebt, ihre Eltern aber nicht. Die Vergangenheit sammelt sich für Esther in einem Reservoir des Unausgesprochenen.

Die Info vom Kommunikationszentrum in der Sheherazade spricht sich schnell im Stadtteil herum, und bald versammelt sich ein bunter Kreis aus Musiker*innen, Schauspieler*innen und Lehrer*innen, vielleicht sogar schneller, als es Esther lieb ist. Fragen nach ihrer Lebensgeschichte kommen auf. Hinter vorgehaltener Hand erzählen sich die Menschen aus der Nachbarschaft, die Inhaberin der Boutique sei in Auschwitz gewesen. Wie kann es sein, dass sie aus Israel kommt, aber doch so gut Deutsch spricht?

Unter den Besuchenden ist auch ein etwas älterer gutaussehender Mann mit freundlichen Augen und einnehmendem Blick. Er stellt sich Esther als Freund ihres Schwagers Hans und ehemaliger Widerstandskämpfer vor. Er habe bereits viel über sie gehört. Nur Gutes natürlich, fügt er schnell hinzu.

Peter Gingold ist ebenso wie Esther jüdisch, doch scheint er ganz andere Erfahrungen in den zwölf Jahren der Nazi-Herrschaft gemacht zu haben: Bereits als Jugendlicher wurde er Mitglied einer kommunistischen Organisation, die wenig später in den Widerstand ging. Im Juni 1933 wurde er bei einer Razzia der SA verhaftet und nach mehreren Monaten Gefängnis aus Deutschland ausgewiesen. Für ihn war das nur ein Grund mehr, abermals in den antifaschistischen Widerstand zu gehen. Als wenig später die Gestapo nach ihm fahndete, wurde er Mitglied der französischen Résistance und suchte nach Überläufern unter den Wehrmachtssoldaten der Besatzung.

Mehrmals fand Peter sich in lebensbedrohlichen Situationen wieder. Er wurde von der Gestapo gefangen genommen, gefoltert und geriet unter falschem Verdacht in ein Kriegsgefangenenlager der Alliierten. Trotz dieser Spuren erzählt er Esther freimütig aus seinem Leben. Oder genau deswegen? Seine Offenheit macht jedenfalls großen Eindruck auf sie.

Dieser erste Besuch bleibt nicht folgenlos, und er ist auch kein Zufall. Wenige Wochen zuvor reiste Peter Gingold nach Israel zum Parteitag der israelischen KP, der Kommunistischen Partei. Als gut vernetzter Kommunist ist er stets bemüht, seine Genoss*innen zu unterstützen, als Jude weiß er um die Fragilität jüdischen Lebens im postnazistischen Deutschland. Genau aus diesem Grund will er in Israel weitere »Auschwitzer« finden, die mit ihm gegen die Geschichtsvergessenheit der Bundesrepublik ankämpfen. Helfen soll ihm dabei sein Bekannter Hans Lebrecht, der ihm auf dem Parteitag nicht nur von seiner Ehefrau Tosca, sondern auch von deren Schwester Esther Bejarano erzählt. Die wohne seit einiger Zeit in Hamburg und wäre eine hervorragende Mitstreiterin. Hans schwärmt ihm von Esthers Bühnentalent vor, berichtet von ihrer Ankunft in Israel und gibt ihm die Adresse der Bejaranos.

Peter ist sofort begeistert von Esther, fast ein bisschen verliebt in ihre übersprudelnde Art. Jahre später wird er sich in einer Geburtstagsrede an die ersten Begegnungen erinnern. Die beiden treffen sich regelmäßiger und erzählen sich aus ihrem Leben, er anfangs ein bisschen mehr, Esther braucht Zeit, sich ihm anzuvertrauen. Nach und nach fällt es ihr im Gespräch mit dem ehemaligen Widerstandskämpfer leichter, über das Erlebte und Erlittene zu reden, leichter als bei ihren Freund*innen, auch, weil er die richtigen Fragen stellt. Zuerst sind es nur Andeutungen, die Esther als Antworten gibt – die drei Tage im Deportationszug, das Orchester in Auschwitz, die Sabotage in Ravensbrück.

Über den Verlust ihrer ermordeten Familie und Freund*innen spricht sie nicht. Bis zu einem Sommertag 1978, den Esther Zeit ihres Lebens nicht vergessen wird. Der Tag, an dem sie zur Zeitzeugin wurde.

Nazis in Eimsbüttel

Das erste Mal hörte ich diese Geschichte mit zwölf Jahren von meinem Vater, der mir von der Shoah erzählen und einen ersten Rat in Sachen couragierter Erinnerungskultur vermitteln wollte. Mein Vater ist zwar zu jung, um Teil der 68er-Bewegung gewesen zu sein, die ihre Eltern herausfordern wollte und sich für eine Aufklärung der deutschen Gewaltgeschichte einsetzte.[86] Eher hatte er ihre Ausläufer miterlebt, doch die sogenannte Aufarbeitung der Vergangenheit, dieses große Projekt seiner Generation, war und ist ihm eine Herzensangelegenheit.

Auch das jüdische Leben in Hamburg und somit Esther Bejarano interessierten ihn außerordentlich, mehrmals lud er als Lehrer Zeitzeug*innen in seinen Schulunterricht ein. So blieb mir die Geschichte von den Nazis in Eimsbüttel im Kopf. Als ich sie das erste Mal von Esther selbst hörte – sie war zu Gast in der Gedenk- und Bildungsstätte Israelitische Töchterschule, deren Räume bis 1942 die letzte jüdische Schule in Hamburg beherbergt hatten –, erfasste mich die ganze Wucht dieser Erzählung.

An diesem Sommertag im Juni 1978, Esther arbeitet in ihrer Boutique, sind draußen von der Straße laute Rufe zu hören. Zwischen den gepflegten Grünanlagen, Vorgärten und Häuserfassaden der großbürgerlichen Altbauten hält die Hamburger Nationaldemokratische Partei Deutschlands, kurz NPD, eine Kundgebung ab. Etwa zehn Rechtsextreme haben sich unweit von Esthers Boutique im Hellkamp versammelt, sie stehen um einen Stand herum und versuchen Vorbeigehenden Flyer mit ihren völkischen Parolen in die Hand zu drücken.

Um sie herum kreist eine etwa 25-köpfige Gruppe von Antifaschist*innen, die es ihnen nicht leicht machen will. Auf ihren Transparenten steht »Nie wieder Krieg. Nie wieder Faschismus«. Mit ihren Rufen und ihrer Präsenz stören sie erfolgreich das Werben der Rechten. Kaum einer der Passant*innen bleibt stehen, um sich dem Stand zu nähern oder gar mit den NPDlern zu reden. Das liegt auch daran, dass sich zwischen diesen und den Gegendemonstrierenden die Hamburger Polizei aufgebaut hat. Sie will deeskalierend wirken, doch aus Sicht der Außenvorstehenden signalisiert das vor allem eines: Hier geht man besser schnell dran vorbei, um nicht Teil der Eskalation zu werden.

Esther bleibt zurückhaltend. Sie tritt zwar aus ihrer Boutique heraus, beobachtet die Szene aber vorerst nur. In die schützenden Räume der Sheherazade möchte, ja kann sie sich nicht zurückziehen. Der schnurgerade Verlauf des Hellkamps zwingt ihren Blick die Straße entlang auf die Kundgebung. Es kommt zur handgreiflichen Auseinandersetzung. Esther sieht einen Gummiknüppel in den Händen eines NPDlers, hoch erhoben in der Menschenmenge. Im nächsten Moment fährt er in Richtung Gegendemonstrierende. Diese setzen sich gegen den Angreifer zur Wehr, indem sie ihn zu überwältigen und ihm die Waffe zu entreißen versuchen, bis die Polizisten einschreiten und die politischen Gegner auseinanderbringen.

Ganz gelingt es ihnen nicht, wiederholt kommt es zu Zusammenstößen. Während die Rechtsextremen hinter der Kette aus Polizisten ihre Ideologien weiter kundtun können, werden die Gegendemonstrierenden abgemahnt. Ein weiteres Aneinanderstoßen und sie sehen sich in Polizeigewahrsam. Das ist keine unübliche Vorgehensweise der Polizei Hamburg, deren erstes Anliegen es ist, für Ruhe im Viertel zu sorgen. Zweitens gilt das Recht auf Versammlungsfreiheit und freie Meinungsäußerung als hohes Gut, das in der Bundesrepublik auch Rechtsextremen zugestanden wird. Dem Protest aus dem Bezirk aber nicht. Auch wenn wohl die wenigsten Polizisten sich mit den NPDlern identifizieren, die Sympathien mit den linken Gegendemonstrierenden fallen in diesem Moment doch geringer aus. In diesem Moment hätten die politischen Differenzen zwischen ihnen und der Polizei nicht größer sein können, und so kann Esther nur missmutig dabei zusehen, wie ein grüner Mannschaftswagen mit zwei jungen Antifaschist*innen auf der Rückbank abfährt.

Esther merkt, wie die Wut in ihr aufsteigt. Sie will einschreiten, erinnert sich an die Gespräche mit den jungen Menschen in ihrer Boutique, denkt an die Erzählungen ihres Freundes Peter Gingold, dem Widerstandskämpfer, und geht auf die Polizisten zu. Es ist kein leichter Schritt. Immer noch fällt es ihr schwer, Deutsche in Uniformen zu sehen, geschweige denn, sie anzusprechen. 33 Jahre, das ist nicht lange her, so mancher Polizist könnte als junger Mann in der Wehrmacht gedient haben. Aus der Gruppe löst sich einer von ihnen und blickt Esther bestimmt an. Er fragt sie, was sie hier wolle, und setzt gleich hinterher, dass sie besser schleunigst nach Hause gehe, nicht, dass sie noch verletzt werde. Esther ist erbost, sie fühlt sich missverstanden. Warum werden Antifaschist*innen verhaftet? Sehen die Polizisten denn nicht, wen sie da schützen? Doch anstelle einer Antwort erhält sie nur Schweigen.

Wenn ich mir heute diese Geschichte vorstelle, runzele ich immer noch die Stirn. Kann das wirklich passiert sein? Rechtsextreme, die vor den Augen der Polizei Antifaschist*innen mit einem Gummiknüppel schlagen? Dramatisierte Esther da nicht und phantasierte den Schlagstock der Polizei in Nazihände? Ich schäme mich, weil ich die Realität rechter Gewalt eigentlich kenne und anscheinend doch nicht glauben kann, selbst, wenn sie von einem Menschen, der Auschwitz überlebt hat, niedergeschrieben wird.

Ich muss an mein Geschichtsstudium zurückdenken. Dort habe ich gelernt, dass Erinnerungen trügen können. Mit der Zeit können sie von Bruchstücken literarischer, filmischer und künstlerischer Fiktion überlagert werden, sich mit Emotionalität, Berichten und Halbwissen Dritter vermischen. Mit jedem Wachrufen inszeniert sich das Gedächtnis neu. Das ist bei allen Menschen ein ganz natürlicher Prozess, der jedoch so weit gehen kann, dass Shoah-Überlebende von Ereignissen berichteten, die gar nicht aus ihrer eigenen Biografie stammten, sondern etwa aus dem Film *Schindlers Liste*.

Esther selbst hat ihre Erfahrungen vom Sommer 1978 wahrscheinlich Tausende Male wiedergegeben und so existieren verschiedene Versionen in Interviews, Reden und nicht zuletzt im Gespräch zwischen uns. Erst die späteren Berichte beinhalten den nicht gerade unerheblichen Teil, dass Esther einem Polizisten ans Revers gegangen sei. Wo liegt hier die Grenze zwischen Dramatisierung und Berichten, zwischen Realität und Fiktion? Eine wichtige Frage, denn die Erinnerungskulturen an den Nationalsozialismus bauen doch darauf auf, dass Zeitzeug*innen vertrauensvoll erscheinen. Schade ich dieser Glaubwürdigkeit, wenn ich ihre Berichte hinterfrage?

Ich entscheide mich dazu, selbst zu forschen, was an diesem Tag im Sommer 1978 geschah. Selbst wenn Esthers Erinnerungen sich mit der Zeit veränderten, ist sicher, dass die NPD auf offener Straße eine Kundgebung halten, antisemitische und rassistische Hetze verbreiten und sich dabei von Hamburger Polizisten geschützt wissen durfte. Wie kam es zu dieser Gewalt im Stadtteil?

Das Schweigen brechen

Was Esther zum Zeitpunkt der Kundgebung nicht weiß: Seit etwa anderthalb Jahren ist Hamburg zum Schauplatz rechtsextremer Gewalt geworden, wie kaum eine andere Stadt in Deutschland. Der Stand vor ihrer Boutique ist Teil einer groß angelegten Kampagne der NPD, die Polizist*innen sind das rechte Aufmarschieren mittlerweile gewohnt. Seit Oktober des vergangenen Jahres gehen die Rechtsextremen auf Stimmenfang im bürgerlichen Milieu Eimsbüttels. Sie organisieren Kundgebungen, Gespräche und Veranstaltungen, auch, um die linksalternativen Vorhaben im Viertel zu stören.

Mit ihren Aktionen wollen sie den um sich greifenden Antikommunismus in der bundesdeutschen Gesellschaft nutzen, denn die Angst vor dem Terror der Roten Armee Fraktion sitzt noch immer tief, ebenso wie die Tradition des deutschen Nationalismus. Im Text ihres Flyers warnt die NPD vor einer Rückkehr des »Roten Terrors« und zieht dabei Kontinuitätslinien zum Vorstoß der Roten Armee im Frühjahr 1945. Der »vergewaltigende Russe« damals und das »mordende Pack« heute – irgendwie vermischt sich das in den extremen und nationalkonservativen Vorstellungswelten alles zu einer großen Gefahr.[87]

Den Terror der RAF sieht die NPD als willkommene Gelegenheit für eine breite Aburteilung der Zustände in der Bundesrepublik. Der kleinste Hinweis auf das Versagen der Regierung in Bonn reicht ihnen aus, um die Furcht vor einer vermeintlich drohenden kommunistischen Übernahme zu schüren. Wenn jetzt nicht eine neue Regierung antrete, sei die Nation dem Untergang geweiht, so das Parteiprogramm.

Und obwohl der Staat herausgefordert wird, stellt er sich den Rechtsextremen nicht in den Weg. Im Gegenteil: Bereits einen Monat nach dem Ende der sogenannten Offensive 77, der Anschlagsserie der RAF und der damit verbundenen Staatskrise, lud die NPD am 21. November 1977 zum Themenabend »Ursachen des roten Terrors« in die Räume des Hamburg-Hauses ein. Das städtische Veranstaltungszentrum wird vom örtlichen Bezirksamt unterhalten und wurde der NPD auch schon vorher, etwa für einen öffentlichen Filmabend, zur Verfügung gestellt. Es ist nicht das einzige Gebäude, das die Rechtsextremen nutzen dürfen. Nachfragen zum Inhalt der Veranstaltungen? Darauf kommt die Stadt nicht.

An diesen beiden Abenden demonstrierten vor dem Hamburg-Haus Antifaschist*innen. Die Gewaltbereitschaft der NPD sei sehr hoch gewesen, sie liege in der Luft, schreibt einer von ihnen später in einem kurzen Bericht.[88]

Die versammelten Gegendemonstrierenden im Hellkamp wissen also, mit wem sie es im Sommer 1978 zu tun haben. Esther hingegen scheinen sie nicht weiter wahrzunehmen, dafür ist die Situation zu hektisch. Überhaupt hat Esther es schwer, sich zu behaupten, sie ist zwei Köpfe kleiner als alle anderen um sie herum. Um sich Gehör zu verschaffen, schreit sie den Polizisten zu, sie wisse, wer hier vor ihr stehe. Sie habe die braunen Massen in den 1930er Jahren gesehen, Verfolgung und Ermordung erlebt, sei in Auschwitz nur knapp dem Tod entkommen.

Auschwitz. So deutlich hat Esther dieses Wort lange nicht mehr aus ihrem eigenen Mund gehört.

Vielleicht zeigt er ein wenig mehr Reaktion als beim letzten Mal, doch der Polizist, der vor Esther steht, quittiert ihre Aussage mit einer beschwichtigenden Lüge: In Russland, da gäbe es auch Konzentrationslager, aber das würde keiner beachten, und sie solle sich doch bitte nicht so aufregen. Aber Esther regt sich auf, denn sie hat ein Konzentrationslager von innen gesehen und wird in diesem Moment an all den Schmerz erinnert, den sie jahrelang in sich verschlossen gehalten hat.

Einer der NPDler hört Esther und dem Polizisten von der Seite aus zu. Laut, damit auch seine Kameraden es mitbekommen, ruft er dem Polizisten zu, dass in Auschwitz nur Verbrecher eingesperrt gewesen seien. Bei dieser Frau müsste es sich also um eine Verbrecherin handeln und die gehören verhaftet. Zwar bleibt der Polizist unbeeindruckt, ihm ist nur an sogenannter Deeskalation gelegen, doch nun liegt die Aufmerksamkeit der Rechtsextremen auf Esther. Die Situation hat für sie eine neue Stufe der Gefahr erreicht. Auf den Schutz der Polizei will sie nicht zählen. Erschüttert und niedergeschlagen geht Esther zurück in ihre Boutique. Doch beim Verriegeln der Tür wird ihr klar: Wenn ihr Weggehen nicht als Niederlage stehen bleiben soll, muss sie aktiv werden. Sie ruft Peter Gingold an, erzählt von der Kundgebung und erklärt ihm, jetzt auch in die Vereinigung der Verfolgten des Naziregimes (kurz VVN-BdA) eintreten zu wollen.

Esther gewinnt an diesem Tag ihre Sprache zurück, ihre Zeugenschaft und wenig später auch ihre Musik und ihre Politik.

Mehr als 40 Jahre später sitze ich im Hamburger Büro der VVN-BdA und arbeite mich im Archiv durch die frühen Korrespondenzen von Esther. Neben mir stehen eine grelle Lampe und der dritte Kaffee heute. Ich bin auf der Suche nach den Anfangspunkten ihrer politischen Tätigkeit, lese Aufrufe an die Friedensbewegung, Briefe in die DDR, Gespräche mit Dutzenden Gruppierungen, in denen sie potenzielle Verbündete sah. Viele der Briefe ergänzte sie handschriftlich mit kurzen Kommentaren und Notizen. Sie zeugen von beharrlichem Willen zur Mitteilung, sind manchmal besser, manchmal schlechter zu entziffern. Esther schmiert, streicht durch und ergänzt.

Mehr durch Zufall fällt mir ein kleines Dokument in die Hände, das in diesem Ordner falsch archiviert, für mich aber ein Glücksfall ist. Es ist eine Antwortkarte von Esther, mit der sie sich für die geplante Kundgebung zum 40. Jahrestags der Novemberpogrome 1978 anmeldete, abgeschickt zwei Monate nach der Konfrontation mit der Hamburger NPD. Ihren Mann Nissim, ihre Tochter Edna sowie ihre Freundin Dorit Schapiro aus der jüdischen Gemeinde würde sie auch mitnehmen, und für das Beisammensein danach einen Kuchen backen. Es ist das früheste Dokument ihrer politischen Aktivität in der Bundesrepublik. Und es ist der Auftakt für die Zeitzeugin Esther Bejarano, die das erste Mal die erinnerungskulturelle Bühne betritt.

Nach meinem Besuch im Archiv rufe ich Esther an und erzähle ihr von meinem Fund. Sie bleibt reserviert. Ich bin ein wenig enttäuscht. Meinen Fragen, ob sie noch weitere Erinnerungen an den Sommer 1978 hat, vielleicht an die ersten Gespräche mit Peter Gingold, weicht sie aus. Wieder erzählt sie mir von der Kundgebung der NPD, von dem Polizisten, dem sie ans Revers ging, und ihrem Erstaunen über die eigene Erschütterung. Keine Frage, das ist ein Schlüsselmoment in Esthers Leben. Aber was ist da noch?

Umso mehr frage ich mich, wie Esther als Shoah-Überlebende in solch einer gefährlichen Situation den Mut aufbringen konnte, nach so langem Schweigen politisch aktiv zu werden. Viele der Überlebenden verstummten bis zu ihrem Lebensende. Denn über erlittene Gewalt zu sprechen ist für die meisten Betroffenen eine unfassbare Herausforderung. Wer dann noch in einem Land lebt, in der die Dominanzgesellschaft die fortlebenden Kontinuitäten des Nationalsozialismus verschweigt, ist der konstanten Bedrohung ausgesetzt, auf Unverständnis zu treffen. Nicht nur das, Ende der 1970er Jahre hieß, Zeitzeugin zu sein, sich in Gefahr zu begeben – schlimmstenfalls tödlicher. Übergriffe und Anschläge auf Überlebende waren in der postnazistischen Bundesrepublik keine Seltenheit, auch wenn heute diese Geschichten und ihre Orte oftmals in Vergessenheit geraten sind. Wenig erinnert im Hamburger Stadtbild an die antisemitische Gewalt, die auch nach 1945 brutale Realität für die Überlebenden der nationalsozialistischen Verbrechen war.

Quellengestützt zu arbeiten, heißt auch, verschiedene Zeugnisse miteinzubeziehen, Geschichten und Zusammenhänge wieder sichtbar zu machen. Wie gefährlich das Leben in Deutschland für Jüdinnen und Juden und insbesondere für remigrierte Überlebende war, zeigt der Mord an Blanka Zmigrod.

Esther und sie teilen einige biografische Stationen. Sie überlebte vier Konzentrationslager, darunter auch Auschwitz, emigrierte nach Palästina und kehrte 1960, im gleichen Jahr wie Esther mit ihrer Familie, nach Deutschland zurück. Nach einem langen Leidensweg wollte Blanka Zmigrod weitestgehend zurückgezogen ihren Alltag in Frieden verbringen. Doch die Kontinuitäten des deutschen Nationalismus und Antisemitismus holten sie ein. Am 23. Februar 1992 erschoss ein Rechtsextremist sie auf ihrem Arbeitsweg.

Und wie so häufig ist der mörderische Rechtsextremismus keinesfalls eine Sache der Vergangenheit, sondern zieht seine Fäden bis in die Gegenwart. Es ist alles nicht lange her. Nachdem der Täter John Ausonius bereits 1994 für Mord und nicht weniger als zehn weitere versuchte Morde an migrantisierten Menschen verurteilt worden war, erregte 2017/18 ein weiterer Prozess im gleichen Fall gegen ihn in Frankfurt mediale Aufmerksamkeit. Zwar wurden abermals lebenslange Strafe und Sicherheitsverwahrung angeordnet, doch anstatt eines umfassenden Urteils oder Aufarbeitung des politischen Hintergrunds der Tat verwies das Gericht auf die schwedische Staatsbürgerschaft des Mörders. Seine Verbindungen nach Deutschland seien eher zufälliger Natur. Ausonius' Beziehungen zur extremen Rechten, besser gesagt, dem wenige Jahre später nach dem Mord an Blanka Zmigrod in Aktion tretenden Nationalsozialistischen Untergrund (NSU) sowie seine antisemitische Haltung blieben bei der Verkündung des Urteils weitestgehend und überraschenderweise außen vor.

Geschichte reflektierend zu erforschen, lohnt besonders dann, wenn ihre Folgen in der Gegenwart als gewachsen angesehen werden können. Auch heute erfahren jüdische, migrantisierte und nichtweiße Menschen tödliche Gewalt. Halle und Hanau sind nur die blutigsten Beispiele jüngerer Zeit und blicken auf eine lange Geschichte zurück. Wer sollte sich in so einem Klima der steten Verunsicherung, geprägt von Kontinuitäten der Gewalt, mit seinem erlebten Leid öffentlich auseinandersetzen wollen? Die festgehaltenen Zeugnisse der Überlebenden von Hanau, Halle und vieler weiterer rechtsextremistischer

Morde sind die Archive von morgen. Sie sind dem Schmerz abgerungen.

Innerhalb weniger Monate wurde Esther zu einer prominenten Stimme in der Hamburger VVN-BdA. Ihr Leben nahm damit eine neue Wendung, sie setzte sich nicht nur mit ihrer eigenen Leidensgeschichte auseinander, sondern berichtete davon vor großem Publikum. Etwas musste sich 1978 grundlegend geändert und Esther irgendein Gefühl eines sicheren Umfelds gegeben haben, auch über den vertrauten Kreis ihrer Boutique hinaus. Ich bezweifle, dass das späte Brechen des Schweigens einfach durch ein einziges Erweckungserlebnis zu erklären ist. Und wie schaffte es Esther, so schnell in der Vereinigung bekannt zu werden? Warum jetzt – was war anders?

Die VVN-BdA

Vielleicht wollte Esther gar nicht Zeitzeugin werden. Ich will kurz zurückblicken, noch vor den Sommer 1978. Denn es hätte auch ganz anders kommen können, das hat Geschichte so an sich. Nur weil Esther sich einer Kundgebung der NPD in den Weg stellte, hieß das nicht, dass sie sich auch in Zukunft politisch organisieren wollte. Wie ist Esther eigentlich Zeitzeugin geworden?

Trotz der Gefahr vor Repression und Gewalt, und das von mehr als einer Seite, war Esther an einem glücklichen Punkt in ihrem Leben angelangt. Sie hatte ihre Kinder großgezogen, mit ihrem Mann in Hamburg ein neues Zuhause gefunden. Und sie hatte sich stillschweigend und leidlich mit ihrer Vergangenheit arrangiert. Sich jetzt erneut zu politisierenn hätte bedeuten können, genau das zu verlieren. Esther schreibt in ihrer Autobiografie: »Es hätte mich umgehauen.«[89]

Jahrzehnte nachdem Esther diesen Satz geschrieben hat, weist mich eine Freundin von ihr auf etwas hin, das mich stutzig macht: Esther wusste von der Existenz der VVN-BdA, bevor sie eintrat. Einige der Mitglieder aus der jüdischen Gemeinde engagierten sich auf ganz unterschiedliche Art und

Weise für die Opfer des Nationalsozialismus. Und da ist noch mehr: In ihrer Bibliothek, die sich im Hamburger Jugendzentrum tesch befindet, entdecke ich ein Buch mit dem Titel *Frauen-KZ Ravensbrück*. Es stammt aus der DDR, 1971 veröffentlicht von Gertrud Zörner und einem Autor*innenkollektiv.[90]

Auf den letzten Seiten des Buches wird die Geschichte von Esthers Hausarzt Dr. Franz Lucas erzählt. Zörner schrieb Esther sogar eine kleine Widmung hinein: »Still-frau und -mann in Freundschaft«. Spielte sie auf Esthers Schweigen an? Wollte sie sie zum Sprechen animieren? Vielleicht fand das Buch auch über Esthers Schwager Hans in ihre Bibliothek, wer weiß.

Als Esther und ich über die Entwicklung der Erinnerungskulturen reden, spricht auch sie von der Phase des Verdrängens – und zwar ihrer eigenen, die bis Ende der 1970er Jahre andauerte und nicht etwa durch den Eichmann-Prozess und die ihm folgenden Ereignisse schrittweise beendet wurde. Sie wollte schlichtweg nichts damit zu tun haben.

Über andere Ereignisse Ende der 1970er Jahre spricht Esther kaum, auch nicht auf meine Nachfrage hin. Die Geschichte mit den Nazis in Eimsbüttel ist in sich schlüssig, jede weitere Erzählung würde sie nur verwässern. Mit der Kundgebung der NPD endet ihr autobiografischer Bericht, den sie erstmals 1989 aufschrieb und später als *Erinnerungen* veröffentlichte. Aber ich bin mir sicher: Erst im Kreis antifaschistischer Menschen fühlte sie sich wohl genug, um von ihrem Lebensweg zu berichten. Der Freundeskreis aus der jüdischen Gemeinde war eine weitere Kontaktbörse für die erinnerungspolitische Arbeit. Ohne ihre Bekannten aus der Boutique, aus denen wenig später Freund*innen und Weggefährt*innen wurden, wäre Esther wahrscheinlich kaum berichtende, geschweige denn politisch engagierte Zeitzeugin geworden.

So wurde aus einer außergewöhnlichen Situation eine Notwendigkeit zum Handeln. Zu auffällig war die Parallele zwischen der im Stadtteil agierenden NPD und dem Aufstieg der NSDAP, zu naheliegend die Entscheidung, als Überlebende aktiv zu werden. Und tatsächlich finde ich immer mehr Hinweise darauf, dass sich Esthers Anfang in der Vereinigung auf den 1. Juni 1978, einige Tage nach der Kundgebung der NPD, datieren lässt.

Vier Monate später lief Esther auf der Kundgebung zum Jahrestag der Novemberpogrome in den ersten Reihen mit. 1978 ist die Zahl der Teilnehmenden im Vergleich zum letzten Jahr sprunghaft angestiegen, und das deutschlandweit. Von der Veranstaltung in Hamburg gibt es eine Aufnahme. Ich ziehe das Foto aus einer Holzkiste, die im Archiv der Hamburger VVN-BdA steht, das Bild ist großformatig und gut erhalten. Mir fallen vor allem die Männer ganz vorne auf, die der Kundgebung selbstbewusst vorausgehen. Die Archivarin guckt mir über die Schulter, merkt, dass ich Esther nicht finde, und zeigt mit ihrem Finger auf die zweite Reihe, ganz rechts. Mir ist das ein bisschen peinlich.

»Vor 40 Jahren: ›Reichskristallnacht‹ Nie wieder Krieg! Nie wieder Faschismus! Keine Verjährung von Naziverbrechen!«, steht da auf ihrem Banner. Alle sechs Männer in der ersten Reihe haben gestreifte Häftlingskleidung an, mit der sie zu erkennen geben, dass sie in einem Konzentrationslager waren. Die Geschichtswissenschaft nennt das *Reenactment*, das Wiederaufführen von Vergangenheit durch den eigenen Körper. Die Männer stechen aus der Menge hervor. Neben ihnen wirkt Esther eher unscheinbar und gar nicht, wie ich sie sonst von Fotos kenne: immer in der Mitte.

Im Sommer 1978 war die Vereinigung der Verfolgten des Naziregimes eine bundesweit tätige Organisation, die in fast jeder westdeutschen Stadt vertreten war, vielfältige Verbindungen in die sozialistische DDR hielt und die Gedenklandschaft in der Bundesrepublik mitbestimmte – der einflussreichste erinnerungskulturelle Akteur nach dem bundesdeutschen Staat. Ausgangspunkt des politischen Selbstverständnisses war der »Schwur von Buchenwald«. Dieser Ausschnitt ist der wichtigste des ganzen Texts: »Die Vernichtung des Nazismus mit seinen Wurzeln ist unsere Losung. Der Aufbau einer neuen Welt des Friedens und der Freiheit ist unser Ziel.«

Unter diesem Motto versammelten sich zur Gründung der VVN 1947 eine Vielzahl an politischen Gruppierungen, bis hin zu denen der CDU. Vielleicht schwer zu glauben, aber die Christdemokratie hat eine stabile antifaschistische Vergangenheit. Die Mehrzahl der VVN-Mitglieder war im Widerstand gegen den Nationalsozialismus gewesen. Kommunist*innen, Sozialdemokrat*innen und weitere politisch Verfolgte fanden sich hier zusammen.

Shoah-Überlebende gab es eher nur wenige unter ihnen, und wenn, dann waren sie nicht wegen ihrer Verfolgung als Jüdinnen und Juden, sondern aufgrund ihrer Aktivität in der Arbeiter*innenbewegung, als Kommunist*innen oder Widerstandskämpfer*innen eingetreten. Mit dem Beginn des Kalten Krieges verließen die konservativeren Mitglieder die Verfolgtengemeinschaft und es stellte sich ein orthodoxes Verständnis des Marxismus, meistens vom Stalinismus geprägt, ein.

Keine leichten Voraussetzungen, wenn man am demokratisch-liberalen Diskurs der Bundesrepublik teilnehmen will. Einerseits wollte die VVN sich einbringen, eine starke Stimme in der geschichtspolitischen Landschaft sein. Andererseits strebte sie nach einer alternativen, klassenlosen Gesellschaft. Grenzüberschreitungen in den Augen der Bundesrepublik wurden hart geahndet, hatten etwa Verbote von Landesverbänden zur Folge, Inhaber*innen eines öffentlichen Amtes konnten beim Bekanntwerden ihrer Mitgliedschaft in der Vereinigung ihre Posten verlieren.

1971 öffnete sich die VVN für junge Mitglieder und nannte sich fortan VVN – Bund der Antifaschisten, wenig später kam der Zusatz Antifaschistinnen hinzu. Nun wurde die VVN-BdA ein wenig mehr parteiübergreifend, sie kam ihren Wurzeln der Gründung direkt nach dem Kriegsende wieder näher. Nicht alle Mitglieder waren mit dieser schrittweisen Abkehr vom orthodoxen Marxismus einverstanden. Verbandsinterne Konflikte brandeten auf, ältere Mitglieder fühlten sich missverstanden und jüngere hatten den Eindruck, es gehe nicht schnell genug voran.

Das dringendste Thema war die Verjährung der nationalsozialistischen Verbrechen. Ende der 1970er kamen weitere politische Themen hinzu, die vor allem von den Neuen Sozialen Bewegungen eingebracht wurden: Friedensbewegung und Antimilitarismus, Feminismus, Ideen zu alternativen Lebensentwürfen und eine offene Bildungspolitik, gerade im Umgang mit der nationalsozialistischen Geschichte.

Esther nahm sich all dieser Themen an und machte sie in kurzer Zeit zu ihren eigenen Kämpfen. Auf einmal war sie mittendrin in der Nachrüstungsdebatte, gipfelnd im Nato-Doppelbeschluss, oder den Diskussionen über den »Radikalenerlass«, der viele VVN-BdA-Mitglieder betraf. Seit 1972 wurden dabei Beamt*innen im Staatsdienst und Bewerber*innen auf ihre sogenannte Gesinnung geprüft, de facto handelte es sich um ein Berufsverbot.

So simpel es auch klingen mag: Ich denke, dass es Esthers Interesse an Menschen war, das ihr die Möglichkeit gab, sich mit den tief eingeschriebenen Spuren der Gewalt und den Verlusterfahrungen auseinanderzusetzen, und wenig später sogar die Kraft, gegen das Vergessen anzukämpfen. Der Historiker Henning Fischer hat in seinem Buch *Überlebende als Akteurinnen* die These entwickelt, dass im Fall der Shoah-Überlebenden politische Arbeit auch als Strategie der Traumatabewältigung gesehen werden muss.[91] Ich finde, das liegt nahe. Wer aus seinen Leiderfahrungen einen politischen Auftrag ableitet, macht den Umgang mit ihnen sinnvoll. Und: Esther konnte an ihre ehemaligen Aktivitäten in den politischen Gruppen aus ihrer Jugend anknüpfen.

Ihre Gesprächspartner*innen aus dem Umfeld der VVN-BdA wussten wiederum um die Wirkmacht, die Esther als politisch aktive Zeitzeugin haben könnte. Hinter den Besuchen in der Sheherazade stand das indirekte geschichtspolitische Interesse einer Organisation, die versuchte, neue Mitglieder zu gewinnen. Ganz besonders, weil immer mehr Überlebende zu alt wurden und eine jüngere Generation nachkommen sollte, eine, deren Angehörige die Shoah als Jugendliche überlebt hatten. Das Interesse der VVN-BdA an diesen neuen Zeitzeug*innen war außerordentlich groß.

Kurz nachdem Esther in die VVN-BdA eintrat, legte der bisherige Vorsitzende Herbert Baade sein Amt als Präsident nieder. Sein Lebenslauf liest sich wie der vieler VVN-BdA-Funktionäre, und das soll etwas heißen: Baade war ein kommunistischer Widerstandskämpfer, der von der Gestapo inhaftiert wurde, im Strafbataillon dienen musste und nach dem Krieg in Hamburg blieb, sich hier wieder in die Gesellschaft einfand, um dann in Jugendgruppen und Schulen seine Erinnerungen zu teilen. Die volle Wucht der hassenden und vergessenden postnationalsozialistischen Nachkriegsgesellschaft traf ihn, als er sich an der Gründung der VVN beteiligte.

Die Motivation weiterzumachen gab ihm sein politisches Bewusstsein, sein Selbstverständnis als Widerstandskämpfer. Esther Biografie sieht ganz anders aus: Sie beinhaltet eine diasporische Erfahrung, wenn man's genau nimmt, sogar zwei, jahrzehntelanges Schweigen und schließlich Anschluss an die sich ganz langsam etablierenden Erinnerungskulturen in Deutschland.

Geschichtsboom

Die dritte Phase der deutschen Erinnerungskulturen beginnt in Deutschland mit einem Boom. Das Interesse an der Vergangenheit steigt rasend schnell. In den Kiosken liegen neu erschienene Magazine zu Altertum, Mittelalter, Früher Neuzeit und zur Zeitgeschichte aus. Die ersten Gedenkstätten werden eingerichtet und die Geschichtswerkstättenbewegung nimmt Fahrt auf. In Museen steigen die Zahlen der Besuchenden. Im Fernsehen werden historische Dokumentationen und Spielfilme zu den besten Sendezeiten ausgestrahlt.[92]

Der Aufreger im Jahr 1979 ist die Serie *Holocaust – Die Geschichte der Familie Weiß*, die bis zu 20 Millionen Menschen erreicht. Auch Esther sitzt vor dem Fernseher. Sie ist nicht mit allem einverstanden, was sie sieht, fühlt aber, dass diese Serie einen Wendepunkt darstellt. Esther ist jetzt seit einem halben Jahr Mitglied der VVN-BdA und bereits eng in die Arbeit eingebunden. Wenige Wochen nach der ersten Ausstrahlung im Fernsehen lässt die Vereinigung einen Flyer mit dem etwas merkwürdigen Titel *Antworten auf Holocaust* in einer Auflage von 50.000 Stück drucken, in dem sie die realen Hintergründe der fiktionalen Sendung erläutert.[93] Erst jetzt wird der Begriff Holocaust für den Mord an den europäischen Jüdinnen und Juden geläufig.

Hollywood entdeckt das Thema für sich. Ein Jahr später erscheint *Playing for Time* in den Kinos. Es ist eine Verfilmung von Fania Fénelons autobiografischem Roman *Das Mädchenorchester in Auschwitz*. Fénelon spielte nicht zur gleichen Zeit wie Esther im »Auschwitzer Mädchenorchester«. Als sie den Film sieht, wird ihr klar, dass Fénelon die Umstände im Orchester gänzlich anders bewertet als sie. Der Film erzählt von Zwietracht unter den Musikerinnen verschiedener Herkunft, einer rigiden Dirigentin und Anfeindungen anderer Lagerinsassen aufgrund der privilegierten Stellung im Orchester. Der Film trägt dazu bei, die Geschichte des »Auschwitzer Mädchenorchesters« durch ein eindimensionales Narrativ zu überformen, das ein tragisches Bild der schönen Künste vermittelt, die für schreckliche Zwecke missbraucht wurden, und von Orchestermitgliedern, die nur auf ihren eigenen Vorteil bedacht waren.

Esther aber erinnert sich an Solidarität im Orchester. Nach dem Erscheinen des Films veranstaltet die VVN-BdA auf ihren Vorschlag hin einen großen Themenabend. Esthers Freundin Steffi Wittenberg, der Journalist Günther Schwarberg – er wird bald zu einem Weggefährten werden – und Albin Stobwasser, der die Geschichte des Orchesters erforscht, sollen als Referent*innen über die historischen Umstände informieren. Doch das Publikum will vor allem Esther als Zeugin sprechen hören. Die dramatische Geschichte des Orchesters besitzt eine Anziehung. Gerade nichtjüdische Deutsche suchen in ihr nach Harmonie: Die schöne Musik, die tragisch missbraucht wurde.

Es ist einfach, sich auf der richtigen Seite dieser Geschichte zu wissen und ihren historischen Kontext links liegen zu lassen. Esther und ihre Mitstreiter*innen können nur schwer einschätzen, wer aus dem Publikum aus reiner Schaulust gekommen ist. Hinter der Bühne tauschen sie sich darüber aus, wie der

Abend wohl verlaufen wird. Im Saal herrscht eine angespannte Stimmung. Als sie auf die Bühne kommt, wird Esther klar, dass das ehrliche Interesse der Zuhörenden an ihren Erinnerungen und Einschätzungen groß ist. Ihr ist es wichtig, dass die Zwangsarbeit im Orchester beides war: eine Überlebensstrategie und ein Instrument zur Erhaltung der Lagerordnung, seine Geschichte widersprüchlich und dennoch aufschlussreich für die Machtverteilungen im Konzentrationslager. Für Esther wird der Abend ein voller Erfolg.

Der Geschichtsboom erreicht auch den Freundinnenkreis. Esther ist zwar nicht die Erste, die sich mit der nationalsozialistischen Vergangenheit beschäftigt, aber die Erste, die über ihre eigenen Erfahrungen offen redet. Nach langer Zeit des Schweigens macht sich eine Veränderung bemerkbar: Dass nun im Fernsehen von der Shoah erzählt wird, dass das Umfeld der VVN-BdA Interesse für unterschiedliche Berichte der Überlebenden hat und dass in der Bundesrepublik ein erinnerungskulturelles Tauwetter einsetzt, all das erleichtert es den Freund*innen, über den Nationalsozialismus zu sprechen.

Nicht alle Formen dieses späten Widerstands gegen die Langzeitwirkungen der zwölf Jahre Nationalsozialismus sehen gleich aus. Während Esther beginnt, den erlebten Schmerz erzählend mit anderen zu teilen, arbeiten andere Überlebende ohne den Bezug auf das eigene Leben. Sie sind laut in ihrer politischen Arbeit und bleiben still in ihrem Leid.

Elsa Werner, geboren 1911 im Kaiserreich, ist nicht gerade eine stille Frau. Wie auch, wer als Kind in einer armutsbetroffenen jüdisch-katholischen zwölfköpfigen Familie aufwächst, muss lernen, sich durchzusetzen. Als Hitler 1933 Reichskanzler wurde, arbeitete sie bereits für das Zentralkomitee der KPD und stand somit ganz oben auf der Liste unerwünschter Personen. Die ersten Opfer der Nationalsozialisten waren ihre politischen Feinde. Elsa war weiterhin aus dem Untergrund tätig. 1934 wurde sie wegen »Vorbereitung zum Hochverrat« verhaftet, nach einem halben Jahr kam sie frei. 1938 wurde ihr Lebensgefährte bei der sogenannten Polenaktion in deutsch-polnisches Grenzgebiet ausgewiesen. Elsa folgte ihm kurzerhand, heiratete ihn sogar, obwohl sie dafür eine neue Passidentität als polnische Jüdin annehmen musste. Die beiden fanden Zuflucht im sowjetisch besetzten Teil Polens.

Doch nach dem Überfall der Wehrmacht auf Polen wurde auch diese Rettung zunichtegemacht. Elsa wurde von ihrem Mann getrennt, sie musste als Schreibkraft in einer Zuckerfabrik arbeiten. Kurz vor Kriegsende wurde sie nach Theresienstadt (tschechisch Terezín) deportiert und dort von der Roten Armee befreit. Ihr Mann wurde 1942 bei einer Razzia verhaftet und wahrscheinlich kurz danach ermordet, wo und wie lässt sich nicht herausfinden, seine Spur verliert sich. Der Verlust ihrer ersten Liebe begleitet Elsa ein Leben lang.

In den Wirren des Sommers 1945 kehrte Elsa zurück nach Hamburg. Sie fand sogar ihre Mutter, eine der wenigen Jüdinnen und Juden in Hamburg, die überlebten. Sie fing an, im »Amt für Wiedergutmachung und Flüchtlingshilfe« zu arbeiten, doch schon ein Jahr später, 1946, wurde das von der britischen Besatzungsmacht eingesetzte Amt aufgelöst.

Was Elsa bleibt, ist das Wissen über Behördenstrukturen und Rechtswege. Sie kennt jeden Kniff in den Gesetzestexten, jede Neuerung der Richtlinien und jeden Härtefonds. Sie ist gut vernetzt, das ist wichtig, bei ihren übermächtigen Gegenspielern, den deutschen Behörden. Nicht wenigen Freund*innen und Bekannten hat sie zu »Wiedergutmachungszahlungen« verholfen oder zu Renten. Beides ist schwierig zu beantragen, wenn die Bescheinigungen aus der Haftzeit, dem Exil oder über die Zwangsarbeit nicht gerade leicht aufzufinden sind und die Behörden es einem schwer machen, etwa durch undurchsichtige Regelwerke oder krude Vergleichswege, um die Ansprüche sogar noch zu kürzen. Manche ihrer Klient*innen sterben, noch bevor das Verfahren abgeschlossen ist.[94] Vielleicht raucht Elsa deshalb ununterbrochen.

Elsa ist mehr als ein Jahrzehnt älter als Esther, doch die beiden verstehen sich blind. Auch wenn Elsas Erzählungen der eigenen Vergangenheit nur aus stichwortartigen, knappen Sätzen bestehen, über mehr kann sie nicht berichten, hört sie stets aufmerksam zu, wenn andere Überlebende von ihrem

Leid erzählen. Über die Jahre hinweg merkt sie sich Hunderte Lebensgeschichten, die sie ohne weiteres aufrufen kann. Sie ist fleißig, pragmatisch. Elsa neigt nicht zu großen Worten, sie will nicht im Mittelpunkt stehen. Nur einmal, direkt nach dem Krieg, malte sie sich eine bessere Zukunft aus und stellte sich ein »wahrhaft demokratisches« Deutschland vor, eines, »das die Opfer der NS-Zeit mit Kleidung, Wohnung, Nahrung, mit Wärme umgibt, das versucht, für Schäden aufzukommen, die es angerichtet hatte in Europa«.[95] Seit 1945 vergleicht sie ihre Vision mit der gesellschaftlichen Realität. Jedes Mal muss sie zu dem Schluss kommen, dass sie einer Illusion aufsaß. Kälte, keine Wärme.

Aber Elsa gewinnt auch Stärke aus ihrer Vision. Es kann doch nicht alles umsonst gewesen sein, das sagt sie sich immer wieder. Aus alten Freundschaften werden politisch aktive Netzwerke, der Freundeskreis aus der jüdischen Gemeinde verbindet sich mit VVN-BdA-Mitgliedern, es kommt zu Planungstreffen. Meistens finden sie zu Hause bei Esther oder Elsa statt, mit Kaffee und Kuchen. Doch man sollte sie auf keinen Fall unterschätzen, das ist kein Kaffeekränzchen, hier liegen die ganz großen Ideen auf dem Tisch. Vielleicht lohne es sich, eine eigene Organisation zu gründen, wirft Esther ein.

Wenn die Freundinnen miteinander reden, kommen Erinnerungen hoch. Neue Episoden fügen sich in Esthers biografische Erzählung ein. An manche erinnert sie sich selbst nur noch schwach, teilweise nur bruchstückhaft. Also beginnt sie, sich kleine Notizen zu machen. Sie setzt sich an ihren Schreibtisch oder auf ihr Sofa und fängt an zu schreiben. Aus Schnipseln werden Absätze, werden Manuskriptseiten. Ihre Kindheit und der Terror, Auschwitz und Ravensbrück, der Tod ihrer Eltern und der ihrer Schwester, die Emigration als Überlebende in ein fremdes Land und der Neubeginn in Israel sind nun wie an einer Kette aufgereihte Episoden. Sie schaut auf vom Schreibtisch und wird sich ihrer Biografie bewusst. Sie wird zur Zeitenwanderin.

Erst ein paar Jahre zuvor, Ende der 1970er, kam der Begriff »Zeitzeuge« auf. Sicherlich, Zeugenschaft, insbesondere jüdische, besteht bereits sehr viel länger, genau genommen begann sie schon während der Shoah. Das erste Mal wird 1984 Esther als »Zeitzeugin« bezeichnet, in einer Referent*innenliste der VVN-BdA.[96] Esther ist also eine Zeitzeugin der ersten Stunde. Zumindest hier. Mit jedem Gespräch, mit jedem Planungstreffen, mit jedem Konzert fällt es ihr einfacher, von ihrem Leben zu erzählen. Sie erlangt Deutungshoheit über ihre Vergangenheit und es dauert nicht lange, bis ihr viele Menschen dabei zuhören.

Ich lese mich ein bisschen in die Forschungsliteratur zu Zeitzeug*innenschaft ein. In seinem Buch *Biographien* schreibt der Historiker Thomas Etzemüller: »Individuelle Identität muss erst – unter anderem biografisch – gewonnen werden, und das entspringt nicht einfach dem Wunsch von Individuen, sondern zugleich den Interessen sozialer Institutionen, die einen professionellen Bedarf an dieser Identitätsarbeit haben«.[97] Oder einfacher: Biografien müssen erzählbar gemacht werden. Auch die VVN-BdA hatte ein Interesse daran, über einen persönlichen Zugang Geschichte zu vermitteln. Sie brauchten Zeitzeug*innen, um die Erinnerung wachzuhalten und das Gedenken von der abstrakten Zahl – Millionen von Opfern – loszulösen. Mit der Zeit verstärkte sich dieses Interesse auf beiden Seiten. Die jungen linken Menschen sind nicht zufällig zum Kaffee in Esthers Boutique geblieben und Esther hat sich nicht zufällig nach dem Sommer 1978 dazu entschieden, in die VVN-BdA einzutreten. Es war der berühmt-berüchtigte Tropfen, der das Fass zum Überlaufen brachte.

Ob Esther bewusst war, dass vor ihr eine Zukunft als Zeitzeugin lag? Ich glaube nicht. Auch in der Biografie ihrer Freundin Flora Neumann finde ich Hinweise darauf, dass das Verständnis einer Überlebenden als Zeitzeugin in Esthers Freundinnenkreis selbst Anfang der 1980er Jahre noch regelrecht überraschend erschienen sein muss.[98] Ihre politische Betätigung ging eher mit einer großen Selbstverständlichkeit einher, sich den Missständen in der Bundesrepublik anzunehmen. Und davon gab es genug.

Die Musik fängt wieder an. Es ist Günther Schwarberg, der Esther zum Singen ermutigt. Er ist Journalist beim *Stern* und recherchiert zu den nationalsozialistischen Verbrechen, mit hohem Engagement. Als der Krieg endete, war Günther 18 Jahre alt, seine Jugend unter der Ägide einer Gewaltherrschaft verschwendet, er selbst indoktriniert durch nationalsozialistische Erziehung, jedoch zaghaft interessiert am Antifaschismus. Anderthalb Jahre wurde er im Zweiten Weltkrieg als Luftwaffenhelfer eingesetzt. Die Kapitulation des »Dritten Reichs« empfand er als Befreiung, das ist ihm wichtig für sein Selbstverständnis.

Er ist vielleicht kein überzeugter Kommunist, sieht aber in den Aktiven der VVN-BdA seine engsten Verbündeten. Esther will er für seine Initiative zur Errichtung einer Gedenkstätte im Schulgebäude Bullenhuser Damm gewinnen, eine hochsensible Angelegenheit für die Hamburger Eliten in Politik und Kultur, seitdem der Journalist sich auf die Suche nach den Umständen dieses dunklen Kapitels in der Stadtgeschichte gemacht hat.

In der Nacht zum 21. April 1945 ermordeten SS-Männer am Bullenhuser Damm 20 Kinder, an denen medizinische Experimente durchgeführt worden waren, vier politische Häftlinge, Widerstandskämpfer und Kommunisten, die die Kinder betreuten, sowie 24 sowjetische Kriegsgefangene, deren Namen unbekannt bleiben. (Das ist vielerorts der Fall, obwohl sie die zweitgrößte Opfergruppe der nationalsozialistischen Verbrechen sind.) Unter der Leitung des Arztes Kurt Heißmeyer, der am Bullenhuser Damm in der Außenstelle des Konzentrationslager Neuengamme die medizinische Experimente durchführte, wurden den Kindern lebende Tuberkuloseerreger gespritzt, kurz danach wurden ihnen die Lymphknoten entfernt. In den letzten Tagen des Krieges erhielt der SS-Obersturmbannführer Arnold Strippel den Befehl, alle Beweise zu vernichten und die Kinder zu ermorden. Das älteste Kind, Walter Jungleib, war zwölf Jahre alt, das jüngste, Eleonora (Lenka) Witoński, fünf Jahre.

Günther Schwarberg rekonstruiert den Tathergang und, noch viel gefährlicher für das Ansehen Hamburgs, forscht zu den juristischen Folgen dieses Mordes. Er veröffentlicht sein Buch *Der SS-Arzt und die Kinder vom Bullenhuser Damm.*[99] Fünf SS-Männer wurden 1946 in den Curio-Haus-Prozessen hingerichtet. Heißmeyer wurde 1966 zu lebenslangem Zuchthaus verurteilt, er starb ein Jahr später. Auch Strippel musste in Haft. Die Münchener Staatsanwaltschaft wollte jedoch festhalten, dass der Mord an den Kindern nicht grausam gewesen sei, denn »über die Vernichtung ihres Lebens hinaus« sei ihnen »kein weiteres Übel zugefügt worden«.

1970 stellte das Gericht nachträglich fest, dass Strippel lediglich für Beihilfe zum Mord verurteilt werden konnte, also erhielt er 121.477,92 Deutsche Mark als Entschädigung. Weit mehr als eine Überlebende der Shoah, wie auch immer man diese Jahre aufrechnen mag. Strippel kauft sich von dem Geld eine hübsche Eigentumswohnung in Frankfurt-Kalbach.[100]

Während Arnold Strippel es sich gut gehen lässt, nimmt Esther den Kampf um die Erinnerung auf. Die emotionale Belastung ist schwer zu ertragen. Aber gerade deshalb will Esther sich engagieren, sonst gewinnt der Schmerz. In der Nachbarschaft von Rothenburgsort, in Altona, in den linksalternativen Zentren Hamburgs hängen Plakate aus, die die Gedenkfeier ankündigen. Darauf ist eine Zeichnung eines ausgemergelten Kindes mit nacktem Oberkörper und nummerierter Halskette abgebildet. »Bringt den Kindern Blumen mit!«, steht in der letzten Zeile des Plakats. Manche der Passant*innen empfinden Ekel: Muss das denn sein?

Muss es. Nachdem sich der von Günther Schwarberg aufgewirbelte Staub ein wenig gelegt hat, ist auch die Stadt Hamburg bereit, an dem Täterort eine Gedenkstätte einzurichten. Die Reaktion von rechts bleibt nicht aus. Wo wenige Tage zuvor noch Shoah-Überlebende durch den großen Rundbogeneingang der Schule gelaufen sind, explodiert eine Woche später, am 27. April 1980, ein Sprengsatz. Die Organisation »Deutsche Aktionsgruppen« unter der Leitung des Rechtsextremisten Manfred Roeder platzierte die Bombe, zwei Passant*innen werden leicht verletzt. Am Bullenhuser Damm geben sich alte und neue Nazis die Klinke in die Hand.

Während Esther ein Jahr später, 1981, wieder auf der Gedenkveranstaltung singt und an die Kinder erinnert, steht Altnazi Arnold Strippel abermals vor Gericht. Er wird diesmal zu dreieinhalb Jahren verurteilt, ist jedoch nicht mehr gesund genug, seine Haft anzutreten. Erst 1994 stirbt er in Frankfurt als unbescholtener Bürger. Er ist davongekommen.

In Esthers Leben verbinden sich Musik und Politik. Nicht, weil Esther es forciert oder eine Karriere im Rampenlicht plant, sondern weil es ihre Ausdrucksweise ist, ihr Mittel gegen Rechtsextremismus, und sie nun nicht mehr anders kann. Von der Bühne zu gehen und aufzuhören hieße, die Augen zu verschließen, auch vor dem rechtsextremen Terror in der Bundesrepublik. Aber vielleicht am Wichtigsten: Sie nimmt ihre Lebensgeschichte wieder in die eigenen Hände.

Musik ist für sie Sprache. Wer Esther fragt, ob nach Auschwitz noch Musik gemacht werden könne, dem entgegnet sie: Was kann denn die Musik dafür?

Und Esther wird häufig gefragt. Das »Auschwitzer Mädchenorchester« ist *das* zentrale Thema ihrer Lebensgeschichte. In einem Interview mit dem *Spiegel* lässt sie sich zu dem Satz »Wir spielten um unser Leben« hinreißen, den sie später ein klein wenig bereuen wird. Als Musikerin ist es ihr möglich, einen emotionalen Zugang zum Gedenken zu schaffen, aber mystifizieren oder ästhetisieren will sie das Leid nicht.

Immer häufiger klingelt jetzt bei den Bejaranos das Telefon. Nissim nimmt ab und hält Esther den Hörer hin. Die VVN-BdA, andere Verbände, zivilgesellschaftliche Initiativen wie die vom Bullenhuser Damm fragen sie an. Esther ist bei den meisten Gedenkveranstaltungen gar nicht mehr wegzudenken. Dann packt sie ihr Akkordeon in den Koffer, vor Ort ist die kleine Musikanlage bereits aufgebaut, kurz vorher spricht sie sich mit den anderen Musiker*innen ab, wärmt ihre Stimme auf und singt dann die Lieder des antifaschistischen Widerstands oder die Klassiker der Arbeiter*innenbewegung.

Mit der Zeit erweitert Esther ihr Repertoire, sie lernt, sie forscht nach Texten, sie komponiert sogar selbst. Wie Rudolf und Margarethe, ihre Eltern, es taten. Immer mehr jiddische Lieder kommen dazu. Jiddisches Liedgut wurde zwar auch schon vor ihrem Eintritt in die VVN-BdA gespielt, nahm aber eher eine untergeordnete Rolle im musikalischen Gedenken ein. 1984 gründet sie die Band Siebenschön, benannt nach der Straße, in der sie probten. Erst ein paar Jahre später, 1987, wird sie sich einen Traum erfüllen und ihr erstes Album veröffentlichen: *Vögel träumen auf den Zweigen*. Darauf sind ausschließlich jiddische Lieder zu hören, die meisten erzählen vom Widerstand in den Ghettos und Lagern.

Durch ihre Musik baut Esther Brücken zu einer vergangenen Kultur, die von den Nationalsozialisten ausgelöscht werden sollte. Die Namen der Ermordeten sollten aus der Weltgeschichte gestrichen werden. Ihre Musik klang einmal durch Vilnius, Prag, Kiew, Sarajevo, Berlin und viele andere Orte mehr. Dass Esther ihre Lieder auf der Bühne singt, ist der Beweis dafür, dass dies nicht gelungen ist.

Ein »zweites Auschwitz«

Es ist der 28. März 1981, die VVN-BdA hat sich zur zwölften Landesdelegiertenkonferenz versammelt. Die Delegierten trudeln ein, einige unterhalten sich angeregt. Schauplatz ist der Weiße Saal im Curiohaus in Hamburg, in dem von 1946 bis 1948 britische Militärgerichte den Neuengamme-Hauptprozess, sieben Ravensbrück-Prozesse gegen SS-Angehörige und den ersten Prozess gegen die Mörder vom Bullenhuser Damm abhielten. Für die ehemaligen Widerstandskämpfer*innen und Überlebenden ist es ein Ort von großer Bedeutung, eine gewisse Aura beherrscht ihn.

Streitpunkt der Konferenz ist, wie sich die Vereinigung in den nächsten Jahren zu den gegenwärtigen politischen Themen verhalten soll. In fast allen Gremien und Arbeitsgruppen der Vereinigung erhöht sich der Anteil der nach 1945 Geborenen rasant. Mehrere ältere Mitglieder bestehen darauf, dass im Jahresbericht festgehalten wird, dass die »Jüngeren von den Erfahrungen der Älteren profitieren« sollen. Kein schlechter Ansatz, denkt Esther, aber dann sollen die Älteren doch bitte auch die Anliegen der Jüngeren mittragen.[101]

Mit 54 Jahren ist Esther jünger als die meisten anderen Überlebenden und ehemaligen Widerstandskämpfer*innen in der VVN-BdA. Es herrscht viel Bewegung in der Vereinigung. Politisiert durch die 68er-Bewegung,[102] den Geschichtsboom und die wachsende Friedensbewegung, bringen sich immer mehr junge Menschen ein. Sie haben bei den Neuen Sozialen Bewegungen ganz andere Taktiken kennengelernt, um Geschichtspolitik zu machen, oder selbst welche entwickelt.

Wo bisher ältere Mitglieder mahnende Gedenkveranstaltungen abgehalten haben, kommen jetzt neue Aktionsformen hinzu: Sit-ins, Besetzungen, Straßenfeste oder laute, bunte Demonstrationszüge. Und sie bringen noch etwas anderes mit: Ein neues Selbstverständnis, in dessen Mittelpunkt der »Erfahrungsaustausch« steht,[103] der allerdings so ziemlich alles bedeuten kann. In der VVN-BdA heißt es, den Austausch mit Widerstandskämpfer*innen und Überlebenden zu suchen. Die jungen Mitglieder der Vereinigung sehen ihre Geschichten im Licht gegenwärtiger politischer Kämpfe, gegen autoritäre Regimes und Unterdrückung in der ganzen Welt. Auch, um den verfehlten Umgang ihrer eigenen Eltern mit dem Nationalsozialismus zu kompensieren.[104]

In vielen westdeutschen Städten, selbst in den kleinsten, sprießen Mahnmale, Ausstellungen und Gedenkstätten aus dem Boden, besser gesagt, sie werden errungen. In Nachbarschaften, Kiezen und Vierteln entstehen Bürger*inneninitiativen, die der historischen Orte gedenken wollen, dabei mal mehr und mal weniger Erfolg haben. In Geschichtswerkstätten kommen Historiker*innen und Geschichtsinteressierte zusammen, um dort zu graben, wo sie stehen. Neu gegründete linke und grüne Jugendgruppen wollen die Erinnerungskultur vor Ort mit ihren Ideen unterstützen und gestalten. Esther ist von der Vielfalt der Gruppen begeistert. Sie telefoniert, schreibt Briefe und schließt Kooperationen mit lokalen Initiativen. Viele der älteren, aber auch viele der DKP-Mitglieder in der Vereinigung beäugen diese neuen Bündnispartner streng.

Vielleicht ist es nicht nur ein Konflikt zwischen den Generationen, der sich in der Vereinigung abzeichnet. Es geht um ihre politische Ausrichtung. Bereits die Umbenennung der VVN war ein Signal an die jüngeren Mitglieder der DKP zur Doppelmitgliedschaft. Friedensbewegung und geschichtspolitischer Aktivismus! Im Kleinen setzt sich der Konflikt sogar bei den Bejaranos zu Hause fort. Als Gewerkschafter steht Nissim einem orthodoxen Verständnis marxistischer Politik nahe. Esther ist zwar kein Stück weniger als ihr Mann vom nötigen Systemwandel überzeugt, fühlt sich aber der Friedensbewegung und der Geschichte von unten enger verbunden. Sie ist eine Friedensaktivistin, die für eine bessere Welt kämpft und mit den Menschen im Gespräch bleiben will. Ihre Vision ist, Antifaschismus und Kommunismus undogmatisch zu begreifen und wo möglich nach Bündnispartnern zu suchen, egal ob in linksradikalen Kreisen oder bei den kirchlichen Gruppen der Friedensbewegung.

Das Erinnern an die nicht allzu lange zurückliegenden Zeiten des Kriegs und der Verfolgung wurde für Esther wegweisend. Können die gegenwärtige und die künftige Gesellschaft aus der Vergangenheit lernen? Zu oft hat die Menschheit schon bewiesen, dass sie zu den schrecklichsten Dingen fähig ist. Die Frage nach den Lehren aus der Geschichte wird dringlicher für Esther.

Der größte Teil der Werbeunterlagen der Vereinigung widmet sich dem NATO-Doppelbeschluss. Das Nordatlantische Verteidigungsbündnis beteiligt sich weiter am Rüstungswettlauf mit der Sowjetunion und will Mittelstreckenraketen in Europa stationieren, Pershing-II-Raketen und Cruise-Missile-Marschflugkörper auf dem Gebiet der Bundesrepublik und fordert, die Zahl der sowjetischen Mittelstreckenraketen zu begrenzen.[105] Vorne auf einem Flyer der Vereinigung steht »Mach mit in der VVN/Bund der Antifaschisten!«. Blättert man dann die erste Seite auf, steht dort das Stichwort »Neutronenbombe«.[106] Eine noch zerstörerische Waffe, die Europa in ein atomares Schlachtfeld verwandeln würde, in ein »zweites Auschwitz«, wie Esther es in ihren Reden und bei ihren Konzerten nennt. Der Kalte Krieg ist an einem Höhepunkt.

Die Angst vor einem dritten Weltkrieg ist überall zu spüren und sie ist berechtigt. »Ich fürchte mich in diesem Atomraketenwald« singt Udo Lindenberg den Besuchenden des *Künstler für den Frieden*-Konzerts aus dem Herzen. Es ist der 11. September 1982, 200.000 Menschen sind gekommen, Fernsehteams, Protestierende. Friedenstauben auf blauen Flaggen sind im Bochumer Ruhrstadion zu sehen. Eigentlich eher davor, weil nicht alle reinpassen, es sind die Hochzeiten der Friedensbewegung. Stargast ist der Sänger und Schwarze Aktivist Harry Belafonte, er reist erster Klasse mit der Airline an. Esther kommt mit dem Auto. Sie ist nach Bochum gefahren, um sich in den Protest für eine atomwaffenfreie Welt einzureihen.

Doch es ist ein bereits ausgebrochener Krieg, der sie viel persönlicher betrifft. Einige Wochen zuvor hat der Libanonkrieg begonnen. Israels Armee und die Palästinensische Befreiungsorganisation, kurz und bekannter die PLO, mit syrischen Truppen an ihrer Seite liefern sich schon seit einiger Zeit einen Konflikt, der im Juni eskaliert ist. Es ist der erste Krieg, den Israel als Angriffskrieg führt. Das Land antwortet auf den palästinensischen Terror mit militärischer Härte und greift an.[107] In Deutschland sind die Meinungen und Berichterstattungen dazu keineswegs einstimmig, natürlich nicht, doch viele blicken mit Schrecken gerade auf die Luftangriffe, die Israel fliegen lässt. Seit dem Sechs-Tage-Krieg 1967 gilt Israel im Großteil der Friedensbewegung als imperialistisch handelnder Staat.

Als Esther in Bochum auf die Bühne kommt, bricht Beifall aus. Das Publikum weiß, wer da vor ihm steht. Esther ist überwältigt. Vor der Open-Air-Bühne steht auch ein Redakteur des *Spiegel*, er wird später in einem Artikel schreiben, dass »die israelische Sängerin Esther Bejarano« mit ihrer Band auftrat, in der zwei junge palästinensische Musiker spielen. Esther will ein klares Zeichen setzen. Mitten im Konzert unterbricht sie die Band, ein bisschen abrupt, tritt ein Stück näher an das Mikrofon und hält kurz inne. Mit lauter Stimme sagt sie, dass dieser Krieg nicht unterschätzt werden dürfe, Israel und Palästina seien ein Epizentrum geopolitischer Interessen, kapitalistischer Interessen.

Sie geht noch einen Schritt weiter: Der Schlüssel liege in der Verständigung der beiden Bevölkerungen, nicht in nationalen Grenzziehungen. Jetzt sei es an der Zeit, dass die arbeitende Klasse sich als solche erkenne und streikend zusammenfinde. Internationalismus, für ein gerechtes Leben in Palästina und Israel!

In der antiimperialistisch geprägten Friedensbewegung kommt das gut an. Eine Auschwitz-Überlebende, die sich enttäuscht vom zionistischen Traum abgewendet hat, ist die authentischste Fürsprecherin einer Politik gegen die Regierung Israels. Aber da hört es nicht auf: So mancher nichtjüdische Linke greift zum Vergleich zwischen Israel und dem nationalsozialistischen Deutschland. Aber egal, was die 200.000 Menschen im Publikum auch denken mögen, welche opportunistischen Gefühle sie Esther entgegenbringen mögen – sie ist in diesem Moment auf der Bühne des Bochumer Ruhrstadions Teil des selbstbewussten diasporischen Judentums und sehnt sich nach Frieden fernab des todbringenden Nationalismus.

Nicht alle politischen Brennpunkte finden Beachtung. Zur gleichen Zeit, in der Esther ihre ersten Auftritte als Musikerin und Zeitzeugin hat, fliehen nach dem Vietnamkrieg 1975 mehr als 10.000 Menschen, auch in die Bundesrepublik. Die Bilder, auf denen sich die Flüchtenden an Bootsleitern festklammern, von überfüllten und sinkenden Schiffen, von Kindern und Säuglingen im kalten Wasser, gehen durch die Presse, auch Esther sieht sie. Schnell übernehmen die Zeitungen aus dem US-amerikanischen Sprachgebrauch den rassistischen Begriff »boat people«, der auch Eingang in die Umgangssprache findet. Aber weder von Esther noch von der VVN-BdA kommt ein Zeichen der Solidarität, weil das als Zustimmung zur imperialistischen Politik der US-Regierung gedeutet und das sozialistische System infrage gestellt werden könnte. Erst als sich im Bundestag rassistisch konnotierte Diskussionen um das Asylrecht entspannen, erhebt die Vereinigung ihre Stimme. Jahre später wird mir Esther erzählen, dass sie es bereut, sich nicht eingesetzt zu haben.

Schon bald nehmen Esthers Auftritte als Musikerin einen Großteil ihrer Zeit ein. Sie kommt immer seltener dazu, die jüdische Gemeinde zu besuchen, und auch um ihr Geschäft kann sie sich immer weniger kümmern. 1983 entschließt sie sich, ihre geliebte Boutique aufzugeben. Sie will jetzt Vollzeitantifaschistin, und das heißt Musikerin, werden. Und sich auch ein wenig mehr dem Familienleben widmen, vor Kurzem ist sie Oma geworden. Die Konzerte bedeuten ihr viel, auf der Bühne erfährt sie ein Gefühl von Freiheit, die Scheinwerfer, der Applaus des Publikums. Sie genießt das. Nicht, weil damit Bekanntheit verbunden ist, sondern weil ihre Geschichte und politischen Botschaften gehört werden. Vielleicht auch ein ganz klein bisschen der Bekanntheit wegen.

Zeitzeugengespräche in der Schule

Die wirklich schwierige Arbeit wartete für Esther anderswo. Weil meine stärkste Verbindung zu Zeitzeug*innen in meiner Jugend ihre Besuche in der Schule waren, will ich Esther alles darüber fragen. Vor allem interessiert mich, wann und wie das begonnen hat. Wie wird man eigentlich zur Zeitzeugin? Wenn wir über die Anfänge ihrer politischen Arbeit reden, dann erinnert Esther sich an wunderbare Gespräche mit jungen Menschen, aber auch an stumme Klassen, an aufmerksame Lehrkräfte, an schäumenden Antikommunismus, an lange Anfahrten zu den Schulen. Und an einen relativ holprigen Start. Was das genau heißt, darauf will sie in unseren Gesprächen nicht eingehen.

Als ich im Archiv der Hamburger VVN-BdA lange Listen studiere, die den Ablauf der Schulbesuche dokumentieren, verstehe ich, warum. Esther ist bis Mitte der 1980er Jahre nur vereinzelt aufgeführt, etwa für Gespräche an der Bergedorfer Gesamtschule oder dem Gymnasium Bramfeld, Schulen, die sich eher in den äußeren Bezirken der Stadt befinden. Die innerstädtischen und traditionsreichen Schulen, allen voran das Johanneum und das Christianeum, aber auch die Helene-Lange-Schule im ehemaligen jüdischen Grindelviertel, gegenüber der Esther nach ihrer Rückkehr nach Deutschland wohnte, blieben den langjährigen und männlichen Mitgliedern vorbehalten. Das sollte sich zwar Ende der 1980er Jahre ändern, doch auch hier ist der Generationenkonflikt in der VVN-BdA deutlich zu spüren, ebenso wie patriarchale Strukturen.

Für viele Angehörige der dritten und vierten Generation sind Zeitzeug*innengespräche in der Schule einer der wesentlichsten Momente der erinnerungskulturellen Bildung, vielleicht sogar ihrer Bildung allgemein. Zeitzeug*innen können von bestimmten Momenten in der Vergangenheit körperlich zeugen.

Eine ähnliche Anwesenheit von eigentlich abwesenden Zeiten lässt sich durch Fotografien oder Filme erzeugen, aber nichts umgibt die gleiche Aura wie der Kontakt zu einem*r erzählenden Überlebenden. Das ist der Grund, warum sie im Zentrum der allermeisten Erinnerungskulturen stehen. Ihnen wird Glaubwürdigkeit zugesprochen, weil sie die Geschehnisse mit eigenen Augen gesehen, mit eigenen Ohren gehört, mit dem eigenen Leib erfahren haben. Sie autorisieren Geschichte mit der Anwesenheit ihres Körpers und damit aus sich selbst heraus. Das ist keine Magie – das ist ein erfülltes Bedürfnis nach authentischen Erzählungen.

Besonders wirkmächtig erscheint diese Verkörperung, wenn sie von Leid geprägt ist, wenn Spuren der erfahrenen Gewalt am Körper sichtbar sind.[108] Buchstäblich ist der anhaltende Schmerz bei Überlebenden des Konzentrationslagers Auschwitz in Form der Tätowierung am Unterarm eingeschrieben. Der eigene Körper ist materielles Zeugnis der Verbrechen. Ich stelle mir vor, wie die 1,48 Meter große Esther vor Schüler*innen sitzt und von Auschwitz berichtet.

Esther erzählt, wie sie musiziert: mit Leidenschaft, mit tiefer Begeisterung für das Kreative und Dramatische und in dem Bewusstsein, dass lebendiges Gedenken das gegenwärtige Leben braucht.

Organisiert werden ihre Schulbesuche von den Verfolgtenverbänden wie der VVN-BdA, aber auch von Friedensinitiativen oder Gewerkschaften. Meistens kennen sich die Zeitzeug*innen und die Schulen schon vorher, etwa durch gewerkschaftliche Netzwerke, politisches Engagement oder auch aus Artikeln und kurzen Porträts in der *Hamburger Lehrerzeitung*, die die Gewerkschaftsmitglieder unter den Lehrkräften abonnieren. Ihre Nähe zu friedensbewegten, sozialdemokratischen, sozialistischen oder kommunistischen Gruppen ist entscheidend, denn der Besuch von Zeitzeug*innen ist im Lehrplan nicht vorgeschrieben. Und häufig ist er auch nicht erwünscht, einige der Schulen befürchten eine »kommunistische Unterwanderung« durch die VVN-BdA.

Was auch immer damit gemeint sei, wundert sich Esther und schüttelt den Kopf. Im Laufe der 1970er Jahre entschieden sich immer mehr Hamburger Schulen dazu, Überlebende und Widerstandskämpfer*innen einzuladen. Dass sie zu willkommenen Gästen wurden, liegt auch an der aufgeschlossenen Behörde für Schule und Berufsbildung, die sich für eine aktive Erinnerungsarbeit einsetzt. Da ist beispielsweise Joist Grolle, ein Geschichtsprofessor, dazu noch Didaktiker und seit 1978 Hamburger Schulsenator. Er bringt das Schulbuch *erinnern und urteilen* in den Unterricht, seine Nachfolgerin Rosemarie Raab verschafft der Schüler*innenschaft Hamburgs eine gute Portion mehr Mitbestimmung.

1978, als Esther gegen die NPD demonstrierte, verabschiedete die Hamburger Bürgerschaft unter der Leitung des Ersten Bürgermeisters Hans-Ulrich Klose den Beschluss, dass »(unter Beteiligung ehemaliger Nazi-Verfolgter) die Auseinandersetzung mit dem Nazismus offensiv an die Bevölkerung herangetragen wird.«[109] Die VVN-BdA fühlt sich ein wenig stiefmütterlich behandelt, was soll die Klammersetzung? Trotzdem ist es ein Fortschritt für die Vereinigung. Es bedeutet erhebliche Erleichterung für die Zusammenarbeit mit den Schulen. Zuvor waren die Vorträge lediglich der Initiative einzelner Lehrer*innen geschuldet. Jetzt werden die Lehrkräfte immerhin dazu angehalten und haben etwas, auf das sie sich bei Widerstand in der Schulleitung oder im Kollegium berufen können.

Solche Dinge brauchen ihre Zeit, sagt zumindest ein Beitrag in der *Hamburger Lehrerzeitung* und Esther weiß, dass die eine kostbare Ressource in einer Demokratie wie Deutschland ist. Die Aufklärung über den Nationalsozialismus drängt. Immer wieder ist sie erstaunt, wie wenig Wissen über die Verfolgung jüdischer Menschen in den Klassen vorhanden ist. Die Mehrheit stellt keine Nachfragen.

Der Nationalsozialismus wird nur zögerlich zum Unterrichtsthema, die Schuldverdrängung hat lange Konjunktur in den Bildungsanstalten. Die unmittelbare Begegnung mit der Vergangenheit, verkörpert durch die Zeitzeug*innen, fällt nicht leicht, dafür braucht es nicht einmal einen ausgeprägten Antikommunismus. Dieser Konflikt wird unter den Direktoren der Hamburger Schulen durchaus hart und öffentlich ausgetragen. Im Schulausschluss der Hansestadt sitzt zum Beispiel der CDU-Abgeordnete Fridtjof Kelber, Direktor einer großen katholischen Schule im Stadtteil Barmbek, und er spricht sich vehement gegen die gemutmaßte »eindeutig kommunistische Ausrichtung« der Unterrichtsstunden aus.[110]

Bei ihren Besuchen berichten die Überlebenden sowieso vorzugsweise Allgemeines über den Nationalsozialismus. Der Fokus liegt auf einer ersten Wissensvermittlung, der Entwicklung in der Weimarer Republik, dem Jahr 1933, den frühen Konzentrationslagern und dem antifaschistischen Widerstand. Und das ist wahrlich dringend notwendig. Das Gesprochene wird akribisch in Gedächtnisprotokollen festgehalten, die später in den Nachbesprechungen der VVN-BdA zum Einsatz kommen. Esther hat, so wie jede*r andere Berichtende, bei der Gestaltung der Stunde freie Hand, doch die eigens konzipierten Leitfäden und Wochenendseminare sind ihr nicht ohne Grund wärmstens ans Herz gelegt worden.

Professionalisierung und die gehobene Vortragstätigkeit der »Referenten« wird groß geschrieben. Die Vereinigung möchte die Kontrolle über das Narrativ behalten. Platz für die Erzählung eigener Erfahrungen, für Privates oder Gefühle bleibt da nicht viel, die emotionale Distanz verspricht eine sachliche Berichterstattung. Man will der Kritik des Antikommunismus zuvorkommen, doch worüber niemand der Berichtenden spricht: Natürlich ist Distanz auch ein Schutzmechanismus vor den eigenen Traumata.

Der Besuch läuft meistens gleich ab. Mithilfe von Materialien der VVN-BdA können die Lehrer*innen ihre Klassen vorbereiten, was allerdings leider meistens ausbleibt. Fragen an die Zeitzeug*innen werden ausgearbeitet. Oder eben auch nicht. Am Tag des Besuchs moderieren die Lehrerin oder der Lehrer das Gespräch. Das dauert meistens anderthalb, wenn es schlecht läuft, auch nur eine Stunde, der Lehrplan drängt. Am Ende dürfen Fragen gestellt werden, die Gelegenheit nimmt jedoch kaum jemand wahr. Voilà, die Vergangenheit ist anwesend, hier im Klassenzimmer.

An Esthers Erzählweise liegt es nicht, da kann sie sich als bühnenerfahrene Musikerin sicher sein. Ihr ist das Konzept zu starr. Sie sucht das Gespräch und besteht darauf, dass die Schüler*innen zum Zeitraum von 1933 bis 1945 recherchieren, bevor sie in den Unterricht kommt. Ihr ist wichtig, dass sie sich auch mit ihrem Leben auseinandersetzen. Denn die meisten der vorformulierten Fragen für die Zeitzeug*innengespräche in den Materialien der VVN-BdA beziehen sich auf den Widerstand im Nationalsozialismus, und über den gibt Esther gerne so gut, wie sie kann, Auskunft, doch bei der Nachfrage, ob sie selbst auch im Widerstand gewesen sei, stockt das Gespräch. Ihre Perspektive als Überlebende ist eine andere.

Esther liebt die Besuche, bei denen ein Dialog entsteht und Raum gegeben wird für Nachfragen. Trotz der knapp bemessenen Zeit trifft Esther auf Lehrkräfte, die um die Scham und Unsicherheit ihrer Klassen wissen, nicht selten liegt Interesse darunter verborgen. Nicht wenige der Lehrkräfte waren als Studierende Teil der 68er-Bewegung und sind neugierig auf den Austausch mit Überlebenden. Für sie ist der Kontakt zu ihnen Teil ihrer Abkehr vom autoritären Elternhaus, vom Faschismus. In ihren Bücherregalen steht Margarete und Alexander Mitscherlichs psychoanalytisches Werk *Die Unfähigkeit zu trauern*, in dem sie über die gefühlstarre deutsche Seele lesen.[111]

Diese Lehrer*innen wollen ihren Unterricht selbst gestalten und ihre Schüler*innen gesellschaftspolitisch bilden. In solchen Klassen gewinnt Esther an Routine. Sie erahnt, wie ein Gespräch verlaufen könnte, und merkt, welche Episoden sich gut erzählen lassen. Sie weiß, welche Fragen die Schüler*innen am Ende stellen, und kann sich darauf vorbereiten. Meistens berichtet Esther über ihre Zeit im »Auschwitzer Mädchenorchester«. Manche der Schüler*innen wissen schon Bescheid, sie haben *Playing for Time* gesehen. Wenig später kommen weitere Filme zur Shoah ins Kino. Der Nationalsozialismus wird Popkultur.

Esther sitzt vor einer 9. Klasse und blickt in die Gesichter der Jugendlichen eines Gymnasiums in Norderstedt, das an den Norden Hamburgs grenzt. Sie ist allein angereist, die Lehrerin kennt sie noch nicht. Sie klang nett am Telefon. Esther will der Klasse vermitteln, dass niemand von ihnen Schuldgefühle verspüren müsse, das hindere nur an der ehrlichen Auseinandersetzung mit dem Nationalsozialismus. Aber sie sollen wissen, dass es ihre Vorfahren, ihre Großeltern, ihre Verwandten waren, die Esthers Familie und Freund*innen isolierten, verfolgten und ermordeten.

Esther kann sich denken, dass in den Familien der Schüler*innen ganz andere Geschichten überliefert werden: vom eigenen Leid in den Bombennächten und vom Hamburger Feuersturm 1943 zum Beispiel. Nicht wenige aus der Klasse nutzen die Zeit nach dem Gespräch, um davon zu erzählen. Es fliegen krude Vergleiche durch das Klassenzimmer. Währenddessen zieht in Esthers Kopf der Gedanke Kreise, dass das »Dritte Reich« nur mit Bomben gestoppt werden konnte.

Mit Unwissenheit kann Esther umgehen. Sie erklärt behutsam, weil sie die Komplexität zwischen Familie, Schule und ihrer eigenen Rolle kennt. Womit sie nur schwer umgehen kann, sind Schüler, die sie nicht ernst nehmen oder sie sogar anfeinden. Vor ihr sitzt ein vielleicht 14-jähriger Junge, ihre Köpfe sind maximal zwei Meter auseinander. Er kippelt mit dem Stuhl, das machen viele Schüler*innen und gar nicht aus böser Absicht, aber bei ihm ist es Absicht, er will lässig zeigen, wie egal Esther ihm ist. Seine Sitznachbarin stößt er feixend mit dem Ellbogen an, er sucht Aufmerksamkeit, grinst, für ihn ist das alles ein großer Witz. Esther ignoriert ihn. Versucht es zumindest. Sie erzählt weiter, von ihren Eltern, von dem Massenmord in Kovno. Und der Junge grinst weiter, bei jedem Satz verzieht er seinen Mund etwas mehr. Was ist so witzig?, fragt Esther. Die Antwort ist simpel, und sie kommt schnell, weil er die Frage bereits erwartet hat: Er grinse ja gar nicht. Das sei doch Quatsch, was Esther erzähle.

Auf dem Heimweg ist Esther so wütend, dass sie mit dem Auto rechts ranfahren muss. Am Abend erfährt sie von der Lehrerin, dass der Junge sich in rechtsextremen Kreisen bewegt, vielleicht verunsichert ist. Eigentlich ist der Grund Esther egal. Es ist nicht das erste Mal, dass sie mit Aussagen von Schüler*innen konfrontiert wird, die sich der extremen Rechten zugehörig fühlen. Sie denkt an den Besuch in einer anderen Schulklasse zurück. Damals wurde sie von einer Schülerin antisemitisch beleidigt. Zwei Wochen später schrieb die ihr einen Brief, in dem sie sich entschuldigte und von ihrem Austritt aus einer rechtsextremen Gruppe erzählte. Eine Ausnahme, aber eine wichtige für Esther.

Die Besuche in den Schulen sind nicht leicht, sie kosten viel Mühe und emotionale Arbeit, aber Esther weiß, dass in den Klassenzimmern die Weichen der Erinnerungskulturen von morgen gestellt werden.[112] Sie sucht den Kontakt zur nächsten Generation, nicht nur zu Schüler*innen, auch zu Studierenden und Auszubildenden. Zunächst im Hinblick auf den drohenden dritten Weltkrieg, wenig später, um ihre Botschaft weiterzugeben: »Ihr tragt keine Schuld für das, was passiert ist, aber ihr macht euch schuldig, wenn es euch nicht interessiert.« Esther wird zur erzählenden Zeugin und übernimmt damit eine Rolle, die noch in den Kinderschuhen steckt, aber schnell zum Kern so vieler Erinnerungskulturen zum Nationalsozialismus wird.

Morgen erinnern

Heute, mehr als ein Dreivierteljahrhundert nach dem Ende des Zweiten Weltkriegs, sind Gespräche mit Zeitzeug*innen in Schulen und auch sonst eine Seltenheit. Die wenigen, die noch von ihrer Geschichte berichten, sind eine verschwindend kleine Minderheit. Einzelnen von ihnen wird viel Aufmerksamkeit entgegengebracht. Hinzukommen Demenz und Armut, in denen Zehntausende Überlebende leben, der Krieg in der Ukraine hat das deutlich gemacht. Das sind weitere bittere Wahrheiten. Mir geht diese Frage nicht aus dem Kopf: Was passiert mit den Erfahrungen, wenn niemand mehr lebt, der sie gemacht hat?

Es braucht neue Räume und neue Ideen, um diese Geschichten zu erzählen. Manche Gedenkstätten filmen Shoah-Überlebende mit hohem Aufwand dreidimensional und bereiten diese Aufnahmen mit einer Spracherkennung auf, um sie dann auszustellen. In dieser »mixed reality« können Besuchende den Zeitzeug*innen Fragen stellen.[113] Ich habe großen Respekt vor der Arbeit von Gedenkstätten und Museen, aber wenn ich ehrlich bin, fühlt sich das nach schlechter Konservierung an, die ein Zeitzeug*innengespräch nicht ersetzen kann.

Ein wenig mehr überzeugt mich die Idee der »Zweitzeugenschaft«.[114] Das Konzept richtet sich vor allem an junge Menschen, die sich mit der Biografie einer*s Zeitzeug*in auseinandersetzen, um diese dann nacherzählen zu können. Es ist gar nicht so anders als das, was ich in diesem Buch mache. Aber es braucht einen langen Beipackzettel bei der Zweitzeugenschaft, der darüber aufklärt, dass Geschichte sich gerade dann wandelt, wenn sie von einer anderen Person nacherzählt wird, und der vor der Gefahr der Überidentifizierung mit Überlebenden oder vor ihrer Glorifizierung warnt.

Jana aus Kassel hat sich auf der Demonstration während der Corona-Pandemie gewissermaßen als Zweitzeugin mit Sophie Scholl identifiziert. Die Widerstandskämpferin ist eine der beliebtesten, aber auch stilisiertesten Identifizierungspersonen nichtjüdischer, weißer Deutscher. Die eigene Familiengeschichte gibt eben in den allermeisten Fällen keine Held*innen her.

Wie gelingt das respektvolle Weitergeben der Geschichten von Überlebenden? Ich frage jemanden aus der Praxis. Susanne Siegert ist Anfang 30 und bei Tiktok Influencerin für Erinnerungskultur, oder wie sie selbst sagt, Gedenkkultur, denn erinnern könnten nur die Überlebenden selbst. Wir treffen uns an der Leipziger Universität. Vor dem Unicafé hängen große Plakate zur Kriegszerstörung der Bibliothek im Zweiten Weltkrieg, unsere Blicke bleiben daran hängen. Geschichte ist überall.

Susanne ist in der bayrischen Provinz aufgewachsen, wenige Kilometer von Mühldorfer Hart entfernt, wo sich ein Außenlagerkomplex des Konzentrationslagers Dachau befand. Über 8.000 Menschen waren hier inhaftiert, etwa die Hälfte von ihnen wurde umgebracht. Erst vor wenigen Jahren besuchte Susanne die Gedenkstätte, erfuhr von der gewaltvollen Geschichte, die in ihrer nächsten Umgebung stattfand. Sie erzählt mir, wie sie begann, Videos zu drehen, erst einmal nur, um darüber zu berichten. Nun nimmt sie alle zwei Tage ein Video auf, die meisten haben über eine Million Aufrufe. Ihr Publikum ist größtenteils unter 25 Jahre alt.

In ihrem Video zu muslimischen KZ-Häftlingen etwa geht sie auf die für viele ihrer Follower*innen wichtige Frage ein, wie andere Opfergruppen als die jüdische verfolgt wurden. Oder wie an Transmenschen mit Stolpersteinen erinnert wird. Oder sie erklärt die ausbleibende Entnazifizierung nach 1945. Oder sie interviewt die 1935 geborene Zeitzeugin Renate Aris, lässt sich deren »Judenstern« zeigen und fragt, was sie von dem Missbrauch des Symbols durch Leugner*innen der Covid-19-Pandemie hält (nichts natürlich). Alles innerhalb kürzester Zeit, die Videos gehen meist nicht länger als anderthalb Minuten.

Dabei gibt sie Einblicke in ihre Forschungsarbeit, nennt Quellen, sagt, wo sie bei der Recherche nicht weitergekommen ist. Das ermutige zum Selbstforschen, sagen Follower*innen in den Kommentaren. Susanne ist es wichtig, Lernbereitschaft zu zeigen, selbst und ihren Follower*innen, aber auch die Schwellen für den Austausch möglichst niedrig zu halten.

Ich glaube, dass Susannes Videos auch deshalb so häufig angeschaut werden, weil sie die Geschichte des Nationalsozialismus nicht in der Vergangenheit belässt. Sie schaut auf die Kontinuitäten der Gewalt in der postnationalsozialistischen Gesellschaft, in der Sprache, in materiellen Verhältnissen oder in den sozialen Medien selbst. Sie weist andere Creator*innen auf Tiktok auf diskriminierende Sprache hin, erklärt rechte Codes und weiß, wie die Recherche zum eigenen Großvater beim Bundesarchiv gelingt. Die Erinnerungskulturen zum Nationalsozialismus sind so weit ausdifferenziert, dass sie ganz eigenen Logiken folgen. Auf Tiktok wird Geschichte informativ und durchaus auch unterhaltend von unten gemacht. Wie bei den von Esther geschätzten Geschichtswerkstätten, nur jetzt digital.

Wieder stelle ich mir die Frage, wie es Esther gelingen konnte, 1978 ihre Sprache zu finden, sie hatte ja kein Tiktok. Manchmal vergesse ich im Zuge meiner Recherchen zu Esthers Leben das, was Esther wichtig ist, verstricke mich in Details.

Also noch mal von vorne. Ich sitze in meinem Sessel und lese die Biografie ihrer Freundin Flora Neumann: *Erinnern, um zu leben. Vor Auschwitz. In Auschwitz. Nach Auschwitz*. Die Antwort auf meine Frage steckt im Titel ihres Buches. Sich erinnern heißt, Kontrolle über die eigene Geschichte zu erlangen, und für Flora und Esther heißt das, selbstbestimmt zu leben.

Flora war wie Peter Gingold im Widerstand tätig. Mit 1,44 Metern war sie ein winziges bisschen kleiner als Esther. Als ich jugendlich war, lernte ich ihre Nichte Peggy Parnass kennen, eine geniale Gerichtsreporterin, die von ihrer Tante als lebhaftem und charmantem Menschen erzählte. Trotzdem versuchte Flora dreimal, sich das Leben zu nehmen. Die nächtlichen Träume von marschierenden Stiefeln quälten sie zu sehr. Sie ähnelten denen von Esther, denen von Tausenden

Überlebenden. Flora war sich sicher, dass ihre Angst anhielt, weil sie immer noch in der gleichen, verständnislosen, feindlichen Gesellschaft lebte. Das kaltherzige Deutschland brachte sie an den Rand der Verzweiflung. Nachts Albträume, tagsüber die Gewissheit: Ihre Rechte sind jederzeit widerrufbar. Der Antisemitismus, die Menschenfeindlichkeit, der Antikommunismus waren Ende der 1970er Jahre tiefer verwurzelt als jede Akzeptanz ihrer Existenz.

Ich traue mich nicht, Esther nach ihrem oder dem Schmerz ihrer Freundinnen zu fragen oder nach den Albträumen, die sie mit ihnen teilte, noch dazu am Telefon. Ich möchte keine Grenzen überschreiten, sondern wünsche mir einfach, dass Flora auch unbeschwerte Tage kannte. Wenn sie nachts nicht schlafen konnte, malte sie häufig, um den Träumen zu entkommen. Ich wünsche mir, dass Elsa Trost in ihrer Arbeit gefunden hat, dass es ihre Sprache war, den Kampf für die materielle und symbolische Anerkennung des Leids aufzunehmen. Ich weiß, dass Esther und ihre Freundinnen sich gegenseitig stützten.

Rudolf Neumann, Floras Ehemann, ebenfalls Widerstandskämpfer und Inhaftierter im Konzentrationslager Buchenwald, ließ eine Episode aus seiner Haftzeit in das Kinderbuch *Das Kind im Koffer. Eine Geschichte aus dem* KZ *Buchenwald* einfließen. Es ist das einzige Mal in seinem Leben, dass er über diese Zeit berichtet; er erzählte sie zwei Buchautor*innen. Ein alter Mann, der in das KZ deportiert wird, schmuggelt in seinem Koffer ein Kind mit, die anderen Häftlinge helfen ihm und befreien sich und das Kind am Ende selbst. In der Realität waren es die anrückenden Alliierten, die die Lager-SS in die Flucht schlugen. Das großformatige Kinderbuch stand in der Bibliothek meiner Schule, eigentlich war ich schon ein wenig zu alt dafür. Doch im Nachhinein bin ich mir sicher, dass ich mich unter anderem wegen dieses Textes, so simpel er auch sein mag, später mit der Shoah auseinandersetzte.

Als ich es für die Recherchen zu dieser Biografie wieder in die Hand nehme, lese ich es jedoch aus einer anderen Perspektive: Wie schwer muss es Rudolf Neumann gefallen sein, das

Geschehene in eine Geschichte zu übertragen, wie schwer muss es für die Buchautor*innen gewesen sein, das Erzählte zu Papier zu bringen.

Natürlich soll das Buch die Shoah kindgerecht vermitteln. In *Das Kind im Koffer* geht alles gut aus, am Ende des Tages retten Mut, Zivilcourage und literarische Fiktion die Welt. Dem Alltag in Buchenwald kommt dieses Kinderbuch nicht ansatzweise nahe. Vielleicht sprechen so ein Text und Illustrationen auch nicht meine Generation an, die in einer Erinnerungskultur aufwuchs, in der die narrativierte Gewalt bis hin zum Erstickungstod in der Gaskammer einen festen Platz hat.

Zurück zu den Anfängen

Mehr als 40 Jahre später kann ich nicht anders, als mich über die Anfänge der deutschen Anerkennung der nationalsozialistischen Vergangenheit und die Ausprägung einer staatsgetragenen Erinnerungskultur zu wundern. Als Esther in die VVN-BdA eintrat, war das Verständnis eines ethisch, rechtlich und historisch schuldigen Deutschlands noch keineswegs parteiübergreifender Konsens, Verantwortung für die Vergangenheit keineswegs eine Säule des demokratischen Selbstverständnisses. Das weiß ich, gerade durch mein Geschichtsstudium, und doch verblüfft es mich. Denn die vierte Generation, meine Generation, ist in dem selbstverständlichen Glauben eines sich stets zu seiner Vergangenheit bekennenden Deutschlands aufgewachsen.

Meine Verwunderung entsteht aber nicht nur beim Blick auf die Anfänge dieser Erinnerungskultur. Eng verwandt damit ist das betäubende Gefühl angesichts einer Gegenwart, in der Rechtsextreme Regierungsverantwortung in Deutschland übernehmen könnten. In der Kooperationen mit Rechtsextremen drohen, zur politischen Tagesordnung zu werden, es an manchen Orten bereits sind, diese dann ganz ungeniert ihre hasserfüllten Träume ausbreiten dürfen, während deutsche Politiker*innen demokratischer Parteien die wildesten Phrasen mit Bezug zur Shoah von sich geben können. Ich denke da an Hubert Aiwanger, der sich zum Helden der Antisemitismusbekämpfung aufspielt und gleichzeitig ein Hitler-Fanboy in seiner Jugend war. Die Brandmauer gegen Rechts ähnelt eher einem hübschen Exponat im Museum. Oder der sanierten Fassade des Berliner Stadtschlosses.

Ich war mir in meiner westdeutschen und vorstädtischen Jugend sehr sicher, dass Auschwitz als Nullpunkt der deutschen Politik galt, zum Selbstverständnis dieses Landes gehörte. Natürlich unterscheiden sich die Angehörigen der vierten Generation voneinander, meine Wahrnehmung ist geprägt von einem Elternhaus, das mich früh an das Gedenken zur Shoah heranführte, über Schuld in der eigenen Familie aber nicht sprach. Ein einheitliches Wir der vierten Generation gibt es nicht: Sie ist migrantisiert, Schwarz, People of Colour, weiß, jüdisch, nichtjüdisch, muslimisch, christlich, queer, arm, reich und so weiter. Die MEMO-Studie von 2022 bestätigt, dass das Interesse an Zeitzeug*innengesprächen abhängig von Bildungs- und sozialen Ungleichheiten ist.[115]

Was aber in dieser Generation vorhanden ist, ist die langsam einsetzende Erkenntnis, dass die staatsgetragene Erinnerungskultur an vielen Stellen an ihr Ende kommt. Sei es im Klassenzimmer, wenn die eigene Familiengeschichte keinen Bezug zum Nationalsozialismus aufweist und die Frage sich stellt: Was hat das eigentlich mit mir zu tun? Sei es beim Familientreffen, wenn die Tante gegen geflüchtete Menschen hetzt und man die Hände über dem Kopf zusammenschlagen möchte: Warum wählt hier jede*r vierte AfD? Sei es, wenn Orte des Gedenkens an die von Rassist*innen ermordeten Familienmitglieder oder Freund*innen fehlen und die Frage bohrt: Wo bleibt die Anerkennung dieses Schmerzes?

Oder diese Generation ist des Gedenkens müde geworden und fordert einen Schlussstrich, gerne auch durch eine finale Aussöhnung mit Israel oder »den Juden«: Irgendwann muss doch mal gut sein! Gerade, weil bis hierhin doch so fleißig erinnert worden sei, müsste es jetzt reichen.[116] Das sind die Abwehrmechanismen der postnationalsozialistischen Gesellschaft, die sich bis in die Gegenwart fortsetzen, oder präziser, in der Dominanzgesellschaft, die in der Nachfolge der Täter*-innengesellschaft steht. Hinter Unwissen und Ignoranz steckt letzten Endes mutwilliges Vergessen dieser Gewaltgeschichte und ihrer Opfer. Auch das ist die Realität der vierten Generation. Dass vergessen werden soll, dass die Täter*innen nie bestraft wurden.

Wenn ich auf die späte Geburt der Figur des Zeitzeugen blicke, fällt mir die Fragilität des Gedenkens auf. Es ist alles nicht lange her, das Ende des Nationalsozialismus und noch viel mehr der Beginn des zögerlichen Zuhörens. Der Blick in die Gegenwart zeigt, dass rechtsextremer Terror erneut aufblüht, trotz der vielbeschworenen Erinnerungskultur des deutschen Staates. Irgendetwas kann hier also nicht stimmen.

Kann es helfen, sich der Anfänge bewusst zu werden, als Esther und so viele andere Überlebende in den 1980er Jahren ihre Stimme erhoben? Es macht Mut für das Lautwerden gegen Rechts. Für eine friedlichere Welt, gerade in Zeiten neuer atomarer Bedrohungen durch den Ukraine-Krieg. Für ein Gedenken, das die Ungerechtigkeiten der Gegenwart nicht außenvorlässt. In der Zeitzeug*innenschaft der Überlebenden liegt der Schlüssel für einen Neuanfang. Oder besser gesagt: für ein Zurückkehren.

Esther feiert, ca. 1993

6. Die politische Zeitzeugin

Coincidence

Esther steht im Copyshop und hält einen kleinen Flyer in ihrer Hand. Schlicht, weiß. Sie kann die Druckertinte noch riechen. Auf der Vorderseite steht in grauen Buchstaben »Coincidence«. Ihre Tochter Edna hat die Band gegründet. Nachdem Esthers erste Band Siebenschön sich 1985 zerstritten hatte, stieg sie bei Coincidence ein. Als Esther zu einem Festival nach Kanada eingeladen wird, kündigt sie kurzerhand ihre neue Band an. Egal, sagt der Veranstalter. Hauptsache, Esther Bejarano kommt.

Die Band »Coincidence« verbindet den Schmerz von zwei Generationen, die Geschichten von Mutter und Tochter. Sie sind eine Familie von Überlebenden: »Aufgrund dieser persönlichen Betroffenheit sind beide vereint im kulturpolitischen Engagement und finden zu einer einmaligen künstlerischen Aussagekraft, die eine Brücke zwischen Vergangenheitsbewältigung und zukunftsgerichteter antifaschistischer Aufklärung schlägt«, heißt es im Flyer.[117] Der Text liest sich ein wenig so, als sei er für die bürgerlichen Konzertgänger*innen Hamburgs geschrieben. Dabei sind Esther und die anderen Bandmitglieder gar nicht so ernst. Nicht immer. Bei ihren Proben und Konzerten haben sie Spaß zusammen. Esther albert gerne herum. Im nächsten Moment kann sie die musikalische Leitung mit aller Strenge übernehmen.

Coincidence – der Zufall, aber auch das Zusammentreffen. Fünf Musiker*innen mit unterschiedlichen musikalischen Herkünften stehen hier auf der Bühne. Ihr Repertoire ist vielfältig. Nicht selten sind die Veranstaltenden und manchmal sogar das Publikum überrascht, was sie hören: unbekannte Klassikstücke, dann wieder Pop, Folk und Jazz, hauptsächlich jedoch jiddische Lieder. Esther und Edna singen auf Jiddisch, Romanes und auf Ladino, auf Hebräisch, Deutsch, Spanisch, Griechisch, Türkisch und Englisch.

So vielfältig wie ihre Musik sind auch die jüdischen Lebenswelten, deren Erinnerungen sie wachhalten wollen. Die nationalsozialistische Gesellschaft soll nicht erfolgreich gewesen sein mit ihrem Versuch, das kulturelle Erbe jüdischer Menschen auszulöschen. Und auch wenn weder Esther noch irgendein anderes Mitglied der Band aus einem kleinen osteuropäischen Schtetl kommt oder vernünftiges Jiddisch spricht, knüpfen sie mit ihren Liedern an verlorene Zeiten an. Für einen kurzen Moment holen sie diese vergangenen Welten zurück in die Gegenwart.

Ihre Konzerte sind politisch und persönlich, das zieht Publikum an. Mitte der 1980er Jahre erlebt die sogenannte Liedermacher*innen-Szene einen Aufschwung, ebenso wie die Open-Air-Konzerte der Friedensbewegung, die als übergroße politische Happenings veranstaltet werden. Coincidence ist ab jetzt weltweit auf Tournee. So weit nichtprofessionellen Musiker*innen das möglich ist.

Aber da ist noch etwas, das an Esther Bejarano und ihrer Band fasziniert: In der direkten Nachkriegszeit waren persönliche Beziehungen vor Gericht von großem Vorteil für christliche Deutsche gewesen. Ganz ähnlich ist in den 1980er Jahren die Beschäftigung mit jüdischer Kultur äußerst en vogue. Etwa die Klezmermusik, die bei nichtjüdischen Deutschen fest mit philosemitischer Obsession verbunden sein kann.

Denn sich in vergangene jüdische Welten zu denken, kann nicht nur zur Rettung von Kulturgut beitragen, sondern auch Rettung für die deutsche Seele bedeuten. Das Bild von einem heilen christlich-jüdischen Deutschland, das angeblich vor 1933 existierte, verstellt den Blick auf den Weg, der zum Nationalsozialismus führte. Das verhindert letztlich die Auseinandersetzung mit der Schuld.[118] Die Wehmut übertüncht die eigene Familienvergangenheit so schön.

Esther kann davon ein Lied singen, sie weiß um die Anziehungskraft dieses idealisierten Judentums. Mit realen Jüdinnen und Juden hat das nichts zu tun. Es sind Re-Konstruktionen eines alten Feindbilds, das jetzt allerdings umgewandelt wird zum nichtjüdisch-deutschen Sehnsuchtsort: der Aussöhnung mit »den Juden«.

In dem antisemitischen Kosmos geht es vor allem um Vorstellungen von aschkenasischem und orthodoxem Leben. Esther aber lebt säkular, sie zerstreitet sich sogar Ende der 1980er Jahre mit der jüdischen Gemeinde in Hamburg, weil ihre Mitglieder nicht politisch aktiv seien.[119] Sie mischt verschiedene Einflüsse in ihrer Musik und ist mit einem sephardischen Juden verheiratet.

Auch bei ihren Besuchen in den Schulen bemerkt Esther, dass die Schüler*innen sich immer mehr für ihre persönliche Lebensgeschichte interessieren. Das war Ende der 1970er Jahre noch anders: In der Regel beschränkten sich die Gespräche im Klassenzimmer auf das Pathos des antifaschistischen Widerstands, der auch heute zum Handeln aufrufe. Die autobiografischen Berichte waren auf das Brechen der Kontinuitäten des Nationalsozialismus gerichtet.[120]

Esther aber kann weder über heldenhaften Widerstand im Nationalsozialismus noch über langjährige politische Tätigkeit in der Bundesrepublik berichten. Dafür verfügt sie über die Erfahrungen einer spezifischen Verfolgungsgeschichte, die sie als jüdischer Mensch erlitt. Dass die Schüler*innen dafür empfänglich sind, hängt auch damit zusammen, dass das Bild des kommunistischen Widerstandskämpfers in Häftlingskleidung an Attraktivität verliert. Nicht nur, weil diese Berichtenden immer älter werden, sondern auch, weil Mitte der 1980er Jahre mit der Etablierung von Zeitzeug*innengesprächen außerhalb des Umfelds der VVN-BdA das Gedenken an die Shoah in der Mitte der Gesellschaft ankommt – wenn auch zaghaft. Die nichtjüdische Dominanzgesellschaft schaut argwöhnisch auf die Vereinigung. Ihre kommunistische Einstellung lässt die ehemaligen Widerstandskämpfer*innen nicht sonderlich geeignet erscheinen, um bei repräsentativen Anlässen der Stadt oder des Staats aufzutreten.

Jüdische Überlebende in der VVN-BdA wie Esther sind zwar nicht weniger kommunistisch, aber sie können als Zeug*innen des nationalsozialistischen Terrors auftreten, die nicht aufgrund ihrer politischen Einstellung verfolgt wurden, sondern aufgrund des Antisemitismus.[121] Die Verurteilung des Mordes an den Jüdinnen und Juden Europas wird zum Kern deutscher Erinnerungskulturen des Nationalsozialismus. Auch, weil diese Art des Erinnerns ein Bedürfnis der nichtjüdischen Dominanzgesellschaft erfüllt.

Viktimisierung

Ich fahre an meine alte Schule. Im Keller wühle ich mich durch Kartons von Unterrichtsmaterialien und werde schnell fündig. In einem Projekt von 1984 erforschten Schüler*innen elf Biografien, unter anderem von Sozialdemokrat*innen und Arbeiter*innen Hamburger Betriebe. Alles Widerstandskämpfer*innen. Ganz hinten in dem hübsch gestalteten Heft findet sich die Geschichte des Rabbiners Joseph Norden. Er wurde 1870 geboren und 1943 in Theresienstadt ermordet. Anders als die Verfolgungsgeschichten der nichtjüdischen Widerstandskämpfer*innen geht seine mit einer zuvor weniger beachteten Rolle einher: der des Opfers, das die Gewalt »nur« deshalb erlitt, weil es in dem Exklusionsprozess der Volksgemeinschaft als »Anderer« markiert wurde. Für die Schüler*innen war klar, das Norden ermordet wurde, »nur weil er jüdisch war.«[122]

Das Interesse an individuellen Verfolgungsgeschichten jüdischer Menschen und an ihrer Viktimisierung, die stereotype Wahrnehmung ausschließlich als Opfer, sollte ab den 1980er Jahre zum Grundstein der meisten Erinnerungskulturen an den Nationalsozialismus werden, insbesondere der staatstragenden Erinnerungskultur.

Das hat mit der Rückbesinnung der christlich-liberalen Regierung unter Helmut Kohl auf nationale Geschichte zu tun. Das Projekt der »Aufarbeitung der Vergangenheit« wandelte sich zur »Vergangenheitsbewahrung«,[123] weil auch die konservativen Teile der Dominanzgesellschaft merkten, dass die Kriegsniederlage kein besonders guter Ausgangspunkt für ein nationales Selbstverständnisses war. Für viele aus der Erlebnisgeneration war sie eine Schmach. Also musste etwas anderes her.

Am 8. Mai 1985 sagte Bundespräsident Richard von Weizsäcker in seiner Rede zum 40. Jahrestag des Kriegsendes 1945 im Bonner Bundestag: »Der 8. Mai war ein Tag der Befreiung. Er hat uns alle befreit von dem menschenverachtenden System der nationalsozialistischen Gewaltherrschaft.« Die Rede strotzt vor romantischen Bildern eines geläuterten Deutschlands.[124] Und es lohnt sich zu fragen, wer eigentlich mit »wir« und »alle« gemeint ist. Weizsäckers Rede war zwar nicht der Beginn einer neuen Erinnerungskultur, aber ein erster Höhepunkt für das nationale Selbstbild Deutschlands.[125]

Doch das Projekt der staatstragenden Erinnerungskultur hinkt ein wenig. Drei Tage vor der Rede hatte Helmut Kohl den US-amerikanischen Präsidenten Ronald Reagan in der Kriegsgräberstätte Bitburg-Kolmeshöhe empfangen. Eigentlich wollten sie als versöhnte Freunde die Gräber ihrer Soldaten ehren. Nur liegen ärgerlicherweise auf dem Friedhof auch Angehörige der Waffen-SS begraben. Kurzerhand löste Kohl damit die »Bitburg-Kontroverse« aus. Bereits im Jahr zuvor, 1984, hatte er in einer Rede vor der Knesset, dem israelischen Parlament, von der »Gnade der späten Geburt« gesprochen: Schuld habe er keine.

Das ist an sich richtig. Aber Versöhnung und Relativierung liegen für die deutsche Regierung in den 1980er Jahren nahe beieinander. Wenn Täter*innen und ihre Nachfahren bestimmen wollen, wann die Versöhnung stattzufinden und wie sie auszusehen habe, dann ist die Versöhnung nicht gleichberechtigt.

In der Bundesrepublik wurden Esther und andere Überlebende ab Anfang der 1980er Jahre zu gern gesehenen Gästen in Schulen, bei Zeitungsinterviews und wenig später, vor allem im Laufe der 1990er Jahre, auch bei staatlichen Gedenkfeiern. Jüdische Zeitzeug*innen konnten sowohl für die Friedensbewegung mit ihren kirchlichen Bündnispartnern als auch bei der politisch bunten Gedenkstättenbewegung aktiv sein – ohne eine direkte Bekundung zum Kommunismus.

Das erkannte auch die VVN-BdA und sah darin die Möglichkeit zur breiteren Beteiligung an einer staatlich institutionalisierten Erinnerungskultur, die sich langsam herausbildete.

Die Hoffnung der Vereinigung: Über jüdische Zeitzeug*innenschaft könnten ihre Forderungen hörbar gemacht und eventuell auch umgesetzt werden. Denn politische und gesellschaftliche Teilhabe war in den 1980er Jahren für Kommunist*innen nicht leicht zu erlangen.[126]

Dass die VVN-BdA und ihre Zeitzeug*innen teilweise mit ihrer politischen Agenda Erfolg hatten, lag auch am nichtjüdisch-deutschen Bedürfnis nach Aussöhnung. Es schlägt sich in den diplomatischen Beziehungen zum Staat Israel nieder, mit denen die Bundesrepublik sich ihren Status als lupenreine Demokratie in der internationalen Staatengemeinschaft erhandelte.[127] Oder in der philosemitischen Idealisierung jüdischer kultureller Welten, um das schlechte Gewissen zu beruhigen. Oder in dem Anbiedern an jüdische Zeitzeug*innen, um sich und seinem Umfeld zu beweisen, das man nichts mit dem Kollektiv der Täter*innen zu tun hat. In den Augen der nichtjüdischen Dominanzgesellschaft verspricht der Opferstatus »der Juden« Absolution.

Wie in einem Theaterstück, dem Versöhnungstheater, nehmen jüdische Menschen dabei eine bestimmte Rolle ein: Sie sind der Garant dafür, dass jüdische Menschen wieder in Deutschland leben können, ergo, dass das Land wieder gut sei.[128]

Wie praktisch. Ist die reuige Haltung erst mal eingenommen, scheint ja alles geklärt. Wer könnte schon Täter sein, wenn jüdische Überlebende um ihn versammelt sind?

Es ist kein simpler Gabentausch, der hier zwischen jüdischen Zeitzeug*innen und der nichtjüdischen Dominanzgesellschaft stattfindet.[129] Aufmerksamkeit hat ihren Preis. Esther zahlte für den »öffentlichen diskursiven Machterwerb«, wie es der Historiker Martin Sabrow nennt,[130] mit dem Verlust ihres kritischen Impetus. Zumindest in Teilen. Die Aufmerksamkeit ist ein zweischneidiges Schwert. Esthers autobiografische Zeugnisse konnten nun auch Menschen außerhalb des linken, friedensbewegten Publikums erreichen. Aber ebenso erfüllten sie eine bestimmte Rolle im Narrativ des vermeintlich geläuterten Deutschlands. Von nun an bewegten sich Esthers politische Äußerungen und Forderungen in dieser Dynamik.

Inwiefern sie sich dem erinnerungskulturellen Bedürfnis der Dominanzgesellschaft anpassen muss, um ihre Geschichten erzählen zu können – diese Frage trieb Esther ab Mitte der 1980er Jahre um. Für mich ist es nicht leicht herauszufinden, bis zu welchem Grad ihr dieser Prozess bewusst war oder ob sie dem nichtjüdischen Bedürfnis nach Absolution teilweise ungewollt nachkam, etwa bei Zeitungsinterviews, die die Shoah zur großen Katastrophe Deutschlands erklärten, ohne dabei klar zu benennen, wer die Täter*innen dieser Katastrophe waren.

An anderer Stelle, 1993, sprach Esther davon, dass ihr wohl bewusst sei, dass »eine deutsche Nation ohne Vergangenheit nicht zu haben ist«.[131] Wie weit war sie bereit, an dieser deutschen Nation mitzubauen? Es gibt genug Beispiele, in denen sich Esther gegen die Vereinnahmung ihrer Zeugenschaft wehrte. Eines davon hat mit dem Auschwitz-Komitee zu tun.

Das Komitee

In dem großen Raum der ehemaligen Schule am Bullenhuser Damm stehen Hunderte Stühle. Zwei von ihnen bleiben frei: einer für die ermordeten Opfer, einer für die Täter*innen. Vom 17. bis 19. April 1986 veranstaltet Esther mit ihren politischen Mitstreiter*innen und dem ehemaligen Verfassungsrichter Martin Hirsch das »Internationale Tribunal Kindermord am Bullenhuser Damm«. Es geht ihr längst nicht mehr darum, ihrem Freund Günther Schwarberg beizustehen. Sie ist zur leitenden Stimme des Gedenkens an diesem Ort geworden.

Mit dabei ist natürlich Elsa Werner, die sich mit den Entschädigungszahlungen wie keine Zweite auskennt, und viele weitere politische Mitstreiter*innen Esthers. Etwa die Schriftstellerin Gerda Zorn, die vor Kurzem ihren ersten Roman *Bombenalltag* schrieb. Auch die nichtjüdische Radiojournalistin Lea Rosh beteiligt sich.

Das Tribunal ist für Esther ein wichtiger Schritt. In den ersten acht Jahren in der VVN-BdA hatte sie sich als »Künstlerin für den Frieden« verstanden. Aber sie ist nicht nur Friedensaktivistin, das wird ihr immer mehr bewusst. Es geht um viele wichtige Fragen: was sie aus ihrer Geschichte macht, welche Forderungen sie mit ihren autobiografischen Zeugnissen verbinden will, welche Rolle die am eigenen Körper erlittene Gewalt in ihren Erzählungen haben soll. In ihrer Zeitzeuginschaft findet ein Perspektivenwechsel statt. Esther begreift sich selbst als Opfer und als Überlebende einer spezifischen Gewalt. Als eine, die noch da ist, während Tausende es nicht mehr sind und nicht berichten können. Gedenken lässt sich auch als Selbstzweck begreifen: erinnern um der Toten willen.

Esther hat viel vor. Sie will das Erbe der kommunistischen Widerstandskämpfer*innen weitertragen und die Täter*innen anklagen, den politischen Aktivismus der Friedensbewegung in Zeiten atomarer Aufrüstung unterstützen und die Erinnerung an die Katastrophe nicht in Vergessenheit geraten lassen. Und das alles zusammenbringen. Keine leichte Aufgabe.

In der VVN-BdA hat Esther damit nur vereinzelt Erfolg. Die Garde der ehemaligen Widerstandskämpfer*innen und stalinistisch orientierten Mitglieder beäugt die jüngeren Mitglieder skeptisch, wenn sie sich breiteren Bündnissen anschließen, um ihre Forderungen lauter werden zu lassen. Vielleicht ist es Zeit für eine andere Plattform. Seit 1983 unterzeichnet Esther einige ihrer Briefe mit dem Zusatz »Präsidentin des Auschwitzkomitees«. Auch wenn das nicht so richtig stimmt, denn eigentlich ist Esther keine Präsidentin. Und das »Auschwitzkomitee« ist zu diesem Zeitpunkt noch kein Komitee, sondern eher eine Idee, ein loser Zusammenschluss von Freund*innen.

In der Bundesrepublik der 1980er Jahre gibt es einige Opferverbände, manche sind der VVN-BdA ähnlich, andere wollen mit ihr nichts zu tun haben. Sie sei kommunistisch unterwandert, heißt es etwa von der Arbeitsgemeinschaft Verfolgter Sozialdemokraten oder vom Zentralverband Demokratischer Widerstandskämpfer. Übergeordnet bestehen seit den 1950er

Jahren die Fédération Internationale des Résistants (FIR) und das Internationale Auschwitz-Komitee (IAK), das ein Dachverband aller Überlebenden und Opfer von Auschwitz sein will. Es mangelt also nicht unbedingt an Verbänden. Aber Esther sieht 1986 ihre Chance, sich durch die Gründung einer eigenen Sektion in der Bundesrepublik Deutungshoheit zu sichern.

Im IAK ist auch die Lagergemeinschaft Auschwitz – Freundeskreis der Auschwitzer e. V. organisiert. Esther ist seit 1982 Mitglied in der Lagergemeinschaft, aber nie wirklich aktiv. Jetzt ist der Vorstand der Lagergemeinschaft wenig begeistert von Esthers Idee, eine eigene Organisation zu gründen, und schickt vier Tage vor der ersten Sitzung des Auschwitz-Komitees einen harschen Brief an die Mitglieder der VVN-BdA: »Darum gibt es nur eine Antwort auf Esther Bejaranos Tätigkeit – stärken sie jetzt unsere Organisation durch Ihren Beitritt.«[132]

Doch Esther setzt sich durch. Am 28. Juni 1986 gründet sich das Auschwitz-Komitee in der Bundesrepublik Deutschland e. V. Esthers Freund Peter Gingold, dessen Lebensgeschichte ihr 1978 geholfen hatte, das Schweigen zu brechen, sitzt mit im Vorstand. Ebenfalls mit dabei sind Hans Frankenthal, der sich als Überlebender für die Entschädigung ehemaliger Zwangsarbeiter*innen einsetzt, und die Dramaturgin Marei Obladen, die im Jahr zuvor aus dem Tagebuch der Anne Frank ein Hörspiel gemacht hat.

Das IAK und die FIR senden Kurt-Julius Goldstein zur Gründungsversammlung. Der jüdische Widerstandskämpfer, Auschwitz-Überlebende und Journalist ist Vizepräsident des IAK und Sekretär der FIR. Eine fast legendäre Person. Mit der Übernahme des Namens des Dachverbands IAK kann die Sektion in der Bundesrepublik als direkte Stellvertreterin auftreten. In der Pressemeldung schreibt Esther, das IAK hätte die Gründung angeregt. So legitimiert sie ihr Handeln nachträglich.[133]

Von nun an treffen sich die Mitglieder des Auschwitz-Komitees jeden Samstag in Esthers Wohnung. Das Komitee will »Völkerverständigung« betreiben, also die junge Generation der ehemaligen Kriegsparteien an einen Tisch bringen und alte Feindschaften abbauen. Damit Esther diese Räume für den Austausch öffnen kann, braucht sie den Rückhalt einer Institution. Sie will ihre Aktivitäten als Zeitzeugin professionalisieren, Deutungshoheit bündeln und nicht eine von vielen Stimmen in der VVN-BdA sein, sondern sich bewusst auf den Ort Auschwitz beziehen. Auschwitz, der Tiefpunkt des menschlichen Zusammenlebens, soll der Ausgangspunkt demokratischer Rechte und Freiheiten der Menschen werden, heißt es in der Gründungssatzung des Komitees.

Historikerstreit

Anderswo in Westdeutschland macht man sich Gedanken über die Wissenschaftlichkeit der Erinnerungskulturen. Zwei Wochen vor der Gründung des Auschwitz-Komitees erscheint ein Text in der *Frankfurter Allgemeinen Zeitung*, der das Feuilleton, die Fachwissenschaft und die Verfolgtenverbände die nächsten anderthalb Jahre beschäftigen wird: Der »Historikerstreit« entbrennt.

Esther liest den Artikel des Historikers Ernst Nolte fünf Tage nach Erscheinen, der Schock darüber begleitet sie doppelt so lange. Nolte fragt in seinem Text, warum der Nationalsozialismus eine besondere Stellung in der deutschen Geschichte einnehme. Denn zeitlich vor der Shoah seien schließlich die stalinistischen Verbrechen in den Gulags verübt worden. Beide Verbrechen hätten einen »kausalen Nexus«, also sei der Mord an den europäischen Jüdinnen und Juden Gegenwehr gewesen, suggeriert Nolte.[134] Und damit sei er nachvollziehbar, so liest Esther.

Der Sozialphilosoph Jürgen Habermas antwortet und verteidigt die – noch sehr junge – Einsicht, dass die Shoah singulär sei und das politische Selbstverständnis der demokratischen Bundesrepublik Deutschland für immer prägen werde. Habermas erkennt die zarten Anfänge einer staatlichen Anerkennung der Shoah. Eines Deutschlands, das sich wirklich bessern will.[135]

In diesem Streit geht es um viel, vielleicht sogar um alles: nicht nur um den Umgang mit dem nationalsozialistischen Erbe, sondern auch um die Frage, welchen Stellenwert demokratische Werte in diesem Land haben. Soll Auschwitz der negative Ausgangspunkt deutscher Geschichte und damit des deutschen Selbstverständnisses sein?

Für Esther steht die Antwort fest. Auf einer Versammlung am 3. August 1986 sagt sie in einer Rede über politischen Nationalismus und sozialistischer Demokratie: »Diesen Historikerstreit begreife ich als eine Auseinandersetzung zwischen den beiden Traditionslinien deutscher Geschichte. Die Kontinuität der anderen Linie, die in einem halben Jahrhundert zweimal zum Weltenbrand geführt hat, darf nicht ungebrochen bleiben.« Und sie wird noch deutlicher: Im Kern der Debatte gehe es den revisionistischen Stimmen wie Nolte darum, eine kollektive Identifizierung mit deutschen Soldaten und Offizieren der Wehrmacht zu ermöglichen. Die Identifizierung mit »uns, den Überlebenden, die von der Sowjetarmee befreit wurden«, soll verhindert werden.[136]

Das ist der Anfang von Esthers Bemühungen, den 8. Mai zum offiziellen Tag der Befreiung in Deutschland zu erklären. Er soll ein Ansporn dafür werden, das Auschwitz nie wieder passiert. Und Esther macht klar, was es dafür braucht. Jedenfalls keine gespielten Tränen nichtjüdischer Deutscher. Sie will ihre politischen Forderungen gehört wissen: »[S]ie und wir, die Übriggebliebenen wollen und brauchen kein Mitleid. Aber es ist für uns ein großer Trost zu wissen, und was unseren Lebenswillen so bestärkt, dass immer mehr Menschen hier mit uns fühlen, versuchen, unsere Gefühle nachzuempfinden und mit uns tief verbunden auf unserer Seite stehen, wie es auch diese Historiker-Debatte zeigt.«[137]

Die sozialliberalen Stimmen im »Historikerstreit« teilen Esthers Ansicht, wenn auch die wenigsten von ihnen Esther, das IAK oder die VVN-BdA als Partnerinnen ihrer Arbeit anerkennen würden. In den 1980er Jahren erforschen immer mehr deutsche Historiker*innen die Shoah und stellen ihre ersten größeren Forschungsprojekte öffentlich vor. Die Verstrickungen der Wehrmacht ebenso wie die nationalsozialistischen Verbrechen an Opfergruppen bleiben dabei erst einmal weitestgehend unerforscht und die bisherigen empirischen Forschungsergebnisse eher dürftig.[138] Währenddessen finden sich rechte und konservative Historiker*innen zusammen, die ihre wissenschaftliche Deutungshoheit über den Nationalsozialismus nicht einfach aus der Hand geben wollen. In dieser Debatte wird nicht um Vergangenes gestritten. Sondern um die politische Zukunft der Bundesrepublik Deutschland.[139]

Singularitäten

2020 wird in Deutschland wieder über Erinnerung gestritten. Die Debatte um den Politikwissenschaftler Achille Mbembe und der Text des Historikers Dirk Moses, *Der Katechismus der Deutschen*, provozieren einen »zweiten Historikerstreit«. Mbembe stellt die Shoah, den Kolonialismus, Israel und die Apartheid in Südafrika in einen vergleichenden Zusammenhang, woraufhin ihm Antisemitismus vorgeworfen wird.[140] Moses behauptet in seinem polemischen Text, die deutsche staatstragende Erinnerungskultur zur Shoah und die damit verbundene Loyalität zum Staat Israel stehe dem Gedenken an den Kolonialismus im Weg.[141]

Jede Generation muss sich die Fragen zur Geschichte des Nationalsozialismus neu stellen, sonst verkommt das Gedenken zum nichtssagenden Ritual.[142] In globalen Krisenzeiten und bei steigenden Wahlerfolgen der rechtsextremen AfD häufen sich die herausfordernden Fragen, wie in der deutschen Öffentlichkeit erinnert werden soll. Auch wenn der Großteil nie von Historikerstreiten gehört hat, betreffen die Fragen zu den Nachwirkungen des Nationalsozialismus die gesamte postnationalsozialistische, postmigrantische Gesellschaft. Und sie werden drängender.

Aber wenn wir diese Fragen neu stellen, dann fangen wir doch wirklich von vorne an. Müsste der »zweite Historikerstreit« nicht eigentlich anders heißen? Denn es beteiligten sich

Wissenschaftler*innen aus verschiedenen Disziplinen an der Diskussion, nicht nur Historiker. Übrigens gab es auch einen sogenannten Historikerinnenstreit, bei dem die Frage diskutiert wurde, ob und wie Frauen Täterinnen im Nationalsozialismus waren.

Der Zeitpunkt des »zweiten Historikerststreits« ist kein Zufall: Die Zeitzeug*innenschaft des Nationalsozialismus geht zu Ende und das in einer postmigrantischen Gesellschaft. Auf der einen Seite steht die Shoah, die Negativfolie der demokratischen Bundesrepublik. Auf der anderen Seite eine kaum überschaubare Breite unterschiedlicher Gewalterfahrungen, an die im Einwanderungsland Deutschland erinnert wird, insbesondere an solche aus dem Kolonialismus.

Auch dieses Mal geht es um die Singularität und den Stellenwert der Shoah in der deutschen Geschichte. Allerdings mit einem kleinen Twist: Stehen die deutschen Erinnerungskulturen an die Shoah einer Auseinandersetzung mit anderen Verbrechen in der deutschen Geschichte im Weg? Und bedroht umgekehrt das Gedenken an andere Genozide die herausgehobene Stellung der Shoah?

Der Schriftsteller und Widerstandskämpfer Jean Améry schrieb angesichts des ersten Frankfurter Auschwitz-Prozesses 1963: »Alles wird untergehen in einem summarischen ›Jahrhundert der Barbarei‹«.[143] Améry sollte mit seinem weitsichtigen Satz recht behalten. Das 20. Jahrhundert ist so sehr durchdrungen von Gewalt, dass es schwerfällt, in globaler Perspektive auch nur ein friedliches Jahr auszumachen. Der Satz meint aber noch mehr: Améry befürchtete, dass die einzelnen Gewaltgeschichten zu einer einzigen, großen verschmelzen. Die Gründe für die jeweiligen Verbrechen könnten darin untergehen.

Vergleichen lässt sich eigentlich alles. Tatsächlich sind Vergleiche in den Geschichtswissenschaften ganz normal, und die Forschungsdebatte um die (ideologischen) Vorläufer der Shoah ist sehr viel älter als der »zweite Historikerstreit«. Die Historiker*innen Frank Bajohr und Rachel O'Sullivan fassen in einer Studie die aktuelle Antwort auf die Frage, ob sich die

Shoah und der Kolonialismus in Beziehung setzen lassen, so zusammen: Es gibt »keine unmittelbare Verbindung von Holocaust und Kolonialismus«, wenn auch Rassismus und Eugenik sich fortsetzten. Die Anliegen, die diese scheinbar gegenüberliegenden Seiten an die deutsche Gesellschaft haben, überschneiden sich größtenteils.[144]

Die Frage ist also nicht, inwiefern die Shoah singulär ist. Jedes Ereignis ist das. Vielleicht ist nicht einmal die Frage wichtig, welche Bedeutung die Shoah in der deutschen Geschichte einnehmen sollte. Die Philosophin Susan Neiman behauptet sogar, die These von der Singularität der Shoah als »moralisches Gebot« sei überholt. Sie sei nützlich gewesen für die Etablierung eines demokratischen Konsens in der Bundesrepublik. Aber in einer Gesellschaft, in der mehrere Erinnerungskulturen nebeneinander existieren, sei es nur gerecht, Gedenken universalistisch zu verstehen.[145]

Die entscheidende Frage des »zweiten Historikerstreits« ist, welche Bedeutung das Gedenken an die Shoah bereits innehat und wie mit Instrumentalisierungen von Gedenken umgegangen werden muss. Wer spricht überhaupt, wenn das Wort »Erinnerungskultur« fällt?[146] Warum haben sich diese Erinnerungskulturen so entwickelt?

Stritten sich bei dem ersten »Historikerstreit« 1986/87 noch sozialliberale und konservative Historiker*innen, mutet der »Historikerstreit 2.0« noch viel rigider in seiner Lagerbildung an. Das liegt auch an dem Krieg, der nach der Terrorattacke der Hamas am 7. Oktober 2023 ausgebrochen ist und diesen Streit weiter verschärft. Die Gräben sind tief. Und sie basieren durchaus auf realen Diskriminierungserfahrungen, die Opferkonkurrenzen verstärken. Dennoch werden von rechts Antisemitismus und Rassismus gegeneinander ausgespielt. Es sind vor allem Rechtsextreme, die profitieren, wenn Allianzen kaputtgehen.[147]

Als 1985 in der Gedenkstätte Auschwitz ein Streit um die Benennung einer neuen Ausstellung entbrannte, schaltete sich auch die VVN-BdA ein, und schnell erkannte Esther es als ihre Aufgabe, Opferkonkurrenzen zu unterlaufen. Ihre englische

Rede dazu habe ich hier ins Deutsche übersetzt: »Leider gab es einige jüdische Organisationen, insbesondere eine namens ›der Verein der Überlebenden‹. Sie verlangten von uns, dass der Titel der Ausstellung geändert werden sollte in: ›Auschwitz, Holocaust des jüdischen Volkes.‹ Wir konnten dem nicht zustimmen, weil wir es für richtig halten, an alle Opfer der faschistischen Barbaren zu erinnern, ob sie Juden oder Sinti, Russen oder Polen oder welcher Herkunft oder Religion auch immer sind.«[148]

Den Anspruch, ein Gedenken für alle Opfergruppen zu schaffen, kannte Esther aus der VVN-BdA, die sich selbst seit ihrer Gründung aus verschiedenen Opfergruppen zusammensetzte. Auch wenn im Selbstverständnis der Vereinigung in erster Linie der kommunistische Widerstand eine herausgehobene Stellung einnahm (und etwa jüdischer Widerstand und Rache, wie der Aufstand im Warschauer Ghetto oder die Gruppe Nakam, kaum eine Rolle spielten), waren die Menschen im Widerstand von verschiedener Nationalität gewesen, gerade im Konzentrationslager Auschwitz. Für Esther war das ein Beweis, dass die unterschiedlichen Opfergruppen zusammen widerständig sein konnten.

Am Ende ihrer Rede zum Streit über die Ausstellung von 1985 zieht sie sogar noch einen Vergleich zur Gegenwart: »Unsere Herzen bluten ebenso, wenn wir an die entstellten kleinen Körper von getöteten Kindern in Südafrika und im Libanon denken. Und wir empfinden die gleiche Trauer für unschuldige getötete israelische und palästinensische Kinder.«[149] Die hervorgerufenen Bilder von leidenden Kindern sind stark emotionalisierte Argumente, das wusste Esther, als sie ihre Rede ausarbeitete. Sie überspitzen politische Konflikte und gleichzeitig transportieren sie eine Wahrheit: Im Krieg leiden Kinder besonders.

Auschwitz, das war für Esther ein moralisches Gebot, das jedoch nicht auf der ultimativen Singularität der Shoah basierte, sondern die »Traditionslinie deutscher Geschichte« nur umso deutlicher hervorhob. Interessant finde ich, dass Esther bereits bei der Gründung des Auschwitz-Komitees keine

Berührungsängste mit Vergleichen zur Shoah hatte, immerhin sprach sie im Sinne der Friedensbewegung von der »Gefahr eines atomaren Krieges, der für die Menschheit ein millionenfaches Auschwitz« bedeuten würde.[150]

Esther schaffte, was heute beim »zweiten Historikerstreit« nur noch schwer gelingen mag: Sie sensibilisierte für die Kontexte von Gewalt, ohne die Spezifika der verschiedenen Verbrechen zu unterminieren, ohne verschiedene Diskriminierungen und Formen der Gewalt gegeneinander auszuspielen.

Wobei – vielleicht muss ich das ein wenig spezifizieren. Der »Historikerstreit« 1986/87 war ein westdeutsches Phänomen, Esthers Auseinandersetzung mit der Geltung der Shoah zu diesem Zeitpunkt jedoch zutiefst von ihrer politischen Einstellung und dem Kalten Krieg geprägt. Die Ablehnung der These von Nolte, die nationalsozialistischen Verbrechen hingen kausal mit den stalinistischen Verbrechen zusammen, lehnte Esther auch deshalb ab, weil sie sich im Systemkonflikt auf der richtigen Seite sah.

Zu Besuch in der DDR

Esther hält *die tat* in der Hand. Unauffällig, aber doch erkennbar. In der neuesten Ausgabe der Zeitschrift der VVN-BdA ist ein Artikel zur Rolle der DDR erschienen. Der Autor überschlägt sich förmlich bei seiner Behauptung, dass die DDR die letzte Bastion vor dem imperialen Westen sei. Für Esther aber ist *die tat* heute das Erkennungszeichen im Trubel des Hamburger Hauptbahnhofes. Sie ist mit vier anderen Mitgliedern auf dem Weg nach Rostock, zu einer Studienreise in die DDR, und niemand von ihnen will unnötige Aufmerksamkeit erregen. Als Esther im Zug sitzt, denkt sie nervös an ihren Reisepass, schaut nach, ob er noch im Gepäck ist. Sie hasst Grenzübertritte.

Ankunft in Rostock. Vom Bahnhof geht es ins Hotel, von dort aus in ein schickes Restaurant, am nächsten Morgen zum Pressefest der *Ostsee-Zeitung*. Am folgenden Tag besuchen sie

Vertreter der Nationalen Front, reden mit den Familien ehemaliger Widerstandskämpfer*innen und legen einen Kranz an der Gedenkstätte des Konzentrationsaußenlagers Barth nieder. Spontan stimmt Esther bei der Gedenkfeier ein Lied an. Jemand weint. Sie ist hier, um den gelebten Sozialismus selbst zu erfahren und ihre Kenntnisse über die für beendet erklärte Aufarbeitung der nationalsozialistischen Vergangenheit zu vertiefen. Eine Woche Kaderschulung.

Es ist Mitte Juni, die Sonne scheint und die Vögel an der Rostocker Promenade zwitschern. Esther hört sie auf dem Sonnendeck der *Ostseeland*. Die Staatsjacht der DDR wird nur selten genutzt, Honecker wird leicht seekrank. Und irgendwie steht eine Jacht dem sozialistischen Staatsoberhaupt nicht sonderlich gut. Mit dabei ist der Journalist Karl-Eduard von Schnitzler. Er ist berühmt für seine Fernsehsendung *Der schwarze Kanal*, in der er das Westfernsehen unmissverständlich kommentiert und so das mediale Fremdbild der Bundesrepublik in der DDR prägt. Esther und er witzeln herum, wirklich sympathisch findet sie ihn allerdings nicht. Sonne, Polittalk und Alkohol, das Leben ist gut.

Einige Wochen später schreibt Esther am Bericht zu dieser Studienfahrt mit. Bewundernswert sei, »daß in der DDR die Wurzeln des Faschismus beseitigt und die Erfahrungen des antifaschistischen Widerstandskampfes zur Grundlage des Staates gemacht worden sind«, schreibt der Leiter der Delegation. Esther ist dafür zuständig, die Friedenspolitik der DDR zu schildern. Als sie ihre Notizen beim Leiter einreicht, schreibt er handschriftlich den abschließenden Satz unter ihren Text: »Eine unabhängige Friedensbewegung in der DDR kann es nicht geben, da die staatliche Politik Friedenspolitik ist.«[151] Ironischerweise war der VVN selbst nur ein kurzes Leben in der DDR beschieden. 1953 löste sich die überparteiliche Verfolgten-Organisation unter dem Zwang der SED auf.

Für Esther ist der Systemwandel hin zum Kommunismus mit den friedenspolitischen Bestrebungen vollkommen vereinbar. Für sie zählt vor allem der Frieden auf der Welt. Und wenn das nun mal durch den Kommunismus erreicht werde, ja, dann sei sie Kommunistin. Die Proletarisierung der Produktionsmittel ist eher der Kampf ihres Partners Nissim. Esther fokussiert sich auf die internationale Verständigung, auf die Beilegung von Konflikten, auf die Erinnerung an die Gewalt. Und dafür findet sie vielfältige Anknüpfungsmöglichkeiten in der bundesrepublikanischen Demokratie. Mit der Ostpolitik des Bundeskanzlers Willy Brandt Anfang der 1970er Jahre und der de-facto-Anerkennung der DDR erleichterte sich für die VVN-BdA die Arbeit über die innerdeutsche Grenze hinweg erheblich, etwa bei Reisen wie der Esthers.

Bevor die konservative Kohl-Regierung das Projekt einer staatsgetragenen Erinnerungskultur vorantrieb, fand bereits die sozialdemokratische Regierung unter Brandt einen ähnlichen Umgang mit der Vergangenheit. Das medienwirksamste Ereignis in der Ostpolitik Brandts war sein Kniefall am 7. Dezember 1970 vor dem Denkmal für die Toten des Aufstands im Warschauer Ghetto. Eine Geste der Aussöhnung. Und obwohl vielen Menschen in der polnischen Bevölkerung nicht gerade nach Vergebung zumute war, wurde sie zum Grundstein einer Friedenspolitik zwischen Ost und West.

Im Anschluss führte die bundesrepublikanische Außen- und Geschichtspolitik der nächsten Jahre auch dazu, dass die osteuropäischen jüdischen Opfer Beachtung fanden. Genau da ist für die VVN-BdA ein Anknüpfungspunkt: Sie versprechen sich mehr Sichtbarkeit für die Verbrechen in den ehemaligen deutschen Konzentrationslagern und schicken erste Delegationen nach Polen, die das Wissen um diese fernen Gewaltgeschichten nach Westdeutschland holen sollen.

Als Esther 1985 das erste Mal wieder nach Oświęcim fährt, nach Auschwitz, wird sie im ehemaligen Stabsgebäude der SS untergebracht. Das ist eine Frechheit. In der ersten Nacht macht sie kein Auge zu, für die zweite wechselt sie in ein Hotel. Trotzdem ist sie sich nach ihrer Abreise sicher, dass sie ab jetzt regelmäßig nach Oświęcim kommen wird. Um sich selbst zu erinnern, aber auch, um das Gedenken an diesem Ort ins Leben zu rufen. Als die Planungen für eine internationale Begegnungsstätte für Jugendliche anlaufen, wird sie von den Organisator*innen gefragt, was für die Arbeit mit jungen Menschen wichtig sei. Esther antwortet, sie wünsche sich, dass die Jugendlichen einen Ort bekommen, an dem sie sich eigenständig mit der Geschichte auseinandersetzen könnten. Ein Ort, an dem sie über die aktuellen Bedrohungen auf dieser Welt reflektieren können und ihnen entschlossen entgegentreten können.

Ich rufe Esther wieder an und frage sie nach ihren Besuchen in der DDR. Sie erinnert sich nicht wirklich an den Ausflug nach Rostock, vielleicht will sie mir auch nur nicht davon erzählen. Das ist in Ordnung, ich gebe mich mit der Antwort zufrieden. Zuerst. Einige Zeit später forsche ich dann weiter im Stasi-Unterlagen-Archiv in Berlin. Hier liegen die Dokumente, Aufnahmen und Datenbanken, die das MfS, das Ministerium für Staatssicherheit, über die Bevölkerung der DDR und in seiner Funktion als Geheimdienst sammelte, um die Herrschaft der SED zu konsolidieren. Aber außer ein paar Presseausschnitten aus Westzeitungen zu Esther und der VVN-BdA finde ich nichts. Obwohl ich mir sehr sicher war, dass Esther eine Akte beim MfS haben müsste.

Esthers Wissen über den (stalinistisch orientierten) Kommunismus war vor allem durch ihren Partner Nissim geprägt, aber keineswegs war ihre politische Meinung von ihm abhängig. Der Wunsch nach einer besseren Welt trieb sie an. Das ist es, was den Kommunismus für Esther ausmachte: eine Welt, in der allen bewusst wäre, dass die Rote Armee, also ein Querschnitt von Soldat*innen aus der Bevölkerung, Auschwitz befreite. Für Esther war das kein naiver Glaube an das Gute im Menschen, sondern die Erkenntnis, dass es nie wieder so sein darf, wie es war. Der Kommunismus war das Vehikel für Esther, diesem Traum näherzukommen, er schuf Glaubwürdigkeit und ein klares Ziel. Dass sich das ändern sollte, wusste sie selbst bei ihrem letzten Besuch 1988 in der DDR noch nicht.

Am 4. November 1989 herrscht in der DDR noch immer die SED. Mitten in Berlin, auf dem Alexanderplatz, haben sich 500.000 Menschen versammelt. Die Demonstration ist offiziell angemeldet, doch die Stimmung angespannt. Auf der Bühne reden der Schriftsteller Stefan Heym, das Politbüromitglied Günter Schabowski, die Oppositionelle Marianne Birthler. Auch Christa Wolff, die brillanteste deutschsprachige Autorin der 1980er, spricht auf der Bühne, und zwar den Satz: »Stell dir vor, es ist Sozialismus, und keiner geht weg.« In diesen Tagen scheint es möglich, das alte System der DDR in einen demokratischen Sozialismus zu überführen.

Esther beobachtet die Entwicklungen jenseits der innerdeutschen Mauer genau und bleibt skeptisch. Eigentlich will sie das gar nicht sein. Denn auch für sie steht fest, dass das alte System der DDR marode ist. Und was sollte daran schlecht sein, wenn mit demokratischem Willen ein besseres Land Realität wird? Nur befürchtet sie, dass dieses neue Deutschland wenig sozialistisch geprägt sein wird. Noch viel mehr aber fürchtet sie sich vor einem geeinten Deutschland.

Esther trauert der DDR nicht hinterher. Der Wegbruch des sozialistischen Landes bedeutet für sie vielmehr, dass dieses neue Deutschland zu alter Gefährlichkeit auferstehen könnte. Für Esther ein Albtraum.[152] Sie weiß, wozu ein geeintes Deutschland fähig ist.

Die Angst bleibt für sie zuerst abstrakt. Ganz konkret sorgt sie sich um ihre Zukunft als Zeitzeugin. Sie weiß, dass mit dem Machtverlust der SED auch die VVN-BdA Probleme bekommen wird. Nicht nur, weil die Vereinigung auf den notwendigen Systemwechsel pocht und dafür nach Osten zeigte. Nach dem Zusammenbruch des Realsozialismus verliert dieses Argument gehörig an Glaubwürdigkeit. Nein, auch die finanzielle Kredibilität der VVN-BdA ist gefährdet. Die Lebensader der VVN-BdA wird über Zahlungen von der DKP erhalten, die wiederum von der SED finanziert wird. Spöttisch titelt die *Deutsche National-Zeitung*, nun sei das »Abdrehen des DKP-

SED-Geldhahns« gekommen.[153] Im November 1989 zählt die Vereinigung noch 15.000 Mitglieder, die dringend benötigten Zahlungen bleiben nun aus. Es herrscht Krisenstimmung, die Mitgliederzahlen sinken stark.[154]

Verbunden mit diesen Zahlungen ist eine Einflussnahme auf das interne Geschehen in dem Verfolgtenverband. 1989 sind fast alle hauptamtlich Tätigen der VVN-BdA gleichzeitig DKP-Mitglieder, ebenso wie fast alle Landesvorsitzenden. Auch nach dem Bekanntwerden der Zahlungen aus der DDR streitet die VVN-BdA diese ab, denn schlimmstenfalls droht das Verbot der Vereinigung, mindestens aber eine Diskreditierung. Das hätte Folgen für die weitere Zusammenarbeit mit vielen anderen Gruppen, allen voran den Schulen. Auf die ist Esther bei ihrer Arbeit als Zeitzeugin besonders angewiesen.

Und so herrscht nach dem 9. November 1989 allgemeine Ernüchterung in der VVN-BdA. Wo es jetzt hingeht, weiß niemand. Erst mal Scherben aufkehren, sagen die einen. Retten, was wir können, die anderen. Dazwischen steht Esther. Sie ist sich unsicher. Weiter wie bisher kann es nicht gehen, das ist klar. Aber wie erneuert man eine Institution, deren Kerngeschäft die Vergangenheit ist?

Esther wird von vielen Seiten ermutigt, einen Neuanfang zu wagen. Und kaum jemand kennt sich so gut mit Neuanfängen aus wie Esther Bejarano. Auf dem Bundeskongress der VVN-BdA 1990 stellt sie sich zur Wahl und verspricht Stabilität. Bestehen in der Krise.[155] Esther ist nervös, als sie ihre Ideen vorstellt. Sie ist Musikerin, Zeitzeugin, Aktivistin, aber kann sie auch eine Vereinigung führen?

Eigentlich ist es Esther gewohnt, auf der Bühne zu stehen, aber diesmal wirkt sie unsicher.[156] Kein Wunder, immerhin ist die VVN-BdA an einem Scheideweg, jetzt stellt sich die Gretchenfrage: Soll die Vereinigung als modernes, breites Bündnis mit einem sich stetig erneuernden Antifaschismus auftreten? Oder als Organisation, die geschlossen mit einem linken und antikapitalistischen Programm ihren Weg geht? Esther entscheidet sich für beides. Sie ist keine orthodoxe Kommunistin, und gleichzeitig fürchtet sie eine Schwächung linker

Positionen. Ein perfektes Rezept für strapazierende und anstrengende Verbandsarbeit.

Auf dem nächsten Bundeskongress zwei Jahre später hat sie ihre Antwort gefunden. Sie geht ans Mikrofon, breitet ihre Zettel vor sich aus und versucht das Unmögliche: »Wir sollten eine Gemeinschaft der ›Hartnäckigen‹ sein, die sich nicht anpassen, die Mut haben zum Widerstehen, auch wenn der Zeitgeist gegen sie spricht, die sich wehren gegen knallharten Individualismus und Ellenbogengesellschaft, die sensibel bleiben für Ungerechtigkeit und Unterdrückung – und dann vielleicht auch wieder Impulse geben können für den Versuch neuer politischer Modelle.« Applaus – vermerkt der Protokollant.[157]

Esther bleibt für zweieinhalb Jahre im Amt. In dieser Zeit baut sie einen Bundessprecher*innenkreis auf, das Leitungsteam der VVN-BdA, das die nächsten Jahre prägend sein wird. Seine Mitglieder stehen nun vor der Aufgabe, die hauptamtlich geführte Vereinigung in eine ehrenamtliche Organisation umzuformen. Harte Einschnitte in der Ämterbesetzung sind die Folge, die aber auch Chancen für jüngere Mitglieder bedeuten, neue Positionen zu übernehmen.

Schwieriger gestaltet sich die Zusammenarbeit mit ostdeutschen Schwestervereinigungen. Die bürgerbewegten Gruppen unter ihnen wollen nicht mit der VVN-BdA fusionieren, da sie nicht in Opposition zur bundesdeutschen Regierung stehen wollen. Also versucht Esther kurzerhand, die Vermögensansprüche der Verfolgtenverbänden in der ehemaligen DDR zu sichern.[158] Sie scheitert zwar, legt aber den Grundstein für die Arbeit der VVN-BdA im Osten. Währenddessen macht ihr die angestrebte Gemeinnützigkeit des Auschwitz-Komitees zu schaffen, die Behörden stellen sich seit der Gründung quer und finden immer neue Einwände.

Im Winter 1992 steht Esther dann kurz vorm Burnout. 1989/90 bedeutet für sie panische Angst vor einem erstarkenden Deutschland, die Krise der VVN-BdA, aber auch ein Neuanfang in ihrer politischen Aktivität als Zeitzeugin. Stress und Überforderung sind in diesen Jahren ihre Begleiter: »Wirklich gesagt, weiß ich manchmal nicht mehr, wo mir der

Kopf steht.«[159] Aktivismus, weil die Welt es erfordert, macht müde.

Für die deutsch-deutsche Gesellschaft ist 1989/90 keine Erfolgsgeschichte. Ein System bricht zusammen, und das heißt auch, dass die Selbstbilder der DDR-Bürger*innen ins Wanken geraten. Wo vorher das Leben geprägt war von Kombinat, »volksdemokratischen« Idealen, berechtigtem Misstrauen gegenüber dem Staat und einer Do-it-yourself-Mentalität, entsteht nun soziale Ungleichheit, eine Aberkennung der Leistungen der DDR-Bevölkerung und eine liberale Demokratie, die kaum Ansatzpunkte findet in den Städten und Dörfer der neuen Bundesländer. Eine Leerstelle bleibt, die das kapitalistische Versprechen der westlichen Welt für die meisten nicht ausfüllen kann.[160]

Eine Gruppe, die weder Esther noch der westdeutschen Bevölkerung oder Personen aus der bundesrepublikanischen Politik zu diesem Zeitpunkt gegenwärtig ist: die Vertragsarbeiter*innen und migrantisierten Menschen in der DDR. Viele von ihnen verlieren ihre Berufe und damit ihren Aufenthaltsstatus. Etwa 190.000 Menschen müssen um ihre soziale Position fürchten und für ihre Rechte kämpfen. Für sie bedeuten die Umbrüche 1989/90 den Beginn einer beunruhigenden, lebensgefährlichen Zeit. Es ist die Zeit der Baseballschläger.

Rechte Gewalt im Osten, rechte Gewalt im Westen

Am 19. September 1991, wenige hundert Meter von Esthers Geburtshaus entfernt, wird Samuel Kofi Yeboah in Saarlouis ermordet. Er wird nur 27 Jahre alt. Ein Brandsatz unter der Treppe der Geflüchtetenunterkunft tötet ihn. Geworfen hat ihn ein ortsbekannter Rechtsextremer. 18 Menschen können sich aus den Flammen retten. Auch Samuel versucht zu fliehen, doch er schafft es nicht mehr. Als er von Feuerwehrmännern auf einer Liege aus dem Haus getragen wird, schreit er: »Ich sterbe.«

Noch am Tag zuvor wurde er auf dem Nachhauseweg von Rechtsextremen beleidigt. Zu einem Freund sagte er: »Eines Tages werden sie mich umbringen.«[161]

Auf der anderen Seite Deutschlands, im sächsischen Hoyerswerda, werden in diesen Tagen im September ein »Flüchtlingsheim« und eine Wohnstätte für Vertragsarbeiter*innen angegriffen. 500 Menschen beteiligen sich an den Ausschreitungen. Die Überlebenden bleiben ihr Leben lang traumatisiert. Die Polizei kommt nicht, nicht aus den sächsischen Revieren und auch nicht aus dem zwei Stunden entfernten Berlin.

Die Pogrome und Morde der 1990er Jahre werden in der VVN-BdA und dem Auschwitz-Komitee verurteilt. Doch sie tun sich etwas schwer mit einer einhelligen Antwort auf die Gewalt. Dabei scheinen die Wogen eigentlich geglättet und die politischen Ziele klar: Unter Esthers Präsidentschaft soll die Vereinigung anschlussfähig für die gegenwärtigen Kämpfe sein und sich nicht mehr mit kommunistischer Orthodoxie selbst gängeln.

Die Reaktionen auf die Gewalt im Spätsommer 1991 sind eine Art Testlauf für die VVN-BdA. Ihre Pressemitteilungen verfasst die Vereinigung nicht ganz so entschlossen wie etwa ihre Brandbriefe zur Abrüstung im Kalten Krieg. Auch direkte Solidaritätsbekundungen mit den Opfern und Überlebenden oder gar Kontaktaufnahmen bleiben auf Bundesebene aus. Esther und der Bundessprecher*innenkreis sind nicht etwa überrascht von dieser Gewalt, aber ihnen fehlt letztlich der Bezug zu den ehemaligen Vertragsarbeiter*innen. Genaugenommen besucht keine öffentliche Person Lichtenhagen, außer Ignatz Bubis und Michel Friedman vom Zentralrat der Juden in Deutschland.

Aber das Auschwitz-Komitee und die VVN-BdA weisen auf die fehlende Thematisierung des rechtsextremen Gedankenguts hin. Sie verurteilen das Verhalten der Polizei. Und vor allem, mit als Erste in Deutschland, betonen sie, dass diese Gewalt nicht aus dem Nichts kommt. Sie sind stetig wachsam gegenüber den Kontinuitäten des politischen Nationalismus, darin sehen sie ihre Verantwortung. 1988 hielt Esther auf dem

Gelände des ehemaligen Konzentrationslagers Neuengamme eine Rede, in der sie voraussagte, dass die folgenden Jahre von rechtsextremem Terror geprägt sein werden: »Angesichts der zunehmenden antisemitischen Ausschreitungen und des verstärkten Ausländerhasses, der enormen Zunahme neofaschistischer Organisationen, gegen die seitens unserer Regierung absolut nichts unternommen wird, haben wir alle keinerlei Zeit zum Ausruhen.«[162]

Doch als Die Grünen für den 9. November 1991 zu einer Demonstration »Gegen Gewalt und Fremdenhaß« aufrufen und die VVN-BdA einladen mitzumachen, brechen die Konfliktlinien erneut auf. Diesmal bringen sie die Vereinigung fast zum Stillstand. Esther stimmt im Bundessprecher*innenkreis gegen die Unterzeichnung des Aufrufs: Er sei zu unspezifisch und spreche nicht die wahren Probleme an, nämlich die verschwiegenen Kontinuitäten des Nationalsozialismus. Der »Fremdenhaß« käme ja nicht von irgendwoher. Auch die Bündnispartner und das Datum seien falsch gewählt, sagt Esther. Mit dem 9. November spielten die Initiator*innen nicht nur auf die Novemberpogrome 1938, sondern auch auf die innerdeutschen Fluchtbewegungen vor weniger als zwei Jahren an. Der Vergleich hinke nicht nur, er sei auch noch geschichtsverfälschend, so Esther.[163]

Sie selbst zieht einen anderen Vergleich heran: Die Aufnahme von geflüchteten Menschen sei die »selbstverständliche Pflicht der Bundesrepublik« angesichts der Fluchtbewegungen, die der nationalsozialistische Terror ausgelöst habe.[164] Doch nun stelle sich die regierende CDU/CSU dagegen. Esther macht auf das uneingelöste Versprechen des Artikels 16 a aufmerksam: »Politisch Verfolgte genießen Asylrecht.« Das Asylrecht Deutschlands richtet sich jedoch nicht an Schutzsuchende aus aller Welt.[165]

Während seit 1990 rechtsextreme Mobs unter dem Applaus der anwesenden Bevölkerung Häuser anzünden, führen CDU/CSU, FDP und die oppositionelle SPD eine »Asyldebatte«. Man wolle dem »Missbrauch« des Asylrechts zuvorkommen. Ebenso sei die deutsche, nichtmigrantisierte Bevölkerung von der

Einwanderung überfordert, daher müsse das Asylrecht verschärft werden. Geprägt durch rassistische Vorannahmen, liefert die im Bundestag geführte Auseinandersetzung die diskursive Grundlage für rechtsextreme Gewalt.[166] Auch die SPD beteiligt sich an den Abstimmungen zur Reform und wechselt ihren Kurs in der Asyl- und Außenpolitik. Esther kritisiert, dass die Partei sich dem rassistischen Aufbegehren nicht entgegenstellt. Sie nimmt es den sozialdemokratischen Mitgliedern in der VVN- BdA sogar persönlich übel.[167]

Auch die mediale Berichterstattung ist von rassistischen Strukturen geprägt: die Worte, mit denen über die Opfer berichtet wird, die Auswahl der gezeigten Bilder, die Verwunderung über die Gewalt, die es doch eigentlich gar nicht geben kann. In diesen Jahren entsteht das Bild vom dumpfen Neonazi mit Glatze. Ein gesellschaftlicher Außenseiter, der rein gar nichts mit der postnationalsozialistischen Gesellschaft zu tun habe.

Das Nazis meistens anders aussehen, weiß Esther. Und der Spätsommer 1991 ist natürlich nicht der Beginn der rechtsextremen Gewalt in Deutschland, das weiß sie nur zu gut, aber sie flammt erneut auf, so stark wie noch nie seit dem Nationalsozialismus. Die bundesdeutsche Euphorie angesichts des Mauerfalls verfliegt schnell. In Wahrheit ist der Traum von einem gemeinsamen Deutschland entzaubert und die enttäuschten Gefühle richten sich gegen die Minderheiten. Was übrig bleibt, ist die Gewalt, die Esther am Abend des 9. November 1989 befürchtet hatte.

Die 1990er Jahre sind die gewaltvollsten in Deutschland nach dem Ende des Zweiten Weltkriegs. Aber das sollte nicht täuschen: Es gibt wohl kaum ein Jahr in der Geschichte Deutschlands nach 1945, in dem es keinen rechtsextremen Terror gab. Beispielsweise im April 1980, als die Organisation »Deutsche Aktionsgruppen« nicht nur einen Sprengsatz vor der Gedenkstätte Bullenhuser Damm detonieren ließ, sondern am 22. August 1980 auch mit einem Brandanschlag auf ein »Übergangsheim für Flüchtlinge« den Lehrer Nguyễn Ngoc Châu und den Schüler Đỗ Anh Lân ermordeten. Zuvor hatten sie »Ausländer raus« an die Wände des Gebäudes gesprüht. Hamburg war Ende der 1970er Jahre ein Schauplatz mehrerer Terrorattacken, das Zuhause einer gewaltbereiten rechtsextremen Szene geworden. In diesem Klima brach Esther ihr Schweigen.

Auf den Tag genau zwölf Jahre später, in der Nacht des 22. August 1992, fangen die Pogrome in Rostock-Lichtenhagen an. Sie dauern ganze vier Tage, es ist ein versuchter Mord an über hundert Menschen. Die sind als Vertragsarbeiter*innen aus dem kriegszerstörten Vietnam nach Deutschland gekommen und wohnen im sogenannten Sonnenblumenhaus. Und es klingt zynisch, ist aber die bittere Wahrheit: In Rostock herrscht gute Stimmung. Es gibt Bratwurstbuden und Bierstände. Ihre Betreiber*innen wollen hier kurzerhand ein gutes Geschäft machen, während mehrere Hundert Rechtsextreme Steine und Molotowcocktails auf das Haus werfen. Für manche der zuschauenden und jubelnden 3.000 Bürger*innen ist das Pogrom pure Unterhaltung, für andere die langersehnte Erfüllung ihrer hasserfüllten Träume. Die Polizei steht daneben und weiß nichts mit sich und den Rechtsextremen anzufangen.

Konsequenzen in der Polizei, in der Politik, in der Strafverfolgung der Täter*innen oder für Rostocks weiße, nichtmigrantisierte Bevölkerung gibt es keine. Hoyerswerda und Rostock-Lichtenhagen werden Wendepunkte in der deutschen Gewaltgeschichte. Der Mord an Samuel Kofi Yeboah in Saarlouis ist eine von Hunderten, tödlichen Gewalttaten.

Unsichtbare Zeitzeugenschaft

Keine zwei Kilometer vom Sonnenblumenhaus entfernt, in einem vergangenen Deutschland, lernte Esther bei ihrem Besuch 1983 in Rostock, »daß in der DDR die Wurzeln des Faschismus beseitigt und die Erfahrungen des antifaschistischen Widerstandskampfes zur Grundlage des Staates gemacht worden sind«.[168] Davon ist im August 1992 nichts zu spüren, die Wurzeln des Faschismus sind in der Stadt fest verwachsen, die Kontinuitäten des Nationalsozialismus treiben Blüten.

Die rechtsextreme Gewalt nach 1945 ist nicht gleichzusetzen mit der staatlich organisierten Verfolgung und dem Morden des nationalsozialistischen Deutschlands. Aber sie ging und geht nicht von Einzeltäter*innen aus. Sondern von einer Gesellschaft, in der politischer Nationalismus, Antisemitismus und Rassismus tief verankert sind. Die zwölf Jahre des Nationalsozialismus haben Spätfolgen. In einer Gesellschaft, in der die Täter*innen davongekommen sind, bleibt ihr Gewaltpotenzial ungebrochen.

Ich mache mich auf den Weg nach Rostock, um mir diese Spätfolgen anzuschauen. Nach wenigen Schritten aus der S-Bahn stehe ich vor dem Sonnenblumenhaus. Eine niedrige Stele zum Gedenken steht davor, eine Tafel mit weiteren Informationen fehlt. Die Gegend wirkt ruhig, und die Erinnerung an die Gewalt vor 30 Jahren scheint fast eingeschlafen. Im Fernsehen, in den Zeitungen dominierten Anfang der 1990er Jahre die Bilder von Tausenden Menschen vor dem Sonnenblumenhaus, von den Flammen, die aus den unteren Stockwerken stießen. Von Polizeiketten, Steinen und Molotow-Cocktails in den Händen eines gewaltbereiten Mobs.

Die Täter*innen müssen immer noch hier wohnen, zumindest ein nicht unerheblicher Teil von ihnen, denke ich und schaue mich um. Mein Kopf dreht sich, mir wird schlecht. Auch wegen der Wahlergebnisse, die die AfD hier einfährt. Der Journalist Christian Bangel nennt die 1990er Jahre »Baseballschlägerjahre«, abgeleitet von der bei Rechtsextremen beliebten Waffe.[169] Migrantisierte und jüdische Menschen werden in diesen Jahren beleidigt, bedroht, gejagt, verprügelt. Die rechtsextremen Ausschreitungen und Gewalttaten fordern zahlreiche Todesopfer. Auch unter Linken, Punks und queeren Menschen. Unter allen, die in den Augen der Rechtsextremen nicht dazugehören.

Esther wusste, dass stiller Rassismus und Antisemitismus rasend schnell zu lauter Gewalt werden können. In einem Interview der *Bild am Sonntag* zum 54. Jahrestag der Novemberpogrome 1992 lese ich, dass sie sich nicht mehr sicher in Deutschland fühle und froh sei, potentiell nach Israel zurückkehren zu können. Obwohl sie das nicht wolle. Neben Esther äußerte sich auch der Schriftsteller Stephan Hermlin, der mit Esthers Freund Peter Gingold 1940 in Frankreich interniert wurde. Er werde nicht wehrlos zusehen, wie man ihn aus Deutschland vertreibe.[170] Hermlin schließt den gewaltvollen Widerstand durchaus mit ein.

Kein Jahr später, nach den rechtsextremen Attentaten von Mölln im August 1993, rief der Publizist und Shoah-Überlebende Ralph Giordano migrantisierte und jüdische Menschen dazu auf, zusammen einen Selbstschutz zu organisieren. Bundeskanzler Helmut Kohl antwortete prompt: Wer diesem Aufruf Folge leiste, werde »die volle Härte des Gesetzes zu spüren bekommen«.[171] Man solle sich auf das Gewaltmonopol des Staates verlassen. Die Erfahrung jüdischer und migrantisierter Menschen in Deutschland stand dazu in krassem Gegensatz. Mehr noch: Im Gedächtnis jüdischer Menschen war fest verankert, dass der deutsche Staat sich vor 50 Jahren noch selbst an der Verfolgung beteiligt hatte.

Diese ununterbrochene Gewalt lässt Gedenken unsichtbar werden. Denn bei wirklicher Beschäftigung mit der Geschichte des Nationalsozialismus müssten doch eigentlich seine Kontinuitäten auffallen.

Mehr als 30 Jahre nach dem Tod von Samuel Kofi Yeboah nimmt die saarländische Polizei die Ermittlungen wieder auf. Die Erfolgsaussichten sind gering und das liegt an der schlechten Polizeiarbeit in den Tagen nach dem Mord an Samuel. Der Täter wurde immerhin im rechtsextremen Milieu vermutet, doch nach elf Monaten wurden die Ermittlungen eingestellt. Der Mord war Teil einer Anschlagsserie in Saarlouis seit 1987, der Brandsatz nur eine von mehreren Tatwaffen. Geworfen hat ihn Peter Werner S., der als Rechtsextremer bekannt war. Im April 2022 wurde er verhaftet und zu sechseinhalb Jahren nach Jugendstrafrecht verurteilt. Sein Komplize Peter St., der im Juni 2023 wegen Beihilfe zum Mord vor Gericht steht, habe ihm damals mit Fingerzeig auf die Anschläge in Ostdeutschland gesagt: »Hier müsste auch mal so was brennen oder passieren«.[172]

Bis heute ist das Gedenken an Samuel in Saarbrücken nicht wirklich verankert. Es sind linke Initiativen, die es vorantreiben. Zum zehnjährigen Todestag brachte eine antifaschistische Gruppe eine Gedenktafel am Rathaus Saarlouis an, kurz danach stand ein Mitglied dieser Gruppe wegen Sachbeschädigung vor Gericht. Zwar hat sich die Stadt mittlerweile des Gedenkens angenommen, jedoch ohne dabei auf die eigenen Versäumnisse hinzuweisen.

Ich könnte neben Saarlouis, Rostock-Lichtenhagen, Hamburg und Hoyerswerda noch viele weitere Orte aufzählen, es sind keine Einzelfälle. Etwa das mecklenburgische Grevesmühlen, wo im Sommer 2024 zwei acht und zehn Jahre alte Mädchen von einer Gruppe Jugendlicher rassistisch beleidigt wurden. Die Täter*innen verletzten den herbeieilenden Vater. Einiges daran erinnert an die Baseballschlägerjahre.

Oder ich könnte von Eberswalde erzählen, wo mein Großvater vor seinem Eintritt in die Wehrmacht lebte und am 24. November 1990 Amadeu Antonio von Rechtsextremen attackiert wurde. Währenddessen beobachteten drei in Zivil gekleidete, bewaffnete Polizeibeamte die Gewalttat, griffen jedoch nicht ein. Am 6. Dezember verstarb Amadeu Antonio. Die mit milden Strafen verurteilten Täter*innen seien verstörte Jugendliche gewesen, so die Presseberichterstattung. Die drei Polizisten wurden nie wegen unterlassener Hilfeleistung belangt.

Ein offener Umgang mit Schuld schmerzt. Und oftmals ist sie schwer zu fassen. Das Problem sei nicht etwa, dass es eine gesellschaftliche Verschwörung ehemaliger Täter*innen und ihrer Sympathisant*innen nach 1945 gab, so der Historiker Uffa Jensen. Auch wenn genug ehemalige Nationalsozialist*-innen in den deutschen Behörden Karriere machten und dieser Gedanke also naheliegen würde. Nein, es ist schlimmer, weil es schwerer zu ändern ist: Ignoranz gegenüber rechtsextremer Gewalt und mangelnde Empathie für die Opfer prägten die postnationalsozialistische Gesellschaft.[173]

Apathie macht noch keine Mittäter*innen, aber sie ermöglicht Gewalt.

Die deutsche Gesellschaft ist immer noch davon geprägt: Völkisches Denken, rassistisches, antisemitisches, queerfeindliches, ableistisches und antifeministisches Denken sind Bestandteile des deutschen Nationalsozialismus und gehen zeitlich noch weit dahinter zurück. Die beiden Historiker Yves Müller und Dominik Rigoll schlagen deshalb vor, künftig einen Begriff für den rechten Nationalismus des 19. Jahrhunderts, für den Nationalsozialismus, den Rechtsextremismus nach 1945 und den gegenwärtigen populistischen Nationalismus zu benutzen: politischer Nationalismus. So könnten die Traditionslinien erkennbar und gleichzeitig Unterschiede abgeglichen werden.[174]

Ich denke, dass das nicht nur für die Retrospektive, sondern auch für die Gegenwart wichtig wäre. Die Zeit drängt. In ihrem Text *Es ist alles gesagt* schreibt die Kolumnistin und Schriftstellerin Mely Kiyak: »Ich weiß, dass wir gerade Zeitzeugen sind. Wir erleben die Faschisten an die Regierungsmacht kommen. Maximal zwei Bundestagswahlen, dann haben sie die Kontrolle.«[175] Ich hoffe sehr, dass Mely Kiyak nicht recht haben wird. Aber sich selbst als erinnernder Mensch zu begreifen hilft, sich der historischen Verbindungen mit der eigenen Gegenwart, der eigenen Verantwortung bewusst zu werden.

Auch das könnte die Zukunft der Zeitzeug*innenschaft sein: Das zivilgesellschaftliche Gedenken an die Baseballschlägerjahre, an die Anschläge des NSU, an Halle und Hanau sind Beispiele, wie politischer Nationalismus nach 1945 dokumentiert und erinnert werden kann. Die Liste lässt sich bis in die frühen Jahre der Bundesrepublik und der DDR vervollständigen. Hinzu kommt eine Dunkelziffer an Hunderten rechtsextremen Gewalttaten, die wohl nie aufgeklärt werden, deren Opfer unbekannt und deren Täter*innen davongekommen sind. An diese Gewalt zu erinnern, wird entscheidend für die Zukunft der deutschen Erinnerungskulturen sein. Im Abschied von der Zeitzeugenschaft des Nationalsozialismus wird ihre Erweiterung zur Zeitzeugenschaft des politischen Nationalismus umso wichtiger.

Mir lebn ejbig

Ich höre Esthers Stimme. Sie kommt von einer Schallplatte. Das Cover der Hülle ist zerkratzt, die Platte auch. *Mir lebn ejbig* singt sie, ein Lied, das ihr heilig ist. Es handelt von dem Widerstand im Ghetto Vilnius. Vom Widerspruch gegen die Gewalt.

Ich stelle das Album wieder zurück in das Regal von Esthers alter Bibliothek, die nun im Hamburger Jugendzentrum tesch steht. Direkt neben der Platte finde ich ein ausgedrucktes Gedicht. Ich überfliege es, zuerst irritiert mich der türkische Text neben dem deutschen. Das Gedicht stammt von der Dichterin Semra Ertan. Sie schrieb es 1977, ein Jahr bevor Esther der NPD in Eimsbüttel entgegentrat und daraufhin in der VVN-BdA aktiv wurde. Es endet mit den folgenden vier Versen:

> Çalışın artık biraz anlamaya
> Vakit geldi …
> Son verin susmuşluğa
> Bitsin artık, bitsin artık
>
> Versucht doch endlich, es zu verstehen.
> Es ist an der Zeit …
> Setzt dem Schweigen ein Ende.
> Es muss aufhören, es muss aufhören.[176]

Genau wie Esther kannte Semra Schmerz und Schweigen, die eigene Ohnmacht und das Verstummen der Gesellschaft, gegen das sie anschrieb. Sie kam mit 14 Jahren nach Deutschland, als Kind türkischer Emigrant*innen. Fünf Jahre nachdem sie ihr Gedicht geschrieben hatte, beging Semra Ertan politischen Suizid aus Protest gegen den steigenden Rassismus in Deutschland. Mit 25 Jahren verbrannte sie sich am 26. Mai 1982 an der Kreuzung Simon-von-Utrecht-Straße/Detlev-Bremer-Straße in St. Pauli, nicht weit entfernt von Esthers Boutique.

Esther hat Songtexte in verschiedensten Sprachen gesammelt, Notizen in ihre Bücher geschrieben, überall kleine Zettel verteilt. Sie war eine Geschichtensammlerin. Weil sie wusste, dass sich in dem gemeinsamen Erzählen des Schmerzes eine Kraft findet, Kämpfe zusammenzuführen und so eine gerechtere Welt zu schaffen.[177] Zeitzeuginschaft verbindet.

Mitte der 1990er Jahre wurde bei Esthers Lebenspartner Nissim Parkinson diagnostiziert. Vier Jahre lang pflegte sie ihn. In dieser Zeit spürte sie, wie stark diese Verbindungen des gemeinsamen Erlebens und Erzählens auch in ihrem direkten Umfeld waren. Der Musiker, der als junger Soldat in der 5. Britischen Armee das nationalsozialistische Deutschland bekämpft, der sie in ihrer Politik unterstützt hatte, ging 1999 aus ihrem Leben. Nissim war nicht nur Esthers Ehepartner, er war ihr engster Vertrauter.

1978 wurde Esther wieder politisch aktiv, weil ihr Freundeskreis sie bestärkte, ihre Sprache wiederzufinden und ihr Schweigen zu brechen. Dass sie es mit ihrem Schmerz bis dahin ausgehalten hatte, dass sie das Ringen mit der Vergangenheit nicht zerstört hatte, lag auch daran, dass sie sich auf ihr Umfeld verlassen konnte. Auf Nissim, bei dem sie eine neue Familie fand, nachdem sie ihre alte mit dem Tod ihrer Eltern verloren hatte. Er war es, der Esther ihr Klavier beschaffte. Er las davon in einer Zeitungsannonce, wusste, dass Esther sich freuen würde, und organisierte den Transport. Er unterstützte seine Partnerin, ihre Sprache wiederzufinden. Ich will hinzufügen, dass Esther den Großteil der reproduktiven Arbeit in der Familie übernahm und ihre politische Arbeit erst möglich wurde, als die Kinder aus dem Haus waren.

Lange Zeit wusste Nissim nichts über Esthers Erfahrungen in den Lagern. Das mag verschiedene Gründe haben. An vielen Stellen brauchte es keine Worte zwischen den beiden, denn es gab ja die Musik.

Und nach Nissims Tod war sie es, die Esther tröstete. Das Lied *Mir lebn ejbig* gab ihr Halt, sie hatten es zusammen gesungen. Der Theatermacher Leyb Rozental hatte es 1943 unter den Eindrücken im Ghetto Vilnius für das Ghetto-Theater geschrieben. Esther machte es sich zu ihrem Lebensmotto. Weil es den Tod nicht verschweigt und doch widerständig ist.

Mir lebn ejbig
Mir sajnen do
Mir lebn ejbig in jeder Scho
Mir weln lebn un derlebn
Schlechte Zejtn ariber lebn
Mir lebn eibig
Mir sajnen do

Wir leben ewig
Wir sind da
Wir leben ewig in jeder Stunde
Wir werden leben und erleben
Wir leben ewig
Wir sind da[178]

Am Telefon erzählt Esther mir, sie erinnere sich in diesen Momenten auf der Bühne an ermordete Freund*innen und Verwandte und ebenso an Nissim. Das Lied macht sie traurig, manchmal schnürt es ihr die Luft ab, dann kommt kein Ton aus ihrem Mund. Es gibt einen Konzertmitschnitt, bei dem ihre Stimme kaum zu verstehen ist. Das Lied macht sie glücklich, weil sie weiß, dass die Sprache und die Musik ihre Welten weiterleben lassen.

Esther lacht, wenn sie auf der Bühne steht. Sie rächt sich an den Täter*innen, wenn sie erzählt und singt. Wenn sie tanzt. Ihre Rache kommt spät, aber mächtig.

Esther tanzt, 27. 1. 2014

7. Die Grande Dame der Erinnerungskultur

Staatstragende Erinnerungskultur

1994. Esther steht auf einer kleinen Bühne, mitten in einem prunkvollen Saal im Rathaus Hamburg. Viel zu groß erscheint er ihr. Von den Wänden des Saals verkünden prächtige Malereien die Christianisierung Hamburgs. Sie berichten vom Hafen, der die Stadt am Leben hält und ihr Selbstverständnis stiftet. Ein historischer Ort, der Geschichten erzählt, die Esther kaum kennt, die nicht ihre sind.

Heute Abend spricht nicht sie ins Mikrofon. Heute Abend wird über sie gesprochen. 1994 wird ihr die Biermann-Ratjen-Medaille für kulturelle Verdienste überreicht, als Anerkennung für mehr als 15 Jahre künstlerischer Arbeit zum Gedenken an die Opfer des Nationalsozialismus.

Es ist die erste von vielen Auszeichnungen, die Esther vom deutschen Staat und von etlichen deutschen Städten erhalten wird. Die meisten Preisverleihungen spielen Esthers Aussagen zu den Kontinuitätslinien des deutschen Nationalismus, zum fehlenden staatlichen Schutz gegenüber flüchtenden Menschen oder zu den andauernden Kriegen in der Welt herunter.

Zu diesem Zeitpunkt ist Esther eine feste Größe in Hamburg und als Zeitzeugin bundesweit bekannt. Sie ist wer, eine Person des öffentlichen Lebens. Eigentlich will sie sich keinen Moment zur Ruhe setzen, aber ein halbes Jahr später erlauben es Nissims Erkrankung und ihr Wunsch, ihn zu pflegen, ihr nicht mehr, weiter wie zuvor politisch aktiv zu sein. Esther unterzeichnet mal hier einen Brief, gibt mal dort ein Konzert.

Dabei sind die historischen Themen Mitte der 1990er Jahre vielfältig und komplex und stellen das Auschwitz-Komitee und die VVN-BdA abermals vor neue Herausforderungen. Die erinnerungskulturelle Landschaft hat sich verändert: Der deutsche Staat hat sich des Projekts Erinnerungskultur voll und ganz angenommen.[179] Gedenktage werden eingerichtet, Gedenkstätten werden umfassender vom Bund gefördert, Politiker*innen halten Reden über die dunkle Vergangenheit, Denkmäler werden geplant und gebaut, Synagogen wieder- oder neu errichtet, jüdische Friedhöfe mit Steuergeldern von Unkraut befreit. 1999 wird Außenminister Joschka Fischer mit dem Ausspruch »Nie wieder Auschwitz« den völkerrechtlich umstrittenen Einsatz der NATO und der Bundeswehr im Kosovokrieg rechtfertigen. Die Abkehr vom Nationalsozialismus wird zum Kern des bundesdeutschen demokratischen Selbstverständnisses und Handelns.

Aber nicht nur der deutsche Staat ist mit Gedenken beschäftigt. Die öffentlichen Sender, aber auch das Privatfernsehen nehmen sich des Themas an und senden historische Dokumentationen zu den Schlachten in Stalingrad oder Dünkirchen, zu Konzentrationslagern im Osten Europas, oder es inszeniert den Epilog des Zweiten Weltkriegs, die Vernichtungskraft der Atombomben. Das staatlich wiedervereinte Deutschland ist kollektiv mit dem Erbe des Nationalsozialismus beschäftigt. Das verstärkt den medialen Resonanzraum von Zeitzeug*innen wie Esther enorm.[180]

Ein paar Wochen nach der Verleihung der Biermann-Ratjen-Medaille fährt Esther mit einem Korrespondenten und einem Fotografen des Magazins *Der Spiegel* nach Oświęcim, in das Staatliche Museum Auschwitz-Birkenau. Ein dramatisches Porträt über Esther, im Text genannt »Auschwitz-Häftling Nummer 41948«, soll es werden: die tragische, aber willensstarke Überlebende, gerettet durch die magische Kraft der Musik. Sie sei bei ihrer Ankunft »verschüchtert wie ein Kind« gewesen.[181]

Wozu Esthers Willensstärke sie nach 1945 brachte, bleibt unklar. Esthers politische Arbeit wird mit keinem Wort erwähnt. Auch wenn der *Spiegel* zu diesem Zeitpunkt eigentlich ein liberales Meinungsmedium ist,[182] werden ihre Präsidentschaft im Auschwitz-Komitee oder ihr Engagement gegen rechtsextremen Terror verschwiegen. Esthers Aufbegehren gegen die NPD in Hamburg 1978 beschreibt der Autor zurückhaltend als

»traumatisch«. Dass sie daraufhin in die VVN-BdA eintrat und politisch aktiv wurde, lässt er einfach weg. Es passt nicht in sein Bild von der zierlichen Überlebenden mit dem Akkordeon.

Ich halte die Ausgabe des *Spiegel* in der Hand und frage mich, was Esther wohl dachte, als sie diesen Artikel zum ersten Mal las. Auch dieser Text ist der erste von vielen. Stadtbekannt sei sie, so die *Hamburger Morgenpost*, die Esther »privat« in ihrer Wohnung porträtierte.[183] Das *Eppendorfer Wochenblatt* berichtete über die »rührige 79jährige«, die eine »begehrte Zeitzeugin«, aber ebenso gerne in ihrem Garten tätig sei.[184] Die *Süddeutsche* führte Esthers Politik auf die Einflüsterungen ihres Ehepartners zurück.[185]

Das mit Abstand skurrilste Beispiel ist ein Buch des verurteilten Betrügers und Eventmanagers Sascha Hellen. *Nie Schweigen* will Esther Bejaranos Lebensgeschichte erzählen, lässt aber ihre politischen Äußerungen außen vor.[186] Und für die Buchpräsentation lud Hellen, kein Witz, den Sänger der identitären und nationalistischen Band Frei.Wild ein, um ein paar Worte auf der Bühne über Esther zu verlieren.

Als ich Esther nach der Reise 1994 nach Oświęcim frage, erzählt sie mir von zwei einfühlsamen und gut informierten Journalisten sowie von einem polnischen Gedenkstättenmitarbeiter, der sich vom Besuch aus der Bundesrepublik offenbar geehrt fühlte. Zu diesem Zeitpunkt erlebte der *Spiegel* mit einer Druckauflage von mehr als 1,2 Millionen seine Blütezeit.

Medien sind selbstredend keine reinen Informationsübermittler, sondern vermitteln Geschichte politisch und soziokulturell geprägt. Und obwohl in dem Artikel von 1994 über Esther kein einziges Mal das Wort Deutschland fällt, bedient auch er das Narrativ eines wiedergutgewordenen Landes nach 1945. Dafür braucht es die tragische Geschichte eines Opfers, das wehrlos war und nach dem Ende des Kriegs passiv blieb. Die Realität von Esther als politisch aktiver und meinungsstarker Kommunistin hätte da nur gestört. Es stellt sich wieder die gleiche Frage: Inwiefern musste sich Esther dem erinnerungskulturellen Bedürfnis der Dominanzgesellschaft anpassen, um ihre Geschichten erzählen zu können?

In den 1980er und 1990er Jahren wurde aus der viel beschworenen Aufarbeitung der Vergangenheit letztlich eine »Vergangenheitsbewahrung«, wie der Historiker Norbert Frei schreibt. Die Auseinandersetzung mit den nationalsozialistischen Verbrechen sei weitestgehend abgeschlossen (auch wenn die geschichtswissenschaftliche Forschung zum Nationalsozialismus nur vereinzelt als ausgereift bezeichnet werden konnte).[187] Nun gelte es, das Wissen um die Schrecken des Nationalsozialismus, allen voran die Shoah, zu vermitteln und politisches Handeln daran zu messen.

Erinnerungskulturen können eine Ordnung vorgeben, sie organisieren die Gegenwart und Zukunft moralisch, soziokulturell und politisch. Und eine Erinnerungskultur, die beweist, dass sich Deutschland seiner historischen Schuld und Verantwortung bewusst ist, schafft auch einen positiven Bezug zur eigenen deutschen Geschichte. Das gilt für die*den Einzelne*n, aber in größerem Maße und spätestens nach den Umbrüchen 1989/90 für eine kollektive Erinnerungskultur, für die Konstruktion einer nationalen »Identität der Deutschen«.

Besonders deutlich wird das etwa an einer Rede des Bundespräsidenten Roman Herzog, die er im Januar 1996 im Bundestag hielt. Er zählt die deutschen Werte des ausgehenden 20. Jahrhunderts auf: von der Demokratie und Rechtsstaatlichkeit über die Meinungsfreiheit bis hin zur Freiheit und Sicherheit jedes Menschen. Er schließt an: »Jeder einzelne dieser Aspekte unseres Gemeinwesens ist eine Antithese zu dem, was der Nationalsozialismus verkündet hat. So ist Deutschland, und so kennt und respektiert man es in der Welt.«[188] Weil man so gut erinnert hat, darf man wieder wer sein.

Aber wer hat eine Stimme in dieser Demokratie? Wessen Meinung wird gehört? Wer genießt die deutsche Rechtsstaatlichkeit? Wer kann sich frei in Deutschland bewegen, ohne um seine Sicherheit fürchten zu müssen? Wen denkt »die deutsche Erinnerungskultur« mit?

Kurze Verschnaufpause. Die staatstragende Erinnerungskultur war und ist kein orchestrierter Masterplan oder gar eine Verschwörung. Sie kann eine emanzipatorische Auseinandersetzung mit Geschichte ermöglichen. Ohne die etablierten und institutionalisierten Gedenkstätten, ohne die Arbeit von Bildungseinrichtungen oder engagierten Kommunalpolitiker*innen wäre eine Kritik an erinnerungskulturellen Instrumentalisierungen vielleicht gar nicht möglich. Sie sind die wichtigsten Allianzpartner*innen für die Erinnerungskulturen von morgen.

Die Historikerin Jenny Wüstenberg schreibt dazu, dass »das direkte Eingreifen in die Memorialisierung nicht der vorherrschende Ansatz der Institutionen des Bundes war. Staatliche Akteure taten jedoch viel, um das Erinnern indirekt zu steuern, indem sie Rahmenbedingungen zur Finanzierung und für die Organisation der Gedenkstätten schafften.«[189] Im misslichsten Fall ist die staatstragende Erinnerungskultur ein bequemer und selektiver Umgang mit Geschichte, der vor allem von der christlichen weißen Dominanzgesellschaft gepflegt wird, weil sie ihr einen positiven Bezug zur eigenen Nationalität erlaubt.

Deutungshoheit über die Vergangenheit heißt Macht für die Gegenwart. Das wurde zum Beispiel offensichtlich, als nach dem Massaker der Hamas am 7. Oktober 2023 mehrere deutsche Politiker*innen dazu aufriefen, muslimische Antisemit*innen auszubürgern. Vor dem Antisemitismus in den eigenen Reihen aber verschloss man die Augen, Ausbürgerungen forderte hier niemand. Auch, weil man ja so gut aufgearbeitet hätte.

1996 beendete Roman Herzog seine Rede im Bundestag mit den folgenden Worten: »Eine Gefahr könnte darin liegen, daß die Erinnerung einfach ausbleibt, daß neue Generationen einfach sagen, das alles gehe sie nichts mehr an und sie wollten deswegen auch nichts mehr davon wissen. Ich halte diese Gefahr allerdings – ich sage das ganz deutlich – für sehr gering.«[190] Let's see.

Ich stehe vor einem Regal mit Hunderten Ordnern. Auf jedem klebt ein Schild mit dem Namen eines nationalsozialistischen Täters, auf einigen auch mit dem von Täterinnen. Seit dem Ende des Krieges legte die VVN-BdA Dokumentationen zu ihnen an und baute eine umfangreiche Sammlung auf. Zuerst, um juristische Kompetenzen zur strafrechtlichen Verfolgung zu erlangen, später für Vermittlungsarbeit und als Zeugnisse an die Nachwelt. Um dem Narrativ der wiedergutgewordenen deutschen Nation entgegenzutreten, braucht es vor allem eines: Wissen.

Ich ziehe einige Biografien aus dem Regal und blättere durch die Seiten. Alte Bekannte begegnen mir: Bei L finde ich Dr. Franz Lucas, Esthers ehemaligen Hausarzt, bei S lächelt mir ein junger Arnold Strippel von seinem Porträtfoto entgegen, der Mörder der Kinder vom Bullenhuser Damm. Wenn ich mir die Ordner angucke, wird mir bewusst, wie viel Wissen von den Überlebenden und ihren Unterstützer*innen zusammengetragen wurde. Die Inhalte der Sammlung sind zu einem beträchtlichen Teil noch nicht in die universitäre Täter*innenforschung übergegangen. Sie bleiben vorerst in diesem Archiv.

Archive an sich aber sind noch viel wert. Sie müssen aktiviert und genutzt werden, damit Geschichten erzählt werden können. Auch heute sammeln verschiedene Recherchenetzwerke Daten zu Rechtsextremen, die sie archivieren und öffentlich zur Verfügung stellen. Erinnerungskultur bleibt Hand- und Kopfarbeit.

In den 1990er Jahren entstehen in Ost- wie in Westdeutschland immer mehr Antifa-Gruppen, die akribisch Rechtsextremen hinterherrecherchieren und, häufig verbunden mit Gedenkstätten, Geschichten von fast vergessenen Opfern des Nationalsozialismus erforschen. In gewisser Weise führen sie die Arbeit der Geschichtswerkstätten fort. Doch die Antifa ist kein Verein wie die VVN-BdA, sie hat keine Anschrift und keine Vorsitzende. An manchen Orten ist sie ein Jugendtreff für Punks, an anderen eine erfahrenes, professionelles Dokumentationszentrum. Viele der Antifa-Gruppen arbeiten mit den Verfolgtenverbänden zusammen. Sie wollen einen zivilgesellschaftlichen Beitrag gegen Geschichtsvergessenheit, Antisemitismus, Rassismus und Rechtsextremismus leisten.[191]

Häufiger sind es nun Gruppen der Antifa, die als Organisator*innen von Demonstrationen, Kundgebungen und auch Gedenkveranstaltungen auftreten. Sie sprechen sich mit der VVN-BdA ab, entwickeln aber auch ganz eigene Aktionsformen unter den gegenwärtigen Anforderungen an antifaschistischen Aktivismus: Verteidigungsstrategien gegen rechtsextreme Gewalt im eigenen Stadtteil und der selbstorganisierte Schutz von Geflüchteten-Unterkünften werden in den Baseballschlägerjahren wichtiger.

Esther findet in diesen Antifa-Gruppen, in linken Jugendgruppen und in autonomen Zentren ein drittes politisches Zuhause. Sie sucht sich ihr Publikum. Jüngere Mitglieder der VVN-BdA, die etwa in einer lokalen Antifa-Gruppe politisiert wurden, sehen sich ihrem geschichtskulturellen Selbstverständnis folgend nach den Ursprüngen antifaschistischer Arbeit um. Und sie finden Zeitzeug*innen wie Esther.

Esther wird zu einer Ikone der Antifa. Auf vielen ihrer Transparente ist Esthers Konterfei abgebildet, T-Shirts mit ihren Sprüchen werden getragen, Partys zu Esthers Geburtstag gefeiert. Aus der Zusammenarbeit mit den Aktivist*innen dieser Gruppen entstehen enge Verbindungen und viele Freundschaften.

Ende der 1990er Jahre passieren zwei spannende, eigentlich widersprüchliche Entwicklungen: Esthers Zeitzeuginschaft und ihr politisches Handeln werden feste Bestandteile in Gruppen der Antifa. Zeitgleich entpolitisiert sich ihre Zeitzeuginschaft im Rahmen der staatsgetragenen Erinnerungskultur. Beides ist für Esther durchaus miteinander vereinbar. Sicherlich, sie muss einige Einbußen in der Kommunikation ihrer politischen Forderungen hinnehmen. Aber Esther ist die Ausdehnung und Ausdifferenzierung ihrer Zeitzeugenschaft ein hohes Gut. Es ist nie falsch, viele Leute ansprechen zu wollen, denkt sie sich.

Sie schafft es, zwischen den Anforderungen einer größeren Öffentlichkeit und ihren politischen Vorstellungen abzuwägen. Das heißt nicht, dass sie sich dazu genötigt sieht, ihre Kritik an staatlichem Handeln einzuschränken. Doch Esthers politische Bewertung aktueller Umstände liegt nun überwiegend in der Wirkungskraft ihrer traumatisch-emotionaler Zeitzeuginschaft begründet. Und die erfüllt eben auch das nichtjüdische Bedürfnis einer Zeitzeugin, die in erster Linie Opfer ist.

Esther arbeitet sich durchaus an dieser staatstragenden Erinnerungskultur ab. Ganz besonders sieht sie es als ihre Aufgabe an, die fehlende Auseinandersetzung der Regierung Hamburgs mit der stadteigenen Geschichte zu thematisieren. Die Hamburger Firma Tesch und Stabenow lieferte das für den Betrieb der Gaskammern benötigte Zyklon B nach Auschwitz, doch daran erinnern kann sich kaum jemand in der Hansestadt. Erst 1997 wurde nach Protest des Auschwitz-Komitees und örtlicher Antifa-Gruppen eine Gedenktafel am ehemaligen Firmensitz angebracht. Zuvor hatte sich die Deutsche Bank, Hauseigentümerin des imposanten Gebäudes, gegen die Initiative des Komitees gewehrt. Die Begründung: Eine solche Tafel würde eine »zügige Vermietung voraussichtlich behindern«.[192]

Als dann am 1. Juni 1997 schließlich die Übergabe der Tafel stattfand, ließ sich Esther in ihrer Rede den Hinweis nicht nehmen, dass auch die Hamburger Kulturbehörde dem Einwand, eine solche Gedenktafel sei schlechte Publicity, großes Verständnis entgegengebracht hatte.[193] Dieselbe Behörde, die Esther drei Jahre zuvor mit der Biermann-Ratjen-Medaille für kulturelle Verdienste ausgezeichnet hatte. Eine Antwort auf diese Anschuldigung kam nie.

Esther bleibt dem Staat und der Stadt Hamburg, ihren Politiker*innen und auch ihren Kultureinrichtungen gegenüber skeptisch. Wie soll sie sich auch auf den Rechtsstaat verlassen, wenn dieser sie nach ihrer Rückkehr nach Deutschland bei der Wiederherstellung ihres wirtschaftlichen Daseins und bei der Verfolgung der Mörder ihrer Familie im Stich gelassen hat? Wie soll sie sich sicher fühlen, wenn die Polizei sich 1978 vor den Stand der NPD stellte und ihr vorwarf, sie verstehe von alledem nichts? Wie soll sie an die erklärte Bekämpfung des Rechtsextremismus glauben, wenn linke Gegendemonstrationen von Polizist*innen gegängelt werden? Auch Esther wird Opfer von Polizeigewalt. Am 31. Januar 2004 nimmt sie in Hamburg an einer Demonstration teil, als ein Wasserwerfer direkt auf den Lautsprecherwagen zielt, in dem sie sitzt. Sie ist da 79 Jahre alt. Aber Esther hört nicht auf zu demonstrieren. Es ist ihre Bekanntheit, die sie als Kapital in die Bewegung der Antifa einbringen kann.

Israel, Palästina und Deutschland

Geht es nach den meisten nichtjüdischen Deutschen, ist das Judentum untrennbar mit dem Israel-Palästina-Konflikt verbunden. Egal, ob sich die als jüdisch identifizierte Person jemals damit auseinandergesetzt hat oder es überhaupt möchte.

Esther kann davon ein Lied singen. 2013 kommt das *Hamburger Wochenblatt* zu ihr nach Hause und fragt sie nach ihrer Rückkehr nach Deutschland. Esther macht Kaffee, sie und die Journalist*innen sitzen auf dem großen gemütlichen Sofa im Wohnzimmer. Und ganz nebenbei erkundigen sich die Reporter*innen nach ihren Beweggründen ihrer Rückkehr und sind fasziniert von der »Resilienz«, die Esther habe. Frech fragt die Zeitung Esther: Warum sind Sie nicht mehr in Israel? Denn eigentlich, das implizieren sie mit ihrer Frage, gehöre Esther doch nach Israel.

Esther wird mit dem folgenden Satz zitiert: »Ich konnte damals nicht begreifen, dass mein Volk, das diskriminiert wurde, ein anderes Volk diskriminiert. Israels Kriege waren Angriffskriege.« Im nächsten Teil wird sie noch deutlicher: »Israel hat derzeit die schlimmste Regierung. Das sind Faschisten.«[194] Gemeint ist damit die Likud-Regierung unter dem Premierminister Benjamin Netanjahu, die seit 2009 regiert. Das ist nicht das einzige Mal, dass Esther die israelische Regierung als faschistisch bezeichnet. Ein Interview aus dem Jahr 2018, das Esther dem Onlineportal *The Electronic Intifada* gab, sticht heraus. Entscheidend für ihre Wortwahl und politische Einschätzung seien ihre eigenen Erfahrungen: »Weil ich erlebt habe, was Faschismus ist.«

Nicht abgedruckt in diesen Texten sind die Einschränkungen, die Esther ihrer Kritik mitgibt. Mehrmals spricht sie sich gegen gewaltvollen Widerstand aus, der insbesondere mit der Zweiten Intifada losbrach: »Was ist das für eine Politik, und wie menschenunwürdig ist es, wenn Eltern damit einverstanden sind, dass ihre Kinder sich in die Luft sprengen.«[195] Auch ihre Einwände gegen das Vorgehen der Hamas finden sich in ähnlichen Interviews nicht. 2006, kurz nach einem weiteren Krieg zwischen der Hisbollah und Israel, unterzeichnet Esther die »Berliner Erklärung« der Initiative »Schalom5767 – Frieden 2006«.

Es war nicht immer so, dass Esther die israelische Regierung als faschistisch bezeichnete. Direkt nach dem Eintritt in die VVN-BdA verstand sie sich in erster Linie als Antifaschistin, erst ab Mitte der 1980er Jahre wurde angesichts der wachsenden Kritik an Israel ihr Selbstverständnis als *ehemalige* Zionistin wichtiger. Natürlich erlebte Esther 1948 die Vertreibung nichtjüdischer arabischer Menschen aus Palästina und die militärischen Einsätze gegen die umliegenden Staaten in den 1950er Jahren mit. Der Grund aber, Israel 1960 zu verlassen, war der drohende Einzug ihres Partners Nissim zum Militär und somit antimilitaristisch. Diese Erfahrungen fügten sich später in ihre Kritik an Israel ein.

Esther wurde erst in der Retrospektive bewusst, wie mit ihren Erfahrungen von Gewalt, wie mit ihr als Überlebende in Israel umgegangen wurde. 1988 scheiterte eine geplante Tour ihres Albums *Vögel träumen auf den Zweigen* durch Israel, weil in einem Liedtext Birobidscan, die Hauptstadt einer ehemals autonomen jüdischen Region im Osten Russlands, als Alternative zur Aliyah, die Emigration der Jüdinnen und Juden nach Israel, dargestellt werde.[196]

Hinzu kam die Kritik an der israelischen Siedlungsbewegung, die in Esthers Kreisen ab Mitte der 1980er wahrgenommen wurde. Die Mehrzahl der israelischen Siedler*innen, die sich einem radikalen und aggressiven Zionismus verschrieben, ließen sich erst in den 1970er Jahren in Israel nieder, also nach der Rückkehr der Familie Bejarano.[197]

Esthers Kritik erklärt sich auch durch ihre Politisierung in der VVN-BdA. Propalästinensische Positionen bei gleichzeitigem Eintreten für das Existenzrecht Israels waren in der Vereinigung die Regel. Denn aus der marxistischen Lektüre resultierte für die meisten Mitglieder der Anspruch, antiimperial und damit gegen die Bestrebungen der israelischen Regierungen zu sein. Aus der Erfahrung des Nationalsozialismus ergab sich für sie die Hoffnung auf ein besseres Israel, ein sozialistisches, friedliches Israel. Das spiegelt sich in einem Text von 1988 wider, an dem Esther mitschrieb, der »Appell an das demokratische Israel«: »Aus eigenem Erleben kennen wir den unmenschlichen Terror des Naziregimes in Deutschland. […] Noch immer in der Geschichte hat es dem eigenen Volk geschadet, wenn die Regierung fremde Gebiete okkupierte«.[198]

Es sind jüdische Überlebende, die diesen Text verfasst haben. Es ist ein diasporisches Verständnis von Jüdischsein und ihre biografische Erzählung, die Esther als Kritikerin israelischer Politik glaubwürdig macht.

Seit den 2000er Jahren verstärkte sich Esthers Kritik an der israelischen Politik noch einmal. Das hatte auch damit zu tun, dass Mitte der 1990er Jahre innerhalb der Neuen Linken ein Grabenkampf entstanden war: auf der einen Seite proisraelische »Antideutsche«, auf der anderen propalästinensische »Antiimperialisten«.[199] Es handelt sich keineswegs um zwei feste Gruppen, sondern zumeist um informelle Netzwerke. Dieser Konflikt ist auf Deutschland beschränkt, nimmt aber internationale Debatten auf, etwa um die Initiative Boycott, Divestment and Sanctions (BDS), und bespricht sie im spezifischen Kontext der postnationalsozialistischen Gesellschaft.

Das Existenzrecht Israels ist für jüdische Menschen eine Frage der Sicherheit, bis heute, im schlimmsten Fall des Überlebens. Für linke, nichtjüdische Gruppierungen ist es eine Gretchenfrage, die Auskunft über ihre Verortung in der postnationalsozialistischen Gesellschaft gibt. Für »Antideutsche« ergibt sich die Kritik am Antiimperialismus und an propalästinensischen Haltungen aus dem Hass auf jüdische Menschen innerhalb der Linken. »Antiimperialisten« halten diesem Lager wiederum ein Bedürfnis nach Ersatznationalismus vor, wenn sie Israels nationalstaatliches Handeln bedingungslos unterstützen.

Esther sah sich aufseiten der Antiimperialist*innen. Auf Nachfrage erzählt sie mir, dass sie in linken Kreisen keinen Antisemitismus erfahren hätte. Das mag durchaus der Fall sein, ich bin mir aber nicht sicher, ob Esther diesen Antisemitismus wirklich erkannt hätte. Ich spreche sie auf antikapitalistische Äußerungen an, die auf antisemitische Weltsichten zurückgriffen, beispielsweise auf die »Macht der Globalisten«, die andere jüdische Linke vor die Frage stellten, wie sie sich zu dem Antisemitismus in den eigenen politischen Reihen positionieren sollten.[200] Sie winkt ab.

Ich glaube aber ebenso nicht, dass Esther instrumentalisiert wurde. Von einer Vereinnahmung für propalästinensische Motive durch nichtjüdische Menschen in der VVN-BdA kann nicht die Rede sein. Ganz einfach, weil sie sich nicht verstellen musste, ihre Empathie für die palästinensische Seite war eindeutig. Sie war in der VVN-BdA politisiert worden und fand in ihrer Enttäuschung über Israel genügend Anhaltspunkte, um die Rolle der israelkritischen jüdischen Zeitzeugin für sich annehmen zu können.

»Israel könnte meine Heimat sein, wenn Israelis und Palästinenser in einem Staat leben würden«, sagt Esther. Damit meinte sie vielleicht nicht unbedingt ihre Rückkehr nach Israel, aber sie verknüpfte ihr Jüdischsein mit der Hoffnung auf eine Stimme im deutschen Diskurs um Frieden in Israel und Palästina.

Am Telefon überlegen Esther und ich, ob es nicht besser wäre, von Judentümern zu sprechen. Meine Frage, ob sie sich jüdisch fühle, beantwortet sie mit Ja, aber inwiefern genau, das wisse sie auch nicht. Wegen ihrer Kindheit, wegen ihrer Eltern, wegen der Musik und ja, auch wegen Israel. Sie wollte dieses Land nicht aufgeben. Später fällt mir auf, dass das eine schlechte Frage für Esther war. In ihrem Leben hat sie viele verschiedene Verständnisse von Jüdischsein zugesprochen bekommen, meistens als Markierung von außerhalb. Und wenn sie selbst ihre eigene Meinung zum Jüdischsein hatte, dann war das ihr gutes Recht.

Da lauert sie wieder, die alte, verflixte Frage nach der Identität.[201] Mehr durch Zufall lese ich in einem alten Mitteilungsblatt des Auschwitz-Komitees die Vision von Esthers Freundin Elsa Werner und bleibe bei einem Absatz hängen: »Man könnte sagen, mein Leben bestand aus drei Abschnitten. Der erste bis 1939 war der Politik zugewandt, von 39 bis 45 war mein Leben jüdisches Schicksal, ab 1945 bis heute ist mein Leben bestimmt von beiden Themen, die letztlich eins waren und sind.«[202]

Am Morgen des 7. Oktober 2023 sitze ich am Frühstückstisch. Mein Handy blinkt auf, eine Freundin schreibt mir: »What's happening now in Israel is like a nightmare.« Ich rufe *tagesschau.de* auf und erstarre. Die nächsten Stunden, Tage, Wochen werden von dem brutalen Angriff der Hamas und anderer Terrorgruppen, den Geiselnahmen und dem darauffolgenden menschenrechtsverletzenden Krieg bestimmt.

1.200 Menschen werden am 7.Oktober getötet, mehr als 200 in den Gaza-Streifen entführt. Daraufhin entfacht sich ein Krieg, bei dem auf beiden Seiten vor allem die Zivilist*innen leiden. Die israelische Armee bombardiert Stellungen der Hamas in Gaza, aber auch zivile Einrichtungen und tötet Zehntausende Menschen. Alles steht auf dem Spiel. Im Verlauf des nächsten Jahres wird klar, dass es kein Zurück mehr gibt, dass eine Attacke dieses Ausmaßes nicht denkbar war und dass die Friedensbemühungen, selbst mithilfe arabischer Nachbarländer, der letzten Jahre katastrophal gescheitert sind.

Die Freundin, die mir am Morgen des 7. Oktobers schrieb, ist in Israel aufgewachsen und wohnt seit etwa zwei Jahren in Berlin. Sie gehört zu den immigrierten Menschen in Berlin, die diese Stadt intellektuell, künstlerisch und auch politisch prägen. Täglich hat sie Kontakt zu ihrer Familie in Israel. Sie ist in ständiger Sorge. Ein großer Teil der Bevölkerung in Israel weiß um die Bedrohungen, sich auf einem Dachboden verstecken zu müssen, während bewaffnete Terroristen das eigene Zuhause stürmen und ihre Familienmitglieder entführen. Es sind Traumata der Shoah, die viele jüdische Familien teilen, nicht nur in Israel.[203]

Ich mache mir nichts vor. Würde die Hamas über die gleichen Waffen wie Israel verfügen, so gäbe es Israel wohl nicht mehr.[204] Aber ich bin mir unsicher, was Esther wohl zum 7. Oktober gesagt hätte. Wahrscheinlich, dass die Zivilist*innen auf beiden Seiten zu schützen und die Geiseln zu befreien seien und dass die Regierung Benjamin Netanjahus abgewählt werden müsse. Und sie würde vielleicht fordern: Ihr jungen Menschen in diesem Krieg, legt die Waffen nieder. So, wie sie es zuvor getan hatte, etwa 1982 beim Libanonkrieg, bei der ersten Intifada oder bei vielen anderen Kriegen dieser Welt. Das mag man als träumerischen Idealismus einer friedensbewegten alten Frau abtun. Sollte man aber nicht.

Das Appellieren an den Frieden bedeutet nicht, über den Schmerz hinwegzusehen, Strafverfolgungen auszusetzen oder sich nicht widerständig zu verhalten. Esther redete nicht davon, dass Frieden auch Versöhnung heißt. Dafür war sie zu sehr Realistin. Radikale auf beiden Seiten sabotierten den Frieden in Israel und Palästina, der in den 1990er Jahren noch greifbar schien. Eine solche Eskalation, ausgehend von der Hamas am 7. Oktober, konnten sich zwar nur wenige ausmalen, gleichzeitig wussten israelische Geheimdienste von bevorstehenden Attacken. Doch die Warnungen wurden ausgeschlagen, sowohl von der militärischen Führung als auch von der Regierung.[205] Was bleibt, ist nicht Enttäuschung, sondern Wut auf die Regierung, sagt meine Freundin. Frieden hieß für Esther, diese Wut und Verantwortung nicht zu vergessen.

Währenddessen wird in Deutschland wieder einmal über das Verhältnis zu Israel und die deutsche Staatsräson gestritten. Natürlich habe Deutschland eine historische Verantwortung gegenüber Israel, so der Historiker Moshe Zimmermann, der ein Freund von Esther war. Wenn diese Verantwortung ernst genommen werde, dann müsse die deutsche Regierung sich in diesen Konflikt einmischen. Dazu gehöre auch, die Handlungen der Regierung unter Benjamin Netanjahu nicht zu tolerieren. Von ihr gehe eine stete Gefahr für die Stabilität der Region aus, so Zimmermann.[206] Pragmatische Friedensstrategien, gerade zu einer möglichen Zweistaatenlösung, gibt es durchaus: menschliche, nicht nationale Sicherheit priorisieren, marginalisierte Gruppen auf beiden Seiten in die Konfliktlösung einbeziehen und die Zivilgesellschaft stärken, wären erste Ansätze.[207]

Auch wenn es kurios scheinen mag: Meistens wird in Deutschland nicht über tatsächliche Konfliktlösung gestritten, sondern über Erinnerungskulturen. Der 7. Oktober kristallisierte Positionen stärker heraus, gerade auch in der vierten Generation. Der innerlinke Grabenkampf zwischen »Antideutschen« und »Antiimperialisten« ist in einer größeren Debatte um den Israel-Palästina-Konflikt aufgegangen und hat diese stark geprägt. Stimmen, die Israel als weiße Kolonialmacht begreifen, oder aber bedingungslose Solidarität mit Israel als Gegenprojekt zum deutschen Nationalismus fordern, Einflüsse von US-amerikanischen, britischen und auch israelischen Universitäten oder das Aufwärmen von Schuldabwehrstrategien verschärfen das Sprechen über gegenwärtiges Gedenken.[208]

Diese Debatten um Erinnerungskulturen in der postnationalsozialistischen, postmigrantischen Gesellschaft ebenso wie die um reale politische Verantwortung für den Umgang mit dem andauernden Krieg zwischen Palästina und Israel sind mühsam, sie können verletzen und destruktiv sein. Aber auch diese Gespräche müssen irgendwann geführt werden.[209]

Enkel*innengeneration

Ich bin mit Anton verabredet, Esthers Enkel. Wir treffen uns auf dem Campus der Universität Hamburg. Von hier aus spazieren wir durch das Grindelviertel, das jüdische Viertel Hamburgs. Wir hatten uns eher zufällig kennengelernt, nach Esthers Tod. Zuerst erkenne ich ihn auf dem Campus nicht, im nächsten Moment umarmen wir uns zur Begrüßung. Wir wollen darüber sprechen, was uns eigentlich als Enkel*innengeneration verbindet.

Aber bevor wir anfangen, über Enkel*innen und Erinnerungskultur zu sprechen, reden wir über unsere Jugend. Anton ist ein bisschen älter als ich, doch uns verbindet vieles. Wir sind beide in Hamburg aufgewachsen, sind auf ähnliche Schulen gegangen, haben die gleichen Bands gehört. Unsere Eltern haben uns liberal und antiautoritär erzogen: Demokratische Werte, Toleranz gegenüber anderen und der Wille zur offenen Gesellschaft prägen uns.

Wir verstehen uns gut, stimmen uns häufig in unseren Aussagen zu. Die Stellen, an denen sich unsere Erfahrungen unterscheiden, sind anfänglich nur zwischen den Zeilen zu finden. Anton und ich hörten die Erzählungen über Esthers Zeit in Auschwitz ungefähr im gleichen Alter. Unsere Beziehungen zu ihr unterscheiden sich jedoch grundlegend: Für ihn war sie eine liebende Großmutter, für mich ein Vorbild. Anton ist in einer Familie groß geworden, in der der Schmerz und das Wissen darüber präsent sind, in Deutschland Opfer von antisemitischer und rassistischer Gewalt werden zu können. Ich mit einem Großvater, der nicht von seiner Zeit an der Ostfront erzählt hat und an Erschießungen beteiligt war.

Die Angst, dass der Faschismus wiederkommt, stammt in meiner Familie aus Büchern, von der linksliberalen Politisierung meines Vaters, von dem Freiheitsdrang meiner Mutter. Anton hingegen fühlt diese Angst, erzählt er mir. Die potenzielle Verletzbarkeit ihrer Rechte begleitet die Familie Bejarano. Aber auch die Erinnerung an Nissim, der als Soldat gegen die deutsche Wehrmacht kämpfte und damit zur Befreiung der

Konzentrationslager beitrug. Antons Familie ist keine »Opferfamilie«. Der Widerstand, der aus diesem Wissen entsteht, ist tiefschürfender, sicherlich auch nervenaufreibender als der in nichtjüdischen Familien. Denn Terror beginnt nicht beim Pogrom, beim Faustschlag oder bei der Beleidigung. Terror beginnt mit dem Wissen, dass die Verletzung möglich ist.

Die Anerkennung, das Verständnis für den Schmerz anderer Menschen ist unentbehrlich für politische Solidarität. Aber kann ich diese Präsenz von stetiger Bedrohung wirklich nachfühlen?

Am besten sieht meine Solidarität bei schönem Wetter wie heute aus. Anton und ich schauen beide in den blauen Himmel über uns. Da ist zum Beispiel mein Geburtstag, erzähle ich Anton, den ich mit der jüdischen Dichterin Else Lasker-Schüler teile. Das ist natürlich Zufall, und trotzdem freue ich mich jedes Jahr darüber und lese ihre Gedichte umso lieber (genauso findet an diesem Datum der »Tag der Ehre« statt, eine Pilgerfahrt von Rechtsextremen nach Budapest). Manchmal sind es unerwartete Dinge, die unsere Familien verbinden. In beiden kommt die Krankheit Parkinson vor. Wie Nissim ist auch mein Großvater daran verstorben. Genauso wie Großväter in Abertausenden anderen Familien. Sich darüber auszutauschen tröstet, verbindet.

Was aber passiert, wenn Sturm aufzieht? Was bedeuten meine Verbundenheit und meine Solidarität, wenn sie gefährlich für mich werden kann? Die 2020er Jahre sind nicht gleichzusetzen mit den Turbulenzen der Weimarer Republik, sie besitzen ihre ganz eigenen Krisen, und davon nicht zu wenig. Ich weiß nicht, wie ich im Ernstfall reagieren würde. Ich habe Angst, dass ich vor wirklicher Solidarität, die zivilen Widerstand bedeuten würde, zurückschrecke.

Sind Esthers Geschichten für mich also zu einer Art Opfergeschichten-Ersatz geworden? Eine *feel-good Story*, weil ich mich mit ihr identifizieren möchte? Anton winkt ab. Er erzählt mir, Esther habe sogar einen Begriff dafür erfunden: Sie habe Kutlu, den Rapper ihrer Band Microphone Mafia und ein guter Freund, »eingeenkelt«, und ich wäre auch geeignet gewesen. Ich fühle mich geehrt und trotzdem nicht ganz wohl bei dem Gedanken. Enkel*in-Sein ist für mich kein Ehrenstatus, sondern eher neutral, seit meinem Geschichtsstudium mit zurückhaltender Scham verbunden.

Doch wenn ich ehrlich bin, dann muss ich sagen, dass ich den Gedanken kenne: »Was wäre, wenn ich in eine Familie von Widerstandskämpfer*innen geboren wäre? Oder jüdisch wäre?« Der Autor und Aktivist Arne Semsrott schreibt in seinem Buch *Machtübernahme*, dass er und Mitschüler*innen in der Oberstufe Esther zu einem Zeitzeugingespräch mit anschließendem Konzert einluden. Im Anschluss hätten sie sich gefragt, wie sie sich wohl im Nationalsozialismus verhalten hätten. »Fast alle waren sich sicher: Sie wären mutig gewesen. Sie wären im Widerstand gewesen.«[210] Ich erinnere mich auch an solche Pausenhofgespräche.

Diese Gedanken sind unter anderem Ausdruck davon, in welcher Zeit die vierte Generation geboren ist. Heldengeschichten der jungen Widerstandskämpferin Sophie Scholl oder des ermordeten Teenagers Anne Frank können die individuelle Auseinandersetzung mit dem Nationalsozialismus übertünchen. Das geht so weit, dass sich manche nichtjüdischen Menschen mit jüdischen Opfern überidentifizieren oder gar selbst gerne in der Opferrolle sehen wollen (bemerke: nicht Opfer *werden* wollen). Es gibt sogar einen Begriff dafür, das Wilkomirski-Syndrom, der die Fälschung einer eigenen jüdischen Verfolgtenbiografie meint. Auch nichtjüdische Deutsche haben verstanden, dass jüdischen Menschen, solange sie die Bedürfnisse nach Versöhnung erfüllen, eine gewisse Aufmerksamkeit zukommt. Und so finden sie ein bereitwilliges Publikum, das ihnen gerne glaubt.[211] Das hängt auch damit zusammen, dass die gesellschaftliche Rolle nichtjüdischer, christlicher Menschen im deutschen Versöhnungstheater merkwürdig blass bleibt, weil Schuldabwehr auch die Auseinandersetzung mit der eigenen gesellschaftlichen Position verhindert.[212]

Die beiden Autor*innen Moshtari Hilal und Senthuran Varatharajah wollen das ändern. 2021 schlugen sie vor, den Begriff »Menschen mit Migrationshintergrund« einfach mal umzudrehen: »Menschen mit Nazihintergrund«. Gemeint ist damit die Sichtbarmachung von geografischen, historischen, ökonomischen und ideologischen Positionen in der postnationalsozialistischen Gesellschaft. Es dauerte nicht lange, bis die beiden Autor*innen starke Anfeindungen erlebten.[213] Natürlich provoziert dieser Begriff. Es ist unangenehm, die eigene Position in einer Gesellschaft verdeutlicht zu bekommen. Macht, die nicht sichtbar und trotzdem immer da ist, ist gemütlich und nur schwer zu hinterfragen.

Die dritte und vor allem die vierte Generation der postnationalsozialistischen Gesellschaft wird als unbeteiligt an der Geschichte des Nationalsozialismus wahrgenommen, nicht zuletzt von sich selbst.[214] Unbefangen, weil zu jung. Der Nationalsozialismus scheint vergangen, er ist längst popkulturell überformt, und Aufarbeitung wird eher als das geglückte Projekt der Eltern aufgefasst. Das ist problematisch, weil so Leerstellen entstehen. Die AfD greift diese Unwissenheit auf: Gerade auf kommunaler Ebene verweist die rechtsextreme Partei immer wieder auf das täuschende Gebot von »Neutralität« in lokalen Gedenkstätten. Dahinter verbirgt sich der Wunsch, endlich auch deutscher »Opfer« gedenken zu dürfen. Und das wiederum ist gar nicht so weit weg von dem Wunsch, endlich auch einmal die Opferrolle spielen zu dürfen. Das Erkennen und das Reflektieren über die eigene gesellschaftliche Rolle können diese Angriffe verhindern, indem so Leerstellen gefüllt werden.

Anton und ich laufen über den Kemal-Altun-Platz, Kinder toben auf den Spielgeräten in der Mitte. Benannt wurde der Platz nach Cemal Kemal Altun, einem politischem Aktivisten und Studenten. 1983 sollte er in die türkische Militärdiktatur abgeschoben werden, ihm drohte dort der Tod. Am zweiten Tag seiner Gerichtsverhandlung beging er mit 23 Jahren Suizid, um auf seine verzweifelte Situation aufmerksam zu machen.

Wir laufen ein wenig weiter, über den Alma-Wartenberg-Platz, seit 1997 benannt nach einer sozialdemokratischen Frauenrechtlerin, in Richtung Esther-Bejarano-Schule. Die trägt ihren Namen erst seit einigen Wochen. Kleine Gruppen Jugendlicher kommen an uns vorbei, sie haben Schulschluss. Anton und ich schauen ihnen hinterher und fragen uns, wie wohl die Erinnerungskulturen der Zukunft aussehen werden. Welche Fragen die fünfte Generation in ihren Klassenzimmern diskutiert.

Also – was verbindet die Enkelgenerationen, die dritte, die vierte und die fünfte Generation nach 1945?

Unsere Großeltern und Urgroßeltern haben im Zweiten Weltkrieg als Soldaten gekämpft, die meisten auf der falschen, manche auf der richtigen Seite. Sie sind geflohen, die einen vor dem Heranrücken einer alliierten Armee, die das Morden beendete und die verbrecherische Wehrmacht besiegte, die anderen vor dieser Verfolgung und Mord. Nach 1945 verschwiegen die Mitglieder der nationalsozialistischen Volksgemeinschaft ihre Mittäterschaft, sie vergaßen, dass sie jemals Täter*innen oder Helfer*innen oder Zuschauer*innen waren und legten damit die Grundsteine einer bis heute andauernden Schuldabwehr. Mein Großvater Heinz wurde nie verurteilt, der Tatbestand könnte heutzutage nicht einmal vor Gericht erhoben werden. Viele führten die Gewalt auf stillschweigende Art fort: in der Politik, in den Behörden und der Justiz, in ihren Familien, Freundeskreisen und Berufen, in Ost- wie in Westdeutschland.

In vielen der verfolgten Familien fehlen Großeltern und Urgroßeltern, weil sie von den Täter*innen umgebracht worden waren. Hatten sie überlebt, erlitten sie auch nach dem Krieg Anfeindungen und Gewalt. Wenige engagierten sich, teilweise unter Lebensgefahr, für die frühesten Formen kämpferischer Erinnerungskulturen. Einige unserer Großeltern erfuhren den Zweiten Weltkrieg unter der kolonialen Herrschaft Europas, einige wenige lasen von ihm aus der Zeitung als bedrohliches Geschehen, weil sie gar nicht an den Kriegsschauplätzen lebten.

Unsere Eltern haben ebenso viele unterschiedliche Geschichten. Sie wuchsen in zwei Deutschlands auf, in denen die Vergangenheit unterschiedlich verhandelt wurde. In der DDR führte das antifaschistische Gedenken durchaus zu antifaschistischen Einstellungen bei den Menschen, doch die Schuld an diesen Verbrechen wurde in den Westen externalisiert. Mit katastrophalen Folgen, denn auch diese ausbleibende Auseinandersetzung ist einer der Gründe für die Baseballschlägerjahre und die Wahlerfolge der AfD in Ostdeutschland. Ein Teil der westdeutschen Generation rebellierte gegen ihre autoritären und schuldbeladenen Väter und Mütter, stellte Fragen zur Verwicklung in die nationalsozialistische Gesellschaft, erkämpfte Gedenkstätten, die bis heute Pfeiler des Gedenkens sind. Aber auch sie führte die Schuldabwehr fort, diesmal durch Opferidentifizierungen und den Glauben an erlösende Versöhnung. Manche aus dieser Elterngeneration standen vor Asylunterkünfte und Synagogen und zündeten sie an.[215]

Wenige Kinder der Überlebenden kamen mit ihren Familien aus dem Exil zurück in das Land der Täter, und wenn, dann mit schweren Herzen. Oder sie wuchsen gar nicht in Deutschland auf, sind keine Nachkommen der Erlebnisgeneration und migrierten im Rahmen eines Anwerbeabkommens nach West- oder Ostdeutschland. Oder sie flüchteten aus einem der unzähligen Kriege oder Stellvertreterkriege des Kalten Krieges, waren Überlebende von Genoziden oder kamen als »Kontingentflüchtlinge« in den 1990er Jahren in die deutsch-deutsche Gesellschaft – und sie blieben. Ebenso wie viele andere Menschen, die aus dem Jugoslawienkrieg flohen, aus den Kriegen in Afghanistan, Syrien, Sudan und so vielen weiteren Ländern.

Die Gegenwart der vierten Generation ist auch das Ergebnis der nationalsozialistischen Gewaltgeschichte Deutschlands ebenso wie von Kolonialismus, Genoziden und Unterdrückung weltweit. Diese Geschichten hängen zusammen. Sie teilen sich manche Ursprünge in der Vergangenheit und Kontinuitäten in der Gegenwart. In vielen Familien der deutschen Gesellschaft finden sich sowohl Täter*innen wie Opfer. Daher ist diese vierte Generation mit einer ständigen Komplexität ihrer Geschichten konfrontiert. Denn die Vielfältigkeit an Geschichten kann nicht das Verwischen ihrer Unterschiede bedeuten.

Das »Wir« der dritten, der vierten und auch der fünften Generation muss unbestimmt bleiben. Ihre Fragen sind so vielfältig wie ihre Geschichten.

Diverse Gesellschaft, diverses Gedenken

Etwa ein halbes Jahr nach unserem Spaziergang im Grindelviertel stehen Anton und ich auf einer Demonstration gegen die AfD und den Rechtsextremismus in der deutschen Gesellschaft. Wir gruseln uns beide jetzt schon vor den Wahlergebnissen im Jahr 2024. Wir reden über Einschüchterungen und wer von den steigenden Gewaltausschreitungen bedroht ist. Die AfD attackiert gezielt zivilgesellschaftliche, demokratiefördernde, linke, feministische und queere Initiativen, gerade in Ostdeutschland. Währenddessen passen Politiker*innen demokratischer Parteien ihre Wahlprogramme an die Forderungen nach Abschiebungen in »sichere Herkunftsstaaten« an und verschärfen somit die Asylpolitik. Olaf Scholz spricht von Abschiebungen »im großen Stil«.[216]

Der Ausbreitung des Rechtsextremismus und die Verschärfung des Asylrechts hängen zusammen. Die Geschichte des Asyls in der Europäischen Union ist verbunden mit Scheitern und Schmerz. Menschen müssen aus dem globalen Süden fliehen, weil in ihren Ländern Krieg herrscht, ihre Menschenrechte verletzt werden oder die klimatischen Bedingungen dort langsam, aber sicher den Tod bringen. Es sind weiße Europäer*innen, die diese Umstände geschaffen haben, weil sie die Länder des globalen Südens kolonisierten und die Klimakatastrophe zu einem Großteil zu verantworten haben.[217] Gleichzeitig sind sie es, die die Seenotrettung verhindern. An dieser Stelle muss ich präziser von einem Wir schreiben. Wir lassen unsere Mitmenschen ertrinken. Für Esther war das die Katastrophe des 21. Jahrhunderts. Auch, weil sie ihre eigene Ohnmacht gegenüber den Grenzen Europas wieder spürte.

Im Frühjahr 2013 organisierten sich etwa 300 vor dem libyschen Bürgerkrieg geflüchtete Menschen in der Gruppe Lampedusa in Hamburg. Sie forderten das Recht zu bleiben und zu arbeiten. Es ist die Vorgeschichte zur sogenannten Flüchtlingskrise 2015, die eigentlich eine Krise europäischer Solidarität ist. Gerade in der Anfangszeit war Esther bei Kundgebungen und Demonstrationen der Protestinitiativen dabei.

Sie kannte die Menschen, die in einem weißen Zelt in der Nähe des Hamburger Hauptbahnhofes ihr politisches Hauptquartier einrichteten und von hier aus Aktionen starteten. Die Protestierenden suchten sich juristischen Beistand, starteten künstlerische Projekte und mobilisierten vor allem die Schüler*innen und Studierenden Hamburgs. Große Teile der Zivilgesellschaft setzten sich mit der Flucht über das Mittelmeer und unterlassener Hilfeleistung auseinander. Auch, weil Esther als jüdische Überlebende der Protestgruppe zu einer politischen Stimme verhilft. Ihr Zitat »Nie mehr schweigen, wenn Unrecht geschieht« stand auf einem Banner, das an dem weißen Zelt der Gruppe befestigt war.

Anfang Oktober erreichte Hamburg eine Schreckensnachricht: 366 Menschen waren bei einem Bootsunglück am 3. Oktober gestorben. Auch sie waren aus dem libyschen Bürgerkrieg geflohen. Wenige Tage später, am 11. Oktober 2013, starben 268 Menschen. Wieder auf der gleichen Route, vor der Küste der Insel Lampedusa, an deren Strände die Leichen angespült wurden. Ohne die weitere Hilfe der Seenotrettung wären wohl noch viel mehr Menschen umgekommen. Später fanden Untersuchungen statt, Schlepper wurden verhaftet, Italien vom Europäischen Gerichtshof für Menschenrechte verurteilt.[218] Trotzdem verschärfte sich die Migrationspolitik der EU.

In einem Interview mit dem *Spiegel* spricht Esther 2020 nicht nur über die Flucht auf dem Mittelmeer, sondern auch über die in ihrer eigenen Familiengeschichte: »Zum Beispiel meine Schwester, die ist geflüchtet in die Schweiz. Man hat sie wieder zurückgeschickt auf deutschen Boden, und sie ist ermordet worden. Heute ist das etwas anders, aber es ist ähnlich.«[219]

Aus Geschichte lässt sich nicht lernen, denn sie wiederholt sich nicht und bietet unzuverlässigen Rat. Viel interessanter ist Geschichte, wenn man sie danach befragt, was nicht passiert ist. Esther fasste das in ihren Worten gut zusammen: »Heute ist das etwas anderes, aber es ist ähnlich.« Was hätte damals anders gemacht werden können?

Der historische Vergleich im *Spiegel*-Interview ist nicht der erste, den sie zieht. 2020 unterhalten Esther und ich uns am Telefon über die steigende Gewaltbereitschaft gegenüber asiatisch gelesenen Menschen während der Corona-Pandemie und über den Hass gegenüber migrantisierten Menschen. Esther selbst benutzt das Wort »Ausländer« und korrigiert sich dann. »Die meisten wohnen ja schon lange hier«, sagt sie. Und selbst wenn sie erst einen Tag hier seien, sei das ja egal.

Wir reden über die Generation der »Gastarbeiter«, die dieses Land in den 1960er Jahren unermüdlich mit aufbauten,[220] und über die Gruppe Lampedusa in Hamburg. Esther sagt zu mir, dass die Muslime »die Juden von heute« seien. Ich bin mir nicht sicher, ob ich ihr zustimme. Sie bemerkt mein Zögern, unser Gespräch stockt. Deshalb werfe ich schnell hinterher, dass sich von hier aus weiterdenken lasse: Die Erinnerungskulturen älterer Generationen und anderer Minoritäten könnten Orientierung geben.[221] Und vielleicht ist Esthers Aussage, Muslime seien »die Juden von heute«, ein Frühwarnsystem, das vielleicht genau zum richtigen Zeitpunkt anschlägt.

Andererseits lässt sich Esthers Äußerung natürlich auch leicht missverstehen. Denn wenn muslimische Menschen »die Juden von heute« sind – was sind dann die Jüdinnen und Juden heutzutage? Denn immerhin sind jüdische Menschen in Deutschland immer noch Antisemitismus ausgesetzt. Politische Empathie und Solidarität bedeutet auch, sich der spezifischen Ausprägungen einer Gewaltgeschichte bewusst zu sein.

Darf man vergleichen? Ich muss an meinen Besuch im Staatlichen Museum Auschwitz-Birkenau zurückdenken (S. 61). An die Ruinen der Gaskammern, vor denen ich stumm stand. Wenn die vollkommene Überforderung mit dem schrecklichsten Ereignis der Menschheitsgeschichte der emotionale Ausgangspunkt für Vergleiche ist, dann können eigentlich nur zwei Dinge passieren: Entweder lässt die Ohnmacht kein Weiterdenken zu (so etwas wie die Shoah darf nie wieder passieren, fertig), oder Auschwitz wird zum Abziehbild des Schreckens mit der universalen Lektion, allen Ungerechtigkeiten dieser

Welt mit maximaler Erschütterung zu begegnen zu müssen und dadurch blind für die Gründe zu werden, die zu diesen Gewaltverbrechen führten. Fehlt die Analyse, so fehlt auch die Möglichkeit, solche Verbrechen zukünftig zu verhindern.

Ich denke, dass es hilfreicher sein könnte, Gewaltgeschichten nicht gegeneinander zu stellen, ihre Toten nicht aufzurechnen oder das Entsetzen darüber als wichtigstes Resultat zu fordern. Sondern nach ihren Verflechtungen, nach Kontexten und nach Kontinuitäten zu suchen.

Die Gewalt hat eine lange Geschichte in Deutschland und darüber hinaus in ganz Europa. Schon lange vor den zwölf Jahren nationalsozialistischer Herrschaft strukturierten und hierarchisierten der Antisemitismus,[222] der Rassismus und der Sozialdarwinismus die europäischen Gesellschaften. Auch wenn die nationalsozialistischen Verbrechen sich nur eingeschränkt auf koloniale Weltbilder zurückführen lassen und auch wenn die Motivation zum Massenmord an den europäischen Jüdinnen und Juden keineswegs in der Geschichte Europas aufgeht: Die unzähligen Kapitel deutscher und europäischer Gewaltgeschichte sind räumlich, biografisch und vor allem erinnerungskulturell miteinander verwoben. Ohne sie ist auch die Shoah nicht denkbar.

Die Überlebenden der nationalsozialistischen Verbrechen und die Unterdrückten kolonialer, rassistischer Herrschaft teilten den Kampf um ein gerechtes Gedenken, aus dem Konsequenzen erwachsen sollten. Vielen von ihnen erschien das nach dem Zweiten Weltkrieg selbstverständlich.[223]

Für die Gegenwart der vierten Generation könnte das gemeinsame Ziehen an einem Seil in ähnlicher Weise gelten: Die Welt, in der wir großwurden, ist postmigrantisch. Mehr als ein Viertel der Menschen, die in Deutschland leben, haben migrantisierte Biografien. Beim ersten Gedenkstättenbesuch meiner Schulklasse, wir fuhren zum ehemaligen Konzentrationslager Neuengamme im Süden von Hamburg, forschten wir zu muslimischen Gefangenen, die politischen Widerstand leisteten und im System der Konzentrationslager rassistisch abgewertet wurden.

Für mich persönlich beginnt die Begegnung mit der Verflechtung von Gewaltgeschichten 2005 bei einem Fahrradausflug. Mein Vater und ich unternahmen kleinere Touren durch unsere Nachbarschaft in Bremen, wo unsere Familie damals wohnte. Auf unserem Weg kamen wir an einem zehn Meter hohen Elefanten aus Backsteinen entlang, den ich fasziniert anstarrte. Erbaut wurde das große dunkelrote Tier am Ende der Weimarer Republik. 1932 weihten die Deutsche Kolonialgesellschaft und der Bremer Senat das »Reichskolonialehrendenkmal« zum Gedenken an die weißen Soldaten ein, die in den deutschen Kolonien starben.[224] Als wenige Monate später die NSDAP in die Regierung gewählt wurde, galt der Elefant der Kolonialbewegung bereits als Gedenkort und als Treffpunkt für Trauerfeiern und militärische Nostalgie. Gute Anschlussfähigkeit, will ich doch meinen.

Mein Vater stand vor keiner leichten Aufgabe, mir mit acht Jahren die deutsche Gewaltgeschichte darzulegen. Beim Versuch, mir die Versklavung von Menschen, imperialistische Ausbeutung und Massenmorde zu erklären, fühlte sich mein Vater wohl am sichersten, wenn er mir von dem Kapitel deutscher Geschichte erzählte, in dem er sich am besten auskennt: dem Nationalsozialismus. Zugegeben, es lag bestimmt auch an seinem damaligen Unvermögen, mir den Kolonialismus zu vermitteln. Aber es war auch sein eigener Zugang zur Gewaltgeschichte dieses Landes, in dem er aufwuchs und lebt, dessen Geschichte ihm wichtig ist, die ihn politisierte. Auch das kann zur Auseinandersetzung mit anderen Gewaltgeschichten und ihren Orten führen.

Ein paar Fahrradminuten vom Elefantendenkmal entfernt befindet sich das Focke-Museum. In dem Bremer Landesmuseum wird über den Kolonialismus informiert und die Migrationsgeschichte der Hafenstadt ausgestellt. Hier spielte Esther ihr vorletztes Konzert mit der Microphone Mafia. Es sind die Orte der Gewaltgeschichten, die sich überlagern. Die Menschen, die an diesen Orten ihre Geschichten erzählen, sind Nachbar*innen.

Allianzen

Ich stehe auf dem Gelände des ehemaligen Konzentrationslagers Neuengamme. Mein Blick geht nach Westen, dann nach Osten. Ich laufe von einer Seite auf die andere, soweit es die Mauern zulassen. Es riecht nach frisch gemähtem Gras. Eine Schulklasse beginnt einen Rundgang, zwei Schüler kicken kleine Steinchen zurück in die markierten Umrisse, dort, wo einst die Baracken der Gefangenen standen. Über einer dieser Leerstellen ist ein schützendes Dach aus Glas und Stahl gebaut. Kerzen und Blumen liegen darunter.

In Neuengamme wurden mehr als 100.000 Menschen gefangen gehalten, 42.900 von ihnen ermordet. Bis heute kommen ihre Angehörigen aus der ganzen Welt hierhin, Schulklassen besuchen die Gedenkstätte, das Archiv und die wissenschaftliche Abteilung tragen zur Erforschung des Konzentrationslagers bei.

Es ist nicht lange her, da war das ehemalige Konzentrationslager Neuengamme ein Gefängnis: bis 2003 befand sich an diesem Ort eine Justizvollzugsanstalt. Nach dem Krieg waren hier nationalsozialistische Täter*innen inhaftiert worden. 1981 eröffnete ein erstes, kleineres Dokumentationszentrum, 1984 besetzten Aktivist*innen der Gedenkstättenbewegung das Gelände, um ein zentrales Gebäude vor dem Abriss zu schützen. Erst eine zivilgesellschaftliche Initiative der Gedenkstättenbewegung erkämpfte das offizielle Gedenken an diesem Ort.

Gedenkstätten waren und sind immer auch Schauplätze von gegenwärtiger politischer Auseinandersetzung. Wer erinnert an wen? Warum? Was folgt aus Erinnerung?

1989, ein Jahr nachdem Esther in Neuengamme eine Rede zu rechtsextremer Gewalt gehalten hatte, besetzten 20 Sinti*zze und Romn*ja die Gedenkstätte. Bereits 1980 war es im ehemaligen Konzentrationslager Dachau zu einer Besetzung durch Sinti*zze und Romn*ja gekommen. Ihr Ziel war es, die Erfassung durch die sogenannten Landfahrerakten, geführt von nach rassistischen Kriterien arbeitenden Behörden der Bundesrepublik, zu unterbinden und den Völkermord staatlich anerkannt zu wissen. Ihr Streik war wegweisend für die Besetzung neun Jahre später.[225]

Für Neuengamme entschieden sich die Aktivist*innen 1989, weil ihre Vorfahren diesen Ort »mit ihrem Blut bezahlt« hätten, so erinnert sich ein Zeitzeuge.[226] Einige hundert Sinti*zze und Romn*ja waren in dem Konzentrationslager ermordet worden. Nun drohte ihren Nachfahren in der Bundesrepublik die Abschiebung und damit potenzielle Gewalt bis hin zum Mord in ihren Herkunftsländern. Ein Großteil von ihnen war aus Jugoslawien geflohen, um dem drohenden Bürgerkrieg zu entkommen, der auch zum Genozid gegen mehr als 8.372 Bosniak*-innen führen sollte. Inmitten des schwelenden Konfliktes hatten auch die rassistischen Gewaltausschreitungen gegenüber Sinti*zze und Rom*nja in Jugoslawien zugenommen.

Doch der ersehnte Schutz in Deutschland blieb aus. Immer wieder kam es zu Überfällen durch bewaffnete Rechtsextreme, zwei Brandanschläge wurden während der Besetzung auf dem Gelände verübt. Der bundesdeutsche Staat schützte die Besetzer*innen nicht, sondern entzog einigen beteiligten Sinti*zze und Romn*ja sogar die Sozialhilfen. Noch ein Kapitel der beginnenden Baseballschlägerjahre. Und eines des Selbstschutzes.

Esther, das Auschwitz-Komitee und auch die VVN-BdA unterstützten die Besetzung der Sinti*zze und Romn*ja, weil sie in dem Anliegen der Aktivist*innen und dem Handeln der Behörden Parallelen zu ihrer eigenen Geschichte sahen. Durch Protest, der bis zum Hungerstreik reichte, und den Druck politischer Zeitzeug*innen wie Esther erhielten viele der Sinti*zze und Romn*ja ein Aufenthaltsrecht.

Die Allianzen von Sinti*zze, Romn*ja, Jüdinnen und Juden im Kampf gegen Antisemitismus und Rassismus haben lange Traditionen.[227] Das ergibt sich, leider, auch aus der Kontinuität rechtsextremer Gewalt in Deutschland. Für Rechtsextreme mag es einen Unterschied geben, ob jemand jüdisch oder muslimisch ist, aber die rechtsextreme Gewalt in Deutschland speist sich aus dem Hass auf beide. Die Zusammenarbeit gegen diesen Hass und diese Gewalt ist in der postnationalsozialistischen Gesellschaft zu einem großen Teil dem Selbstschutz der

Betroffenen entsprungen. Die Kooperationen und damit verbundene Erfolge von jüdischen, migrantisierten, Schwarzen Menschen und Sinti*zze und Romn*ja sind vielfältig. Und sie beziehen häufig auch queere und feministische Verbündete mit ein.[228]

Aus ihren Forderungen und durch ihre Anfechtungen der dominanten Narrative, insbesondere des Opfernarrativs, entstanden in den vergangenen Jahren vermehrt Projekte, bei denen sich die beteiligten Gruppen in ihrer politischen Wirkung gemeinsam bestärkten. Die Philosophin und Politikwissenschaftlerin Hannah Peaceman schreibt dazu: »Es muss darum gehen, sich in den Geschichten und Kämpfen der Anderen zu verorten und die eigene Geschichte für die Geschichten anderer zu öffnen.«[229]

Das Öffnen von Räumen, gegenseitige Anerkennung und langlebige Allianzen können unfassbar schwere Arbeit sein – nicht erst, aber gerade seit dem 7. Oktober 2023. Trotz breiter Allianzen muss es denen, die nicht zur Dominanzgesellschaft Deutschlands gehören, möglich sein, eigene Räume zu haben. Esther hat das in ihrem Freund*innenkreis der jüdischen Gemeinde gelebt, sie brauchte die Unterstützung jüdischer Menschen in dieser Zeit. Hinzukommt, leider ganz lapidar, die Finanzierung empathisch-solidarischen Gedenkens. Es ist schwer, ohne Gelder des deutschen Staates Gedenken zu institutionalisieren.

Die Journalistin und Autorin Charlotte Wiedemann schreibt in ihrem Buch *Den Schmerz der Anderen begreifen*: »Es fällt vermutlich leichter, solche Visionen von Solidarität zu entwerfen, wenn der Bezugspunkt dafür die Gesamtheit der NS-Verbrechen ist und das Schicksal der Juden und Jüdinnen daraus nicht auf eine Weise herausgelöst wird, die andere Opfergruppen an die Seite schiebt.«[230] Erst wenn staatliches Gedenken der historischen Komplexität entspricht, öffnet es sich für die lebensreale, und das heißt postmigrantische und plurale, Gegenwart. Erinnerungskulturen können sich miteinander solidarisieren, austauschen, bestärken und im besten Fall auf das gegenseitige Anerkennen des anderen Leids vertrauen. Charlotte Wiedemann hat ihr Buch Esther Bejarano gewidmet: »Sie dachte mit großem Herzen zusammen, was manche trennen«, steht da am Anfang.

Esther ging es um Solidarität. Breite und diverse Allianzen waren ihr eine Herzensangelegenheit, weil sie nicht nur um die Zusammenhänge zwischen Antisemitismus und Rassismus wusste, sondern sich auch der klassenpolitischen Dimensionen dieser Diskriminierungen bewusst war.

2007 wurde sie von den Rappern Kutlu Yurtseven und Rossi Pennino eingeladen, der Band Microphone Mafia beizutreten. Kutlu rief nervös bei der Zeitzeugin an, und als er sagte, er sei von der Microphone Mafia, hängte Esther prompt den Hörer wieder auf. Mit der Mafia wolle sie nichts zu tun haben. Lustig irgendwie, aber nicht auszudenken, was passiert wäre, wenn Esther skeptisch geblieben wäre.[231]

Kutlu und Rossi, beides Kinder von Gastarbeiter*innen und Anfang der 1970er geboren, berichten in ihren Songs von rassistischer Diskriminierung und Gewalt, von der Erfahrung, in Deutschland die eigenen Rechte und die Glaubwürdigkeit abgesprochen zu bekommen. In den Baseballschlägerjahren waren sie Anfang zwanzig. Die Idee, eine Zeitzeugin zur Zusammenarbeit einzuladen, ergab sich aus ihrem Engagement beim Deutschen Gewerkschaftsbund. Und natürlich versprachen sie sich auch davon, am Diskurs über die Nachgeschichte des Nationalsozialismus teilnehmen zu können. Ihre Erfahrungen aus den 1990er Jahren spiegelten sie in denen von Esther in den 1930ern.

Für Esther eröffneten sich mit der Microphone Mafia Möglichkeiten, an postmigrantischen Erinnerungskulturen mitzuwirken. Im diversen Gedenken einer diversen Gesellschaft sah sie eine Chance: Wenn die staatsgetragene Erinnerungskultur Deutschlands immer weiter entpolitisiert und ritualisiert wird, dann braucht es eben eine Neuorientierung. Weg von dem Wunsch, der Dominanzgesellschaft gefallen zu wollen, und hin zu empathischer Solidarität. Die wirkliche Stärke empathischer Erinnerungskulturen liegt in ihrer gegenseitigen Anerkennung von Gemeinsamkeiten und Unterschieden, nicht in Bündnissen, die strategisch und damit vielleicht nicht langfristig geschmiedet werden.[232] Für Kontinuitäten von Gewaltgeschichten offene Augen und Ohren haben, hieß für Esther, die Stimmen ihrer Überlebenden ernst zu nehmen. Esther würde sagen: Es ist keinerlei Zeit zum Ausruhen.

Esther Bejaranos Geschichte ist nicht zu Ende

Im Juli 2021 starb Esther. Der Sommer war wunderschön, und ich verstand nicht, dass unsere Gespräche vorbei waren. Ich las Nachrufe in Zeitungen und Blogs, ging zu Gedenkveranstaltungen und hörte ihre Lieder. Auf meinem Schreibtisch liegt ein Notizblock mit all den ungeklärten Fragen aus unseren Gesprächen. Wenn ich ihn heute zur Hand nehme und anschaue, wächst in mir ein mulmiges Gefühl. Ich frage mich, ob mir Trauer zusteht. Irgendwo zwischen diffuser Trauer und dem Willen, Esthers Geschichte weiterzuerzählen, liegt meine empathische Solidarität.

Ich rufe einen Freund an, rede mit ihm über Esther, über unsere deutschen Großväter und über die Zukunft. Er erzählt mir eine kleine Anekdote. Eines Tages sei er Esther im Café Leonhardt im Hamburger Grindelviertel begegnet. Sie versicherte dem Kellner gerade gut vernehmbar, dass es nirgendwo sonst so gemütlich sei. Aber nur, wenn sie auch weiterhin ihren Stammplatz bekäme.

So viele weitere Geschichten von Esther, von ihrem Freundeskreis und ihrer Politik bleiben unerwähnt und fehlen in diesem Buch. Wer mehr über Esther Bejarano wissen will, kann ihre Autobiografie *Erinnerungen* lesen, ihre Musik hören, den Film *Wo der Himmel aufgeht* über ihre Tour nach Kuba anschauen oder die Esther-Bejarano-Gedenkbibliothek im Jugendzentrum tesch besuchen. All die Menschen, die Esther in ihrem Leben begleiteten, teilen ganz unterschiedliche Geschichten mit ihr.

In unserem letzten Gespräch fragte ich Esther, was sie sich noch im Leben wünsche, welche Geschichte noch fehle. Als Antwort bekam ich, dass sie gerne den 3. Mai in Lübz feiern würde, der Stadt ihrer Befreiung, mit einem ehemaligen Soldaten der Roten Armee und einem der U.S.-Army. Kein Jahr nach Esthers Tod intensivierte Russland seinen Krieg gegen die Ukraine und setzte zu einer vollständigen Invasion des ukrainischen Staatsgebiets an. Ich kann Esthers Wunsch nach Frieden, nach diesem viel zu großen Wort, nur zu gut verstehen.

Wie schnell sich Erinnerungskulturen auf dieser Welt verändern können, erschreckt mich. Putin rechtfertigt seinen Krieg vor allem mit historischen Narrativen, in denen er die Erinnerungskulturen zum Nationalsozialismus auf den Kopf stellt. Angeblich kämpfen die Streitkräfte Russlands als Nachfolger der Roten Armee gegen ein neues nazistisches Regime, das sich in der Ukraine und auch in Europa ausbreite. Um dieser Nationalisierung der Geschichte zuvorzukommen, wäre die staatsgetragene Erinnerungskultur in Deutschland gut beraten, sich selbst von ihrem nationalen Selbstverständnis zu lösen und Gedenken als solidarisch, unterstützend und kosmopolitisch zu begreifen.[233]

Wenn ich auf Esthers Biografie schaue, wird mir bewusst, dass die Erinnerung an die Shoah kein Garant für eine bessere Welt ist. Es reicht nicht, über die nationalsozialistischen Verbrechen nur Bescheid zu wissen. Erinnerungskultur kann nicht verordnet werden. Eine resistente Erinnerungskultur muss reflektiv, kritisch und lebendig sein.

Wie sie dann im Einzelnen aussieht, hängt von den Umständen ab. Wenn die Täter*innenschaft von Familienmitgliedern verklärt wird, dann ist Nachfragen sicher unbehaglich und ein Tabubruch, aber der einzige Weg zu einem verantwortungsvollen Umgang mit der Familiengeschichte. Wenn Angehörige vermisst werden, die im Nationalsozialismus verfolgt und ermordet wurden, dann mag Trauer und Wut der richtige Weg sein. Wenn Gewaltgeschichten in der eigenen Familie erzählt werden, die mit dem nationalsozialistischen Deutschland nichts zu tun haben, dann können die Errungenschaften Anderer zur Orientierung genutzt werden. Und die Erinnerungskulturen des postnationalsozialistischen Deutschlands können davon profitieren, sich der Realität einer pluralen Demokratie bewusst zu werden.

Ganz egal, welche familiäre, soziokulturelle Herkunft ein Mensch mitbringt: Wenn Erinnerungskultur lebendig sein soll, dann als kritische Auseinandersetzung mit Geschichte, die Urteilskraft für die Gegenwart bestärkt.

Dann kann Erinnerungskultur zur Befreiung beitragen. Ein großes Wort, ich weiß. Esther sprach davon, dass am 8. Mai die »Befreiung der Menschheit vom NS-Regime gefeiert werden kann«. Ihr Verständnis von der »Befreiung der Menschheit« umfasst alle Menschen, wendet sich aber gegen ein scheinbar neutrales Verständnis von Gleichheit in der Geschichte und in der Gegenwart. Sie wusste, dass nicht alle Menschen als gleich angesehen wurden und werden, dass das nationale Kollektiv Menschen ausschließt. Ihre Vision von Menschheit baute daher auf einem Universalismus auf, der für die Freiheit von allen kämpft, sich dabei aber bewusst ist, dass innerhalb dieser Menschheit nicht alle die gleichen Ressourcen und Bedürfnisse hatten und haben.[234]

Den 8. Mai feierte sie als ihren zweiten Geburtstag, um auf den Anfang nach der Katastrophe hinzuweisen, um immer wieder einen Neuanfang für das Gedenken zu finden. Antifaschismus, Rechtsstaatlichkeit, Freiheit und Demokratie sind nicht selbstverständlich. Erinnerungskulturen können dabei helfen, diese Werte und Institutionen zu verteidigen. Sie können sogar helfen, ihren status quo zu verbessern.

Jede Generation muss sich die Fragen zum Nationalsozialismus aufs Neue stellen. Material dafür gibt es genug. Die Geschichte des Nationalsozialismus und seiner Verbrechen kann niemals zu Ende geschrieben werden. Esthers Spuren sind nur ein kleines Steinchen in einem Mosaik, das zum größten Teil leer bleiben muss. Denn die meisten Biografien der Überlebenden, von denen der Ermordeten gar nicht zu sprechen, bleiben unbekannt. Viele sind dem Vergessen anheimgegeben. Die wenigsten hatten die Möglichkeit, Zeugnis abzulegen. Insbesondere die Opfer der »Euthanasie«-Mordaktionen sind dabei zu nennen.

Der Schriftsteller und Shoah-Überlebende Primo Levi schreibt dazu: »Nicht wir, die Überlebenden, sind die wirklichen Zeugen. Wir Überlebenden sind nicht nur eine verschwindend kleine, sondern auch eine anomale Minderheit: wir sind die, die aufgrund von Pflichtverletzung, aufgrund ihrer Geschicklichkeit oder ihres Glücks den tiefsten Punkt des Abgrunds nicht berührt haben. Wer ihn berührt, wer das Haupt der Medusa erblickt hat, konnte nicht mehr zurückkehren, um zu berichten, oder er ist stumm geworden.«[235] Auch Esther hat diese Schwelle nicht übertreten.

Diese Leerstelle wird bleiben, sie muss Teil der Erzählungen über die nationalsozialistischen Verbrechen sein. Doch das heißt auch, die Distanz zum historischen Ereignis nicht zu groß werden lassen: Auch wenn hin und wieder Biografien aus den Archiven an die Oberfläche geholt werden, das Wissen um die Geschichten der Opfer und Überlebenden ist nur bedingt konserviert. Sicherlich, die großen Projekte von Gedenkstätten, Universitäten, Stiftungen, Antifa-Gruppen und der Zivilgesellschaft haben einiges geleistet in den letzten Jahrzehnten. Aber Biografien von Zeitzeug*innen gibt es nicht viele. Einmal abgesehen von den zahlreichen Lebensberichten und aufgezeichneten Erinnerungen fehlt es weiterhin an Biografie-Forschung, auch von international bekannten Überlebenden wie etwa Yehuda Bacon, Roman Kent oder Mieczysław Pemper. Noch weniger wurde dem Erbe überlebender Frauen Rechnung getragen. Und viele Zeugnisse sind nur im Jiddischen, Polnischen oder Hebräischen zu lesen.

Im Oktober 2021 verstarb Erna de Vries, ein halbes Jahr nach Esther Trude Simonsohn und im März des darauffolgenden Jahres Inge Deutschkron. Guy Stern und Franz Michalski starben im Dezember 2023. Im April 2024 Max Schwab, der den Anschlag auf die Synagoge in Halle im Herbst 2019 mit dem Novemberpogrom 1938 verglich. Sie alle waren unermüdlich als Zeitzeug*innen tätig, in Schulen, auf Demos, im Bundestag.

Die Liste der verstorbenen Zeitzeug*innen geht weiter – nur eben nicht ewig.

Die Macht der Geschichten

Ich merke, dass meine Erinnerungen an Esther schwächer werden. Manche verblassen. Oder besser gesagt: Die Geschichten verändern sich, füllen sich mit neuen Wörtern und Gedanken. Jedes Mal, wenn ich Episoden aus Esthers Leben höre oder lese, verändert sich die Erzählung ein klein wenig. Meistens merke ich das nicht einmal. Geschichte wandelt sich, weil sie immer eine Konstruktion der Vergangenheit in der Gegenwart ist, nie deckungsgleich mit dem, was passiert ist. Der Prozess des Vergessens ist ein ganz natürlicher Teil davon, Esther selbst vergaß mit der Zeit Details ihres Lebens. Sicher ist also nur, dass die Geschichts- und Erinnerungskulturen der Zukunft ganz anders gestaltet sein werden als die aktuellen.

Was aber nicht natürlich ist: wer, was oder wie vergessen wird. Oder vergessen gemacht wird. Vergessen kann eine Waffe sein. Der Stiftungsdirektor der Gedenkstätten Buchenwald und Mittelbau-Dora, Jens-Christian Wagner, spricht von einem »erinnerungspolitischen Klimawandel«, der seit ein paar Jahren Deutschland erfasst habe.[236] Die Wahlergebnisse der AfD steigen, der Glaube an Verschwörungstheorien ist seit der Corona-Pandemie tief in alle Schichten der Bevölkerung gesickert und der russische Angriffskrieg gegen die Ukraine regt autoritäre Regime weltweit zum Austesten ihrer Grenzen an. Die Koordinatenpunkte der Erinnerungskulturen verschieben sich, überall auf der Welt.

Es spricht einiges dafür, dass die vierte Generation der postnationalsozialistischen Gesellschaft mehr als jede Generation zuvor gefragt ist, die Demokratie zu verteidigen.[237] Erinnerungskulturen gehören zu ihren Grundpfeilern, sie sind Alarmsysteme und Kontrollinstanzen, und sie bergen Möglichkeiten, diese Welt besser einzurichten.

Esthers Vision von Gedenken steht für eine Welt, in der aus dem historischen Leid Konsequenzen gezogen werden, um Unterdrückung, Ungerechtigkeit und Gewalt zu vermindern. Dafür, die Vergangenheit, Gegenwart und Zukunft der Gewalt und des Leids zusammenzudenken – die langen Linien in der Geschichte zu sehen. Dafür, sich nicht dem Vergessen hinzugeben, wenn es der Dominanzgesellschaft so leichtfallen mag. Für die unterschiedlichen Kämpfe, die von unterdrückten Menschen auf dieser Welt geführt werden. Und dafür, diese Kämpfe zusammenzuführen und sie solidarisch mitzutragen. Esthers Zeitzeugenschaft war einladend, mitfühlend, verurteilend, humorvoll, untröstlich, ermutigend, politisch, poetisch und musikalisch.

Esthers Geschichte zeigt einen lebensnahen Umgang mit dem Erbe des Nationalsozialismus auf. Ihre Vision von Gedenken bringt Menschen zum Sprechen. Gegenüber dem einzelnen Menschen zeigte sich Esther offen, gegenüber dem Kollektiv unverzeihlich. Esthers Zeitzeuginschaft fordert auf, wachsam, trotzig, solidarisch, antifaschistisch, verständlich und herzlich zu bleiben.

Kontinuitäten des politischen Nationalismus zu erkennen und sich ihnen zu widersetzen, war für Esther kein Lippenbekenntnis. Es war nicht einmal Idealismus, sondern schmerzhafter Selbstschutz. Viele der in diesem Buch vorgestellten Menschen waren so alt wie die vierte Generation heute, als sie sich gegen Antisemitismus, Rassismus und Menschenfeindlichkeit zur Wehr setzten: Esther, Ruth Loewy, Lothar Rotschild, Felicitas, Hans Lebrecht, Hirsch Glik, Julius Brumsack, Peter Gingold, Elsa Werner, Flora Neumann, Rudolf Neumann, Semra Ertan, und so viele weitere. So viele weitere Geschichten, die noch erzählt werden müssen. Die beste Antwort auf den Abschied der Zeitzeugenschaft ist ihre Erweiterung.

Ich will diese Menschen nicht zu heroischen Figuren aufblasen. Ganz besonders nicht, damit eine vierte Generation, die zu einem großen Teil aus Enkel*innen von Täter*innen besteht, sich unhinterfragt mit ihnen identifiziert. Es ist leicht, sich auf die Seite der Opfer zu stellen.

Aber an diese Menschen zu erinnern und ihren Spuren nachzuforschen, ist ein guter Ausgangspunkt für zukünftige Erinnerungskulturen, weil in ihren Biografien die Gründe für Gewalt erkennbar werden. Das ist der erste Schritt, sie zu verhindern. Diese jungen Menschen wurden zu Zeitzeug*innen. Sie erzählten ihre Geschichten, weil sie wussten, dass jemand ihnen zuhört. Mich macht das mutig.

Anmerkungen

1 Den Begriff »postnationalsozialistische Gesellschaft« hat die Erziehungswissenschaftlerin Astrid Messerschmidt geprägt. Vgl. Astrid Messerschmidt, Rassismusanalyse in einer postnationalsozialistischen Gesellschaft, in: Claus Melter und Paul Mecheril (Hg.), *Rassismuskritik. Band 1. Rassismustheorie und -forschung*, Schwalbach/Taunus 2009, S. 59-74.

2 Martin Sabrow, Der Zeitzeuge als Wanderer zwischen zwei Welten, in: Norbert Frei, ders. (Hg.), *Die Geburt des Zeitzeugen nach 1945*, Göttingen 2012, S. 13-32.

3 Bei »weiß« geht es nicht um eine Farbe, sondern um eine Bezeichnung für politischen, sozialen, ökonomischen und kulturellen Zugang zu Macht und Ressourcen. Dieser Zugang beruht auf rassistischen Strukturen. Vgl. Katharina Walgenbach, »Weißsein« und »Deutschsein«. Historische Interdependenzen, in: Maisha Eggers, Grada Kilomba, Peggy Piesche und Susan Arndt (Hg.), *Mythen, Masken und Subjekte. Kritische Weißseinsforschung in Deutschland*, Münster 2005, S. 377-393.

4 Birgit Rommelspacher, *Dominanzkultur. Texte zur Fremdheit und Macht*, Berlin 1995.

5 Max Czollek, *Versöhnungstheater*, Berlin 2023, S. 9-16.

6 Generationen sind nie eindeutig voneinander abzugrenzen. Ich meine hier die altersbezogene Position von Menschen in der postnationalsozialistischen Gesellschaft. Vgl. Kirsten Gerland, Benjamin Möckel und Daniel Ristau, *Generation und Erwartung. Konstruktionen zwischen Vergangenheit und Zukunft*, Göttingen 2013.

7 Habbo Knoch, Wohin Gedenkstätten? Ein Plädoyer für mehr Selbstkritik und Mitgestaltung, in: *Gedenkstättenrundbrief* 178 (2015), S. 3-8.

8 Correctiv-Team, *Geheimplan gegen Deutschland*, 10. Januar 2024, https://correctiv.org/aktuelles/neue-rechte/2024/01/10/geheimplan-remigration-vertreibung-afd-rechtsextreme-november-treffen/ (zuletzt aufgerufen am 10. 8. 2024).

9 Jannis Panagiotidis und Florian Wagner, Migration umkehren? Ausweisungen und Abschiebungen im liberalen Deutschland, in: *Zeithistorische Forschungen/Studies in Contemporary History* 20 (2023) 1, S. 7-28.

10 Lena Gorelik, Miryam Schellbach und Mirjam Zadoff, *Trotzdem sprechen*, Berlin 2024, S. 7-11.

11 Dominik Rigoll und Yves Müller, Zeitgeschichte des Nationalismus. Für eine Historisierung von Nationalsozialismus und Rechtsradikalismus als politische Nationalismen, in: *Archiv für Sozialgeschichte* 60 (2020), S. 323-351.

12 Ian Kershaw, *Hitler. 1889-1936*, Stuttgart, München 1998, S. 475-502.

13 Ozan Zakariya Keskinkılıç, *Muslimaniac. Die Karriere eines Feindbilds*, Berlin 2023, S. 22-32.
14 Benet Lehmann, Wer darf jüdische Geschichte schreiben?, in: Medaon 16 (2022) 30, S. 1-11, http://www.medaon.de/pdf/medaon_30_lehmann.pdf (zuletzt aufgerufen am 10. 8. 2024).
15 Judith Coffey, Vivien Laumann, *Gojnormativität. Warum wir anders über Antisemitismus sprechen müssen*, Berlin 2021, S. 175 f.
16 Carsten Dams und Michael Stolle, *Die Gestapo. Herrschaft und Terror im Dritten Reich*, München 2008.
17 Michael Wildt, *Volk, Volksgemeinschaft, AfD*, Hamburg 2017.
18 Michael Zimmerman, *Rassenutopie und Genozid. Die nationalsozialistische »Lösung der Zigeunerfrage«*, Hamburg 1996.
19 Anna Hájková, *Menschen ohne Geschichte sind Staub. Homophobie und Holocaust*, Göttingen 2021.
20 Frank Nonnenmacher (Hg.), *Die Nazis nannten sie »Asoziale« und »Berufsverbrecher«. Geschichten der Verfolgung vor und nach 1945*, Frankfurt a. M. 2024.
21 Detlef Garbe, *Zwischen Widerstand und Martyrium. Die Zeugen Jehovas im »Dritten Reich«*, München 1999.
22 Henry Friedländer, *Der Weg zum NS-Genozid. Von der Euthanasie zur Endlösung*, Berlin 2002.
23 Robbie Aitiken und Eve Rosenhaft, *Black Germany. The Making and Unmaking of a Disapora Community 1884-1960*, Cambridge 2013.
24 Nikolaus Wachsmann und Sybille Steinbacher, *Die Linke im Visier. Zur Errichtung der Konzentrationslager 1933*, Göttingen 2014.
25 Babette Quinkert und Margot Blank (Hg.), *Dimensionen eines Verbrechens. Sowjetische Kriegsgefangene im Zweiten Weltkrieg*, Bonn 2022.
26 Franziska Schröter (Hg.), *Die distanzierte Mitte. Rechtsextreme und demokratiegefährdende Einstellungen in Deutschland 2022/23*, Bonn 2023, S. 117.
27 Luisa Hommerich und weitere, Die Verwandlung, in: *Die Zeit*, 16. 5. 2024, S. 11-13.
28 David Baum, Theo Waigel: »Die AfD ist keine NSDAP, aber manches erinnert daran«, in: *stern*, 17. 4. 2024.
29 Dan Diner, Negative Symbiose. Deutsche und Juden nach Auschwitz, in: Ders. (Hg.): *Ist der Nationalsozialismus Geschichte? Zur Historisierung und Historikerstreit*, Frankfurt a. M. 1987, S. 62-73.
30 Hannelore, Brief an Esther Bejarano vom 10. 6. 1940, Nachlass Esther Bejarano, in: Archiv der Forschungsstelle für Zeitgeschichte Hamburg (FZH/Archiv, BA 006 [Bejarano, Esther]).
31 Christine Kausch, *Zuflucht auf Zeit. Juden aus Deutschland in den Niederlanden 1933–1945*, Göttingen 2024.
32 Michael Papendick, Jonas Rees, Maren Scholz und Andreas Zick, *Memo. Multidimensionaler Erinnerungsmonitor. Studie III*, Bielefeld 2020, S. 16.

33 Ulrike Pilarczyk, Ofer Ashkenazi und Arne Homann (Hg.), *Hachschara und Jugend-Alija. Wege jüdischer Jugend nach Palästina 1918-1941*, Gifhorn 2020.

34 Ilana Michaeli und Irmgard Klönne (Hg.), *Gut Winkel. Die schützende Insel. Hachschara 1933–1941*, Münster 2007.

35 Saul Friedländer, *Das Dritte Reich und die Juden. Die Jahre der Vernichtung 1939–1945*, Jubiläumsausgabe, München 2013, S. 278 f., 329.

36 Mary Fulbrook, *Eine kleine Stadt bei Auschwitz. Gewöhnliche Nazis und der Holocaust*, Essen 2015.

37 Vgl. https://www.fleurop.de/ueber-uns/unternehmensgeschichte (zuletzt aufgerufen am 10. 8. 2024).

38 Hermann Göring, Ermächtigung Hermann Görings an Heydrich, 31. Juli 1941, P1026, opis 1, B 3, Bl. 164, in: LVVA Riga, https://www.ghwk.de/fileadmin/Redaktion/PDF/Konferenz/goering-juli1941.pdf (zuletzt aufgerufen am 10. 8. 2024).

39 Nicolas Wachsmann, KL. *Die Geschichte der nationalsozialistischen Konzentrationslager*, München 2016, S. 559-564.

40 Friedländer, *Das Dritte Reich und die Juden*, 2006, S. 357-364.

41 Thomas Sandkühler, *Das Fußvolk der »Endlösung«. Nichtdeutsche Täter und die europäische Dimension des Holocausts*, Darmstadt 2020.

42 Wolfgang Scheffler und Diana Schulle, *Buch der Erinnerung*, München 2003. (Margarethe und Rudolf Loewy finden sich in dem Gedenkbuch auf S. 183.)

43 Frank Bajohr und Dieter Pohl, *Der Holocaust als offenes Geheimnis. Die Deutschen, die NS-Führung und die Alliierten*, München 2006.

44 Alexa Stiller, *Völkische Politik. Praktiken der Exklusion und Inklusion in polnischen, französischen und slowenischen Annexionsgebieten, 1939-1945*, 2 Bände, Göttingen 2022.

45 Michael Wildt, Lager im Nationalsozialismus. Gemeinschaft und Zwang, in: ders., *Die Ambivalenz des Volkes. Der Nationalsozialismus als Gesellschaftsgeschichte*, Berlin 2019, S. 223-258.

46 Astrid Ley, Der Beginn des NS-Krankenmords in Brandenburg an der Havel. Zur Bedeutung der »Brandenburger Probetötung« für die »Aktion T4«, in: *Zeitschrift für Geschichtsforschung* 58 (2010), S. 321-331; Susanne C. Knittel, *The Historical Uncanny. Disability, Ethnicity, and the Politics of Holocaust Memory*, New York 2015.

47 Paul Celan, Todesfuge, in: Barbara Wiedemann (Hg.), *Paul Celan. Die Gedichte. Neue kommentierte Gesamtausgabe*, Berlin 2018, S. 112.

48 Helmke Jan Keden, Musik in nationalsozialistischen Konzentrationslagern, in: *Aus Politik und Zeitgeschichte* 11 (2005), S. 40-46.

49 Markus Lanz, *Interview mit Esther Bejarano*, 24. 7. 2013, [00:23:32].

50 Anna Lindemann, Salo Muller gegen die deutsche Bahn, in: *taz*, 26. 2. 2024, S. 4 f.

51 Lesenswert sind auch die Berichte über die Gedenkstätte von Navid Kermani, *Die Zukunft der Erinnerung. Auschwitz Morgen*, in: FAZ, 7.7.2017. Oder von Per Leo, *Vorletzte Lockerung. Texte zum Nachleben des Nationalsozialismus*, Stuttgart 2023, S. 125-150.

52 Astrid Messerschmidt, Erinnerung zwischen Etablierung und Kritik vier Generationen nach dem Holocaust, in: Stephan Bundschuh, Ansgar Drücker, Judith Hilgers, Timo Voßberg und Eren Yıldırım Yetkin (Hg.), *partizipativ.erinnern. Praktiken, Forschung, Diskurse. Eine Bestandsaufnahme*, Düsseldorf 2022, S. 12-17.

53 Stefan Kühl, *Ganz normale Organisationen. Zur Soziologie des Holocaust*, Berlin 2014.

54 Christophe Busch, Robert Jan van Pelt und Stefan Hördler (Hg.): *Das Höcker-Album. Auschwitz durch die Linse der SS*, Darmstadt 2020.

55 Dan Stone, *The Holocaust. An Unfinished History*, London 2024.

56 Im Mai 1944 wird Rudolf Höss noch einmal nach Auschwitz beordert; er ist dort für den Massenmord an den ungarischen Jüd*innen verantwortlich.

57 Esther Loewy, Brief an Fam. Brigahn, 14.4.1945, Nachlass Esther Bejarano, in: FZH/Archiv, BA 006 (Bejarano, Esther).

58 Zog nit keynmol az du geyst dem letstn veg, in: Anna Lipphardt, *Vilne. Die Juden aus Vilnius nach dem Holocaust. Eine transnationale Beziehungsgeschichte*, Paderborn 2010, S. 293-341.

59 John Crawford: Brief an Esther Bejarano vom Mai 1945, Nachlass Esther Bejarano, in: FZH/Archiv, BA 006 (Bejarano, Esther).

60 Amos Oz, *Herr Levi*, Berlin 1996.

61 Noam heißt eigentlich anders. Er wollte in diesem Text nicht bei seinem Namen genannt werden.

62 Achim Doerfer, *Irgendjemand musste die Täter ja bestrafen*, Köln 2021.

63 Tom Segev, *Es war einmal ein Palästina. Juden und Araber vor der Staatsgründung Israels*, München 2005.

64 Bashir Bashir und Amos Goldberg (Hg), *The Holocaust and the Nakba. A New Grammar of Trauma and History*, New York 2018.

65 Benny Morris, *1948. Der erste arabisch-israelische Krieg*, Leipzig 2024, S. 416-428, 537-540.

66 Ebenda.

67 Charlotte Wiedemann, Das Trauma von 1948. Wie sich palästinensische und jüdische Israelis an die Nakba erinnern, in: *Le Monde diplomatique*, 12.1.2023; Alon Confino, The Warm Sand of the Coast of Tantura. History and Memory in Israel after 1948, in: *History & Memory* 27 (2015) 1, S. 43-82.

68 Hannelore Brenner-Wonschick, *Die Mädchen von Zimmer 28. Freundschaft, Hoffnung und Überleben in Theresienstadt*, München 2004.

69 Jannis Panagiotidis: A Policy for the Future. German-Jewish Remigrants, their Children, and the Politics of Israeli Nation-Building, in: *Leo Baeck Institute Year Book* 60 (2015), 191-206; ders.: *The Unchosen Ones. Diaspora, Nation, and Migration in Israel and Germany*, Bloomington 2019.

70 Jürgen Zimmerer, Deutschlands Tor zur Welt. Einleitung. Weltoffenheit und koloniale Amnesie in Hamburg, in: ders. und Kim Sebastian Todzi (Hg.), *Hamburg: Tor zur kolonialen Welt. Erinnerungsorte der (post-)kolonialen Globalisierung*, Göttingen 2021, S. 15-30.

71 Ronen Steinke, *Fritz Bauer oder Auschwitz vor Gericht*, München 2015.

72 Constantin Goschler, *Schuld und Schulden. Die Politik der Wiedergutmachung für NS-Verfolgte seit 1945*, Göttingen 2005.

73 Elfriede Brumsack, *Ein Leben zwischen Verfolgung und »Wiedergutmachung«*, Leipzig 2023.

74 Yael Kupferberg, Philosemitismus in Kontext der deutschen Nachkriegszeit, in: Julius H. Schoeps (Hg.), *Leben im Land der Täter. Juden im Nachkriegsdeutschland (1945-1952)*, Berlin 2001, S. 267-286.

75 Dominik Rigoll: Wie umgehen mit rechten Gefährdern? Antinazistische Sicherheitspolitik in Westdeutschland, 1945-1960, in: *Zeitgeschichte-online*, 2019, https://zeitgeschichte-online.de/themen/wie-umgehen-mit-den-rechten-gefaehrdern (zuletzt aufgerufen am 10. 8. 2024).

76 Michael Becker, Gottfried Oy und Christoph Schneider, Die Welle als Muster. Sechs Thesen zur anhaltenden Bedeutung der »antisemitischen Welle« 1959/60, in: *Sozial.Geschichte Online* 28 (2020), S. 119-146.

77 Norbert Frei, *Im Namen der Deutschen. Die Bundespräsidenten und die NS-Vergangenheit*, München 2023.

78 Ulrike Jureit und Christian Schneider, *Gefühlte Opfer. Illusionen der Vergangenheitsbewältigung*, Bonn 2010.

79 Andrew Wisely, War against »Internal Enemies«. Dr. Franz Lucas's Sterilization of Sinti and Roma in Ravensbrück Men's Camp in January 1945, in: *Central European History* 52 (2019) 4, S. 650-671.

80 Doerfer, *Irgendjemand musste die Täter ja bestrafen*, 2021, S. 110-114.

81 Jörg Osterloh und Clemens Vollnhals (Hg.), *NS-Prozesse und deutsche Öffentlichkeit. Besatzungszeit, frühe Bundesrepublik und DDR*, Göttingen 2011.

82 Czollek, *Versöhnungstheater*, 2023, S. 101-110.

83 Michael Brenner (Hg.), *Geschichte der Juden in Deutschland. Von 1945 bis zur Gegenwart*, München 2012, S. 213-242.

84 David de Jong, *Braunes Erbe. Die dunkle Geschichte der reichsten deutschen Unternehmerdynastien*, Köln 2022.

85 Yossi Bartel, Folgt der Spur des Geldes, in: *der Freitag*, 10/2021.

86 Albrecht von Lucke, *68 oder neues Biedermeier. Der Kampf um die Deutungsmacht*, Berlin 2008.

87 O. A., *Sie lügen*, Flyer der NPD, ca. 1977, lose, in: Stadtarchiv St. Pauli e. V.

88 Herbert Dierks: Die Nazi-Veranstaltung darf nicht stattfinden!, 28. 11. 1977, Ordner Veranstaltungen II, in: Archiv der Landesvereinigung der Hamburger VVN-*BdA*.

89 Esther Bejarano und Antonella Romeo, Erinnerungen. Vom Mädchenorchester in Auschwitz zur Rap-Band gegen rechts, 1. Neuaufl., Hamburg 2019, S. 124.

90 Getrud Zörner und Autor*innenkollektiv, *Frauen-KZ Ravensbrück*, Berlin 1971.

91 Henning Fischer, *Überlebende als Akteurinnen. Die Frauen der Lagergemeinschaft Ravensbrück. Biografische Erfahrung und politisches Handeln. 1945 bis 1989*, Konstanz 2018.

92 Franka Maubach, Normalisierung und Kritik. Zum »Geschichtsboom« seit den 1980er Jahren, in: Tim Schanetzky u. a. (Hg.), *Demokratisierung der Deutschen. Errungenschaften und Anfechtungen eines Projekts*, Göttingen 2020, 238-251.

93 O. A., Antworten auf Holocaust. Ordner VVN Bundesarchiv III, in: Bundesarchiv der VVN-BdA.

94 Raul Teitelbaum, *Die biologische Lösung. Wie die Shoah »wiedergutgemacht« wurde*, Springe 2008.

95 Elsa Werner, Meine Visionen im Jahr 1945, in: Ike Büscher u. a. (Hg.), *Elsa Werner 1911–2012. Zur Erinnerung*, Hamburg 2016, S. 44.

96 O. A., Referentenliste, Ordner Bundesausschuss 1992-94. Schreiben von BA-Mitgliedern. Einladungen. Tagesordnungen, in: Bundesarchiv der VVN-BdA.

97 Thomas Etzemüller, *Biographien*, Frankfurt a. M. 2012, S. 49.

98 Flora Neumann, *Erinnern, um zu leben. Vor Auschwitz. In Auschwitz. Nach Auschwitz*, 3. überarb. u. erg. Aufl., Hamburg 2006.

99 Günther Schwarberg: *Der SS-Arzt und die Kinder vom Bullenhuser Damm*, Hamburg 1979.

100 Hans Canjé, »Aber grausam war der Mord nicht …«, in: *Ossietzky – Zweiwochenschrift für Politik/Kultur/Wirtschaft*, 23 (2007) 10, S. 924-925. Auch Zitat davor.

101 VVN-BdA (Hg.), XII. Landesdelegiertenkonferenz. Samstag 28. März 1981 Curiohaus Weißer Saal, Hamburg 1981, S. 14, in: Archiv des Hamburger Instituts für Sozialforschung.

102 Wilfried Mausbach, Wende um 360 Grad? Nationalsozialismus und Judenvernichtung in der ›zweiten Gründungsphase‹ der Bundesrepublik, in: Christina von Hodenberg und Detlef Siegfried (Hg.), *Eine ›zweite Gründung?‹ ›1968‹ und die langen 60er Jahre in der Geschichte der Bundesrepublik*, Göttingen 2006, 15-47.

103 Sven Reichardt, *Authentizität und Gemeinschaft. Linksalternatives Leben in den siebziger und frühen achtziger Jahren*, Berlin 2014, S. 91.

104 Frank Bösch, *Deals mit Diktaturen. Eine andere Geschichte der Bundesrepublik*, München 2024, S. 489-501.

105 Philipp Gassert, Tim Geiger und Hermann Wentker (Hg.), *Zweiter Kalter Krieg und Friedensbewegung. Der* NATO*-Doppelbeschluss in deutsch-deutscher und internationaler Perspektive*, München 2011.

106 O. A., Mach mit in der VVN/Bund der Antifaschisten! Ordner Veranstaltungen II, in: Archiv der Landesvereinigung der Hamburger VVN-BdA.

107 Tom Segev, *1967. Israels zweite Geburt*, München 2007.

108 José Brunner, Medikalisierte Zeugenschaft. Trauma, Institution, Nachträglichkeit, in: Norbert Frei, Martin Sabrow (Hg.): *Die Geburt des Zeitzeugen nach 1945*, Göttingen 2012, S. 93-110, hier S. 97.

109 Klammersetzung im Original. [o. A.], Beschluss der Hamburger Bürgerschaft, 10.5.1978, in: Drucksache 28 (1978), S. 34.

110 [o. A.], Beschluss der Hamburger Bürgerschaft (1978), S. 16.

111 Tobias Freimüller, Der versäumte Abschied von der Volksgemeinschaft. Psychoanalyse und »Vergangenheitsbewältigung«, in: Jürgen Danyel, Jan-Holger Kirsch, Martin Sabrow (Hg.), *50 Klassiker der Zeitgeschichte*, Göttingen 2007, S. 66-70.

112 Till Kössler, Antifaschistische Klassenzimmer? Schule, Rechtsextremismus und Demokratie nach »Achtundsechzig«, in: Kristina Meyer u. a. (Hg.): *Demokratisierung der Deutschen. Errungenschaften und Anfechtungen eines Projekts*, Göttingen 2020, S. 206-219.

113 Michele Barricelli und Markus Gloe, Neue Dimensionen der Zeugenschaft. Digitale 2D/3D-Zeugnisse von Holocaust-Überlebenden aus fachdidaktischer Sicht, in: Claudia Fröhlich und Harald Schmidt (Hg.): *Jahrbuch für Politik und Geschichte* 7, Stuttgart 2019, S. 45-65.

114 Katharina Müller-Spirawski und Vanessa Eisenhardt, Lebendiges Zeugnis erhalten. Die Arbeit des Vereins Zweitzeugen e. V., in: Reinhold Mokrosch, Elisabeth Naurath und Michèle Wenger (Hg.), *Antisemitismusprävention in der Grundschule durch religiöse Bildung*, Osnabrück 2020, S. 41-50.

115 Michael Papendick, Jonas Rees, Maren Scholz und Andreas Zick, *Memo. Multidimensionaler Erinnerungsmonitor. Studie* IV, Bielefeld 2021, S. 12.

116 Knoch, Wohin Gedenkstätten? (2015), S. 3-8.

117 Esther Bejarano, *Esther und Edna Bejarano. Coincidence*, Flyer, Hamburg 1987, Privatbesitz B. L.

118 Dan Diner, Negative Symbiose. Deutsche und Juden nach Auschwitz, in: ders. (Hg.), *Ist der Nationalsozialismus Geschichte? Zur Historisierung und Historikerstreit*, Frankfurt a. M. 1987, S. 62-73.

119 Judith Güttner und Jörn Tiedemann, Für uns ist ganz Auschwitz Deutschland, in: *hlz Hamburger Lehrerzeitung* 12 (1989), S. 41.

120 Sabrow: Der Zeitzeuge als Wanderer zwischen zwei Welten, 2012, S. 22 f.

121 Benet Lehmann und Yves Müller, Beiträge von jüdischen Kommunist*-innen zur Erinnerungskultur der Bundesrepublik am Beispiel von Emil Carlebach und Esther Bejarano, in: *Jahrbuch für Historische Kommunismusforschung* (2025), (im Erscheinen).

122 Autor*innenkollektiv, Schüler des Gymnasiums Ohmoor (Hg.), *Gedenken heißt: Nicht Schweigen. 11 neue Straßen in Niendorf zu Ehren von Frauen und Männern im Widerstand*, Hamburg 1984, S. 24.

123 Norbert Frei, *1945 und wir. Das Dritte Reich im Bewußtsein der Deutschen*, erw. Taschenbuchausg., München 2009, S. 50-52.

124 Cornelia Siebeck, »Einzug ins verheißene Land«. Richard von Weizsäckers Rede zum 40. Jahrestag des Kriegsendes am 8. Mai 1985, in: *Zeithistorische Forschungen/Studies in Contemporary History*, Online-Ausgabe, 12 (2015) 1, S. 161-169.

125 Jenny Wüstenberg, *Zivilgesellschaft und Erinnerungspolitik in Deutschland seit 1945*, Bonn 2020, S. 108-111.

126 Lehmann und Müller, Beiträge von jüdischen Kommunist*innen zur Erinnerungskultur (2025).

127 Daniel Marwecki, *Absolution? Israel und die deutsche Staatsräson*, Göttingen 2024.

128 Czollek, *Versöhnungstheater*, 2023, S. 9-16.

129 Siehe zur Debatte um den »Gabentausch«: Anthony Kauders, Unmögliche Heimat. Eine deutsch-jüdische Geschichte der Bundesrepublik, München 2007, S. 100 f., 126.

130 Sabrow, Der Zeitzeuge als Wanderer zwischen zwei Welten, 2012, S. 23.

131 Esther Bejarano, Erklärung zu den Empfehlungen der Expertenkommission zur Neukonzeption der Brandenburgischen Gedenkstätten, Hamburg 1993. Ordner Bundeskongress 23./24.5.'92 Frankfurt a. M., in: Bundesarchiv der VVN-BdA.

132 Hermann Reinecke, Mitteilungsbrief vom 22. 6. 1986, Ordner Auschwitz Komitee, in: Bundesarchiv der VVN-BdA.

133 Esther Bejarano, Presseerklärung, 28. 6. 1986, Ordner Auschwitz Komitee, in: Bundesarchiv der VVN-BdA.

134 Ernst Nolte, Vergangenheit, die nicht vergehen will, in: *FAZ*, 6. 6. 1986, S. 11. In späteren Texten spitzte Nolte seine Theorie weiter zu.

135 Philipp Felsch, *Der Philosoph. Habermas und wir. Ein neuer Blick auf einen der weltweit einflussreichsten Intellektuellen der Nachkriegszeit*, Berlin 2024, S. 147-155.

136 Esther Bejarano, Zum Historikerstreit. Redemanuskript, 1983, S. 7, Ordner Auschwitz Komitee, in: Bundesarchiv der VVN-BdA.

137 Ebenda.

138 Ulrich Herbert, Der Historikerstreit. Politische, wissenschaftliche, biographische Aspekte, in: Martin Sabrow, Ralph Jessen und Klaus Große

Kracht (Hg.), *Zeitgeschichte als Streitgeschichte. Große Kontroversen seit 1945*, München 2003, S. 94-113.

139 Klaus Große Kracht, Der Historikerstreit, Version 1.0, in: *Docupedia-Zeitgeschichte*, 2010, http://docupedia.de/zg/Historikerstreit (zuletzt aufgerufen am 10. 8. 2024); Gabriele Metzler, *Der Staat der Historiker. Staatsvorstellungen deutscher Historiker seit 1945*, Berlin 2018, S. 222-226, 266-270.

140 Achille Mbembe, *Politik der Feindschaft*, Berlin 2017.

141 A. Dirk Moses, Der Katechismus der Deutschen, in: *Geschichte der Gegenwart*, 2021, https://geschichtedergegenwart.ch/der-katechismus-der-deutschen/ (zuletzt aufgerufen am 10. 8. 2024).

142 Liane Schäfer, Wem gehört die Vergangenheit? Generationenbrüche im deutschen Erinnern, in: *Aus Politik und Zeitgeschichte* 70 (2020) 52-53), S. 39-44.

143 Jean Améry, *Jenseits von Schuld und Sühne. Bewältigungsversuche eines Überwältigten*, München 1966, S. 128.

144 Frank Bajohr und Rachel O'Sullivan, Holocaust, Kolonialismus und NS-Imperialismus. Forschung im Schatten einer polemischen Debatte, in: *Vierteljahrshefte für Zeitgeschichte* 70 (2022) 1, S. 191-202.

145 Susan Neiman, Wie die beiden Historikerstreite zusammenhängen, in: dies. und Michael Wildt (Hg.), *Historiker streiten. Gewalt und Holocaust. Die Debatte*, Berlin 2022, S. 7-18.

146 Lehmann, Wer darf jüdische Geschichte schreiben? (2022), S. 1-11.

147 Gorelik, Schellbach und Zadoff, *Trotzdem sprechen*, 2024, S. 7-11.

148 Esther Bejarano, Speech VVN B. d. A. and International-Auschwitz-comite, 11. 12. 85, Ordner Reden alphabetisch, in: Archiv der Landesvereinigung der Hamburger VVN-BdA. Mit »der Verein der Überlebenden« (the association of survivors) ist wahrscheinlich die kanadische »Association of Survivors of the Nazi Oppression« gemeint, die 1960 vom Überlebenden Lou Zablow (1924–2005) ins Leben gerufen wurde.

149 Ebenda.

150 Esther Bejarano, Einladung zur Gründung des »Internationalen Auschwitzkomitees Sektion Bundesrepublik Deutschland und Freundeskreis«, 5. 6. 1986, Ordner Auschwitz Komitee, in: Bundesarchiv der VVN-BdA.

151 Rolf Herrmann, Bericht über den Aufenthalt einer Studiendelegation der VVN/Bund der Antifaschisten aus Bremen, Hamburg und Schleswig-Holstein vom 18. – 25. 6. 83 in Rostock/DDR, Ordner Delegation und Studienfahrten von 1980–'89, in: Archiv der Hamburger Landesvereinigung der VVN-BdA.

152 Lydia Lierke und Massimo Perinelli, *Erinnern stören. Der Mauerfall aus migrantischer und jüdischer Perspektive*, Berlin 2020.

153 A. B. (Autor anonymisiert durch die Redaktion der *Deutschen National-Zeitung*), Die VVN gibt auf. Nachruf auf eine kommunistische Tarnorganisation, in: *Deutsche National Zeitung*, 15.12.1989, S. 7.

154 Der Verfassungsschutzbericht 1990 gibt einen starken Rückgang der Mitgliederzahlen an, ohne direkte Zahlen zu nennen. Die VVN-BdA selbst enthielt sich. Vgl. Das Bundesministerium des Innern (Hg.), *Verfassungsschutzbericht 1990*, Bonn 1990, S. 30 f.

155 Frank Braßel, Wahlprotokoll. Bundeskongreß der VVN-BdA, Düsseldorf 9./10. Juni 1990, in: Ordner Bundeskongress 23./24.5.'92 Frankfurt a. M., in: Bundesarchiv der VVN-BdA.

156 hob [Kürzel]: VVN kurz vor dem Zusammenbruch, in: *taz*, 16.1.1990, S. 4.

157 Esther Bejarano, Referat auf dem Bundeskongreß der VVN – Bund der Antifaschisten am 23./24. Mai 1992 in Frankfurt a. M., S. 8, Ordner Bundeskongress 23./24.5.'92 Frankfurt a. M., in: Bundesarchiv der VVN-BdA.

158 Esther Bejarano und Rolf Burgard, Anmeldung vermögensrechtlicher Ansprüche, Brief, 12.10.1990, Ordner Bundeskongress 23./24.5.'92 Frankfurt a. M., in: Bundesarchiv der VVN-BdA; H. Lorenz, Ihr Schreiben vom 12.Oktober 1990 an das Magistrat der Stadt Berlin, Brief 16.11.1990, Ordner Bundeskongress 23./24.5.'92 Frankfurt a. M., in: Bundesarchiv der VVN-BdA.

159 Esther Bejarano, Brief an Helmut Stein, 3.10.1988, Ordner Auschwitz Komitee, in: Bundesarchiv der VVN-BdA.

160 Christina Morina, *Tausend Aufbrüche. Die Deutschen und ihre Demokratie seit den 1980er Jahren*, München 2023, S. 192-215, 237-246.

161 Joachim F. Tornau, Brandanschlag in Saarlouis. Nach 32 Jahren verurteilt, in: *taz*, 9.10.2023.

162 Esther Bejarano, Rede am 9.4.1988 in Neuengamme, Ordner Reden alphabetisch, in: Archiv der Landesvereinigung der Hamburger VVN-BdA.

163 Heide Rühle, Brief vom 9.10.1991, Bonn 1991, in: Ordner Bundesausschuss/BundessprecherInnenkreis 1991–1994, Bundesarchiv der VVN-BdA.

164 Bejarano, Referat auf dem Bundeskongreß, 1992, S. 2.

165 Patrice Poutrus, *Umkämpftes Asyl. Vom Nachkriegsdeutschland bis in die Gegenwart*, Berlin 2019.

166 Ulrich Herbert, *Geschichte der Ausländerpolitik in Deutschland*, Lizenzausgabe bpb, Bonn 2003, S. 299-303, 296-334.

167 Bejarano, Referat auf dem Bundeskongreß, 1992, S. 2.

168 Herrmann, Bericht über den Aufenthalt einer Studiendelegation, 1983.

169 Christian Bangel und weitere, Die Baseballschlägerjahre, in: *Die Zeit*, 1.12.2020.

170 O. A., Fühlen Juden sich in Deutschland noch sicher?, in: *Bild am Sonntag*, 8. 9. 1992, S. 4.

171 Ralph Giordano, Nach Solingen: Ausländer – wehrt euch!, in: *taz*, 1. 6. 1993; Czollek, *Versöhnungstheater*, 2023, S. 137-139.

172 O. A., Rassistischer Brandanschlag in Saarlouis. Anklage wegen Beihilfe zum Mord, in: *taz*, 13. 11. 2023.

173 Uffa Jensen, *Ein antisemitischer Doppelmord. Die vergessene Geschichte des Rechtsterrorismus in der Bundesrepublik*, Berlin 2022, S. 18-20.

174 Rigoll und Müller, Zeitgeschichte des Nationalismus, (2020), S. 323-351.

175 Mely Kiyak: *Es ist alles gesagt*, 2023, https://kolumne.gorki.de/kolumne-135/ (zuletzt aufgerufen am 10. 8. 2024).

176 Semra Ertan, *Mein Name ist Ausländer. Benim Adım Yabancı*, Auswahl durch Zühal Bilir-Meier und Cana Bilir-Meier, Münster 2020, S. 56 f.

177 Charlotte Wiedemann, *Den Schmerz der Anderen begreifen*, Berlin 2022, S. 281.

178 Benjamin Ortmeyer (Hg.): *Jiddische Lieder gegen die Nazis*, Bonn 1996, S. 15.

179 Jan-Holger Kirsch, »Hier geht es um den Kern unseres Selbstverständnis als Nation.« Helmut Kohl und die Genese des Holocaust-Gedenkens als bundesdeutsche Staatsräson, in: *Potsdamer Bulletin für Zeithistorische Studien* 43/44 (2008), S. 40-48.

180 Inge Marszolek und Stefan Mörchen, Von der Mediatisierung zur Musealisierung. Transformationen der Figur des Zeitzeugen, in: *WerkstattGeschichte* 62 (2012), S. 7-17.

181 Clemens Höges, »Wir spielten um unser Leben.« SPIEGEL-Redakteur Clemens Höges über Auschwitz-Häftling Nummer 41948, in: *Der Spiegel* 4 (1995), 46-51.

182 Lutz Hachtmeister, *Heideggers Testament. Der Philosoph, der Spiegel und die SS*, Berlin 2014, S. 97-143.

183 O. A., So wohnt Hamburg. Der Kraftpool einer Überlebenden, in: *Hamburger Morgenpost*, 22. 6. 2015, S. 14 f.

184 O. A., Persönlich. Esther Bejarano. Wider das Vergessen, in: *Eppendorfer Wochenblatt*, 18. 3. 2004, S. 12.

185 Reymer Klüver, Esther Bejarano. Die Frau, die dem Tod entkam. Die Melodie des Überlebens, in: *Süddeutsche Zeitung*, 27./28. 1. 2001, S. 3.

186 Sascha Hellen, *Nie Schweigen*, Paderborn 2022.

187 Frei, *1945 und wir*, 2009, S. 50-55.

188 Roman Herzog, *Ansprache von Bundespräsident Roman Herzog zum Gedenktag für die Opfer des Nationalsozialismus im Deutschen Bundestag*, Bonn, 19. Januar 1996, https://www.bundespraesident.de/SharedDocs/Reden/DE/Roman-Herzog/Reden/1996/01/19960119_Rede.html (zuletzt aufgerufen am 10. 8. 2024).

189 Wüstenberg, Zivilgesellschaft und Erinnerungspolitik, Bonn 2020, S. 316. Hervorhebungen im Original.

190 Herzog, *Ansprache von Bundespräsident Roman Herzog*, Bonn, 1996.

191 Bernd Langer, *Antifaschistische Aktion. Geschichte einer linksradikalen Bewegung*, Bd. 1, 4., akt. und erw. Aufl., Münster 2023; Ulrich Schneider, *Antifaschismus*, Köln 2014, 2. Aufl. 2021; Richard Rohrmoser, *Antifa. Porträt einer linksradikalen Bewegung. Von den 1920er Jahren bis heute*, München 2022.

192 O.A.: Schreiben der Isenbeck Development GmbH, Düsseldorf im Auftrag des Eigentümers, der Firma MAS Hamburg B. V in Den Haag, an die Kulturbehörde/Denkmalschutzamt in Hamburg, 22.6.1993, zit. n. Jürgen Kalthoff und Martin Werner, *Die Händler des Zyklon B. Tesch & Stabenow. Eine Firmengeschichte zwischen Hamburg und Auschwitz*, Hamburg 1998, S. 223-232.

193 pum [Kürzel], Erinnerung an Nazi-Verbrechen, in: *Hamburger Abendblatt*, 2.6.1997, S. 11.

194 ch [Kürzel], Eine unermüdliche Aufklärerin. Esther Bejarano überlebte Auschwitz und kritisiert Israel. »Erinnerungen« als Buch, in: Hamburger Wochenblatt 47 (2013), S. 7.

195 Esther Bejarano und Antonella Romeo, Erinnerungen. Vom Mädchenorchester in Auschwitz zur Rap-Band gegen rechts, 1. Neuaufl., Hamburg 2019, S. 169.

196 Leider lässt sich der Verkauf des Albums in Israel nicht ganz nachvollziehen. Esther sprach von Zensur, es gibt jedoch kein Schreiben oder Ähnliches, das dies belegen würde. Ich gehe eher davon aus, dass Esther in Israel touren wollte, israelische Kulturbehörden dies nicht guthießen und ihr keine offizielle Einladung erteilten.

197 Oded Haklai, The Decisive Path of State Indecisiveness. Israeli Settlers in the West Bank in Comparative Perspective, in: ders. und Neophytos Loizides (Hg.), *Settlers in Contested Lands. Territorial Disputes and Ethnic Conflicts*, Stanford 2015, S. 17-40.

198 Kurt Erlebach und weitere, Appell an das demokratische Israel, Ordner KE III Mai 87–1989, in: Bundesarchiv der VVN-BdA.

199 Marek Winter, Antideutsch in Ostdeutschland. Versuch einer Rekonstruktion, in: Christin Jänicke und Benjamin Paul-Siewert (Hg.), *30 Jahre Antifa in Ostdeutschland*, Berlin 2010, S. 177-191.

200 Shila Khasani, Minderheit in der Minderheit. Das politische Engagement der linksorientierten Juden in der Frankfurter Jüdischen Gruppe, in: *Trumah. Juden in der Bundesrepublik. Dokumentationen und Analysen* 14 (2005), S. 55-74.

201 Holzhauser, Thomas, Identitätspolitik: Ohne geht es auch nicht, in: Geschichte der Gegenwart 2021 online unter: https://geschichtederge-

genwart.ch/identitaetspolitik-ohne-geht-es-auch-nicht/ (zuletzt aufgerufen am 10.8.2024).

202 Werner, Meine Visionen im Jahr 1945, 2016, S. 44.

203 Moshe Zimmermann, *Niemals Frieden? Israel am Scheideweg. Gibt es eine gemeinsame Zukunft für Juden und Palästinenser?*, Berlin 2024, S. 52-55.

204 Marwecki, Absolution?, Göttingen, 2024, S. 198.

205 Ron Leshem, *Feuer. Israel und der 7. Oktober*, Berlin 2024, S. 12-14.

206 Zimmermann, *Niemals Frieden?*, 2024, S. 54 f.

207 Muriel Asseburg, Die palästinensischen Gebiete. Strukturelle Hürden und pragmatische Ansatzpunkte für eine feministische Außen- und Entwicklungspolitik, in: Claudia Zilla (Hg.), *Feministische Außen- und Entwicklungspolitik konkret. Anforderungen und Potenziale*, Berlin 2024, S. 39-44.

208 Meron Mendel, *Über Israel reden, Eine deutsche Debatte*, Köln 2023, S. 131-139

209 Urs Lindner, *Wege aus der Dichotomie*, in: *taz*, 2.4.2024.

210 Arne Semsrott, *Machtübernahme. Was passiert, wenn Rechtsextremisten regieren. Eine Anleitung zum Widerstand*, München 2024, S. 43.

211 Clemens Böckmann und Johannes Spohr (Hg.), *Phantastische Gesellschaft. Gespräche über falsche und imaginierte Familiengeschichten zur NS-Verfolgung*, Berlin 2022.

212 Czollek, *Versöhnungstheater*, S. 141.

213 Nina Monecke, Es geht uns nicht um Boykott, sondern um Transparenz, in: *zett*, 19.3.2021, https://www.zeit.de/zett/politik/2021-03/ns-familiengeschichte-instagram-diskussion-nazihintergrund-moshtari-hilal-sinthujan-varatharajah (zuletzt aufgerufen am 10.8.2024).

214 Sabrina Wagner, Distanziert, nüchtern, unbefangen? Zur Konstruktion und Zuschreibung ›generationstypischer‹ Emotionen im Diskurs um eine Erinnerungsliteratur der ›Enkel‹, in: Jan Süselbeck (Hg.), *Familiengefühle. Generationengeschichte und NS-Erinnerung in den Medien*, Berlin 2014, S. 45-64.

215 Benedikt Herber, Neonazis nach der Wende. Was aus ihrem Hass wurde, in: *Die Zeit*, Nr. 43, 2023.

216 Christoph Hickmann und Dirk Kurbjuweit, »Wir müssen endlich im großen Stil abschieben«, in: *Der Spiegel* 43 (2023), S. 16-21.

217 Milo Probst, Für einen Umweltschutz der 99%. Eine historische Spurensuche, Hamburg 2021.

218 Pietro Bartolo, Lampedusa tragedy. 10 years later nothing has changed, *Foundation for European Progressive Studies*, 29.9.2023, https://feps-europe.eu/lampedusa-tragedy-10-years-later-nothing-has-changed/ (zuletzt aufgerufen am 10.8.2024).

219 Andreas Landberg und Birgit Großekathöfer, »Ich weiß, was kommt«, in: *Der Spiegel*, 10.7.2021, https://www.spiegel.de/geschichte/esther-

bejarano-ist-tot-ich-weiss-was-kommt-a-22dfd919-3fad-4bbd-b5e0-0c011d861258 (zuletzt aufgerufen am 10. 8. 2024).

220 Stefan Zeppenfeld, *Vom Gast zum Gastwirt? Türkische Arbeitswelten in West-Berlin*, Göttingen 2021.

221 Deniz Utlu, Empathische Solidarität. Gegenwartsbewältigung als Emanzipation, in: *Jalta. Gegenwartsbewältigung* 4 (2018) 2, S. 65-72, hier S. 70.

222 David Nierenberg, *Anti-Judaismus. Eine andere Geschichte des westlichen Denkens*, München 2015.

223 Lutz Fiedler, Jean Améry liest Frantz Fanon. Ein Beitrag zur Debatte über Kolonialgewalt und Massenvernichtung, in: jour fixe inititative (Hg.), *Kreolische Konstellationen. Kolonialismus Imperialismus Internationalismus*, Münster 2023, S. 123-151.

224 Berklee Baum und Joachim Zeller, Der »Bremer Elefant«. Vom kolonialrevisionistischen Heldengedenkmal zum postkolonialen Mahnmal, in: Norman Aselmeyer und Virginie Kamche (Hg.), *Stadt der Kolonien. Wie Bremen den deutschen Kolonialismus prägte*, Freiburg i. B. 2024, S. 163-168.

225 Daniela Gress, Protest und Erinnerung. Der Hungerstreik in Dachau 1980 und die Entstehung der Bürgerrechtsbewegung deutscher Sinti und Roma, in: Karola Fings und Sybille Steinbacher (Hg.), *Sinti und Roma. Der nationalsozialistische Völkermord in historischer und gesellschaftspolitischer Perspektive*, Göttingen 2021, S. 190–219.

226 Julia Sophie Bonk und Antonia Sophie Gerlach, *Die Erben der vergessenen Opfer. Die Besetzung der KZ-Gedenkstätte Neuengamme 1989 durch Sinti und Roma und ihre Auswirkungen. Ein Beitrag für den Geschichtswettbewerb 2014/15*, 2015, S. 15, https://geschichtsbuch.hamburg.de/wp-content/uploads/sites/255/2020/08/Die-Erben-der-vergessenen-Opfer.pdf (zuletzt aufgerufen am 10. 8. 2024).

227 Ari Joskowicz, *Rain of Ash. Roma, Jews, and the Holocaust*, Princeton 2023.

228 Karola e. V. und Marily Stroux (Hg.), »Bei uns ist es so.« »Keiner hat sich bis jetzt über uns interessiert. Keiner hat gefragt«. Gespräche mit Roma-Frauen bei KAROLA e. V., Hamburg 2012.

229 Hannah Peaceman, Verbindungswege zwischen jüdischen und migrantischen Kämpfen, in: Harpreet Kaur Cholia und Christin Jänicke (Hg.), Unentbehrlich. Solidarität mit Betroffenen rechter und antisemitischer Gewalt, Münster 2021, S. 114-121, hier S. 120.

230 Wiedemann, *Den Schmerz der Anderen begreifen*, 2022, S. 66.

231 Kutlu Yurtseven / Rossi Pennino, Eine ehrenwerte Familie. Die Microphone Mafia. Mehr als nur Musik, Köln 2019.

232 Utlu, Empathische Solidarität, (2018), S. 65-72.

233 Benet Lehmann, Ukrainekrieg und Zeitenwende: Wider die Nationalisierung des Gedenkens, in: *Blätter für deutsche und internationale Politik*, Februar 2023, S. 49-52.

234 Nora Sternfeld, Für einen situierten Universalismus, in: jourfixe initiative berlin (Hg.), *Kreolische Konstellationen. Kolonialismus Imperialismus Internationalismus*, Münster 2023, S. 153-165.

235 Primo Levi, *Die Untergegangenen und die Geretteten*, übersetzt von Moshe Kahn, München 1993, S. 85.

236 Thomas Vorreyer, Interview mit Jens-Christian Wagner, in: *tagesschau*, 2.09.2023, https://www.tagesschau.de/inland/innenpolitik/antisemitismus-wagner-100.html (zuletzt aufgerufen am 10.8.2024).

237 Adam Tooze, *Zeitenwende oder Polykrise? Das Modell Deutschland auf dem Prüfstand*, Schriftenreihe der Bundeskanzler-Willy-Brandt-Stiftung, Heft 36, Berlin 2022.

Bildnachweise

Abbildung S. 16: O. A., Die Geschwister Loewy, 1923, Privatalbum Familie Bejarano.

Abbildung S. 50: O. A., Erkennungsfoto von Esther Bejarano im Zwangsarbeitslager Neuendorf bei Fürstenwalde, 19. 8. 1942, Privatalbum Familie Bejarano.

Abbildung S. 82: O. A., Esther und Nissim Bejarano am Strand, ca. 1950, Privatalbum Familie Bejarano.

Abbildung S. 98: O. A., Die Wäscherei der Bejaranos, ca. 1964, Privatalbum Familie Bejarano.

Abbildung S. 116: Michael Meyborg, Kundgebung am 40. Jahrestag der »Reichskristallnacht«, 9. 11. 1978, Archiv der Landesvereinigung der Hamburger VVN-BdA.

Abbildung S. 162: O. A., Esther Bejarano, ca. 1993, FZH/Archiv, BA 006 (Bejarano, Esther).

Abbildung S. 198: Susanne Brill, Esther tanzt, Münchner Kammerspiele, 26. 1. 2014, Privatbesitz Kutlu Yurtseven.

Dank

Ich danke der Familie Bejarano für ihr Vertrauen und das Kochbuch. Danke an Joram, danke an Edna, danke an Bettina, danke an Nele. Danke an Anton für den Spaziergang und unsere Gespräche.

Danke an Michael Wildt und Moshe Zimmermann für das Studium und die Betreuung meiner Abschlussarbeit zu Esther Bejaranos politischem Leben. Danke an Moshe Zuckermann für ein im besten aller Sinne intensives Gespräch. Danke an die Redaktion der *Blätter für deutsche und internationale Politik* für die Seiten, danke an Albrecht von Lucke, Annett Mängel und Steffen Vogel für die Ermutigungen. Danke an Henning Fischer für die Gespräche über Zeitzeug*innen und Antifaschismus. Danke an Jakob Abawary, der eine erste Version des Buchcovers entwarf. Danke an Johannes Hürter, der mich dem Wallstein Verlag empfahl. Danke an Charlotte Wiedemann, die sich immer wieder mit mir hinsetzte, um über das Manuskript zu reden.

Danke an die Mitarbeitenden der Archive der VVN-BdA, der FZH, des HIS und des Stadtarchivs St. Pauli e. V. und Yad Vashems. Danke an Ingrid Shapiro, an Sybille Baumbach und an Kirsten Schaper für das Möglichmachen.

Danke an die Humboldt-Universität zu Berlin und an den Geschichtsverein Lastoria für die Unterstützung der Recherchen. Danke an die Stiftung Zeitlehren, an die Irene Bollag-Herzheimer Stiftung, an die Dr. Hildegard Hansche Stiftung, an die Landeszentrale für politische Bildung Hamburg und an die Behörde für Kultur und Medien Stadt Hamburg für die Förderung dieses Buches.

Danke an Torben, der mich damals auf die Demo mitnahm. Danke an die Microphone Mafia für die Musik. Danke an Helga Obens für die Erinnerungen an Esther. Danke an Noam für die Geschichten eines Kibbuz. Danke an Susanne, die mir digitale Vermittlungsarbeit erklärte. Danke an Carmen Lange, die mir den Belower Wald und die Gaststätte Sturm zeigte. Danke an Maya für das Vertrauen und für unsere Gespräche über Israel und Deutschland.

Danke an Jan Alexander Casper, Malte Grünkorn, Claudius Kiene, Yves Müller und an Lisa Querner für das Lesen und das Streiten. Danke an Greta, die mir das Schreiben beibrachte.

Danke an Ina Lorenz für die scharfen Augen und guten Gedanken. Sie hat einen wesentlichen Anteil an diesem Buch.

Danke an meine Familie, an meine Mama, an meinen Papa und an meine Schwester, die mich immer unterstützen. Danke an alle meine Freund*innen für die Liebe.

Danke an viele ungenannt gebliebene Menschen, die mit mir über Esther sprachen.

Danke an Anna, ohne die es dieses Buch nicht gäbe.

Für alle Fehler in diesem Buch bin ich natürlich selbst verantwortlich.

Berlin, 2024